成都理工大学中青年骨干教师培养计划（JXGG201306）、
成都理工大学教改重点项目（13JGZ12）资助

# 会计电算化实训教程

ACCOUNTING COMPUTERIZATION EXPERIENCE TUTORIALS

主　编：刘　勇　翁群英
参　编：王丽英　秦竞雄　向全珍　王丽旭　崔　露　胡　萍　祝静玉　王　燕

**图书在版编目（CIP）数据**

会计电算化实训教程/刘勇，翁群英主编. —北京：经济管理出版社，2014.10
ISBN 978-7-5096-3261-1

Ⅰ. ①会… Ⅱ. ①刘… ②翁… Ⅲ. ①会计电算化—高等学校—教材 Ⅳ. ①F232

中国版本图书馆 CIP 数据核字（2014）第 171481 号

组稿编辑：王光艳
责任编辑：许　兵
责任印制：黄章平
责任校对：超　凡

出版发行：经济管理出版社
（北京市海淀区北蜂窝 8 号中雅大厦 A 座 11 层　100038）
网　　址：www. E-mp. com. cn
电　　话：(010) 51915602
印　　刷：三河市延风印装厂
经　　销：新华书店
开　　本：720mm×1000mm/16
印　　张：12.5
字　　数：205 千字
版　　次：2014 年 10 月第 1 版　2014 年 10 月第 1 次印刷
书　　号：ISBN 978-7-5096-3261-1
定　　价：35.00 元

# 前 言

《会计电算化实训教程》作为《会计电算化》的实验配套教材，遵循当前财务软件的发展趋势以及高等教学中实践教学规律，结合成都理工大学、四川师范大学、绵阳师范学院等高校和财务软件培训机构多年的实践教学经验，选用企业广泛使用的金蝶 K/3 WISE 12.2 软件，参照《新企业会计准则》编写而成。

本书选取了一个小型制造型企业 3 月的业务内容作为实训案例，设计了 16 个实训项目，涵盖账套管理、系统初始化、总账处理、应收应付管理、工资管理、固定资产管理、现金管理和报表管理业务操作训练。实训项目前后衔接紧密，上一个实训项目操作的结果是下一个实训项目操作的基础。通过实训操作，使读者在熟练掌握金蝶 K/3 WISE 操作技能的基础上，提高会计电算化工作能力。

本书既可以作为高等院校“会计电算化”、“会计信息系统”、“会计学”等课程的实训教材，也可以用于会计人员电算化培训时的实践操作和会计电算化爱好者的自学用书。建议学时为 36 学时，每个实训用 2 个学时，个别实训可以增加到 4 个学时，教师也可以根据实际情况选做一部分实训。为了方便教学和自学，本书为每个实训配备了参考账套数据，提供了实验教学大纲和实验报告模板。

本书由成都理工大学刘勇担任主编，翁群英担任副主编，负责设计教材的整体框架和编写大纲，刘勇对全书进行总纂、统稿。各章节的编者为：刘勇负责编写实训 1~实训 5；翁群英负责编写实训 6~实训 7；王丽英负责编写篇实训 8；秦竞雄负责编写实训 9；王丽旭负责编写实训 10；崔露负责编写实训 11；胡萍负责编写实训 12；祝静玉负责编写实训 13；向全珍负责编写实训 14；王燕负责编写实训 15~实训 16。

在编写过程中，我们引用、参考了大量文献，并得到了成都理工大学王新庄教授、金蝶软件（中国）有限公司傅仕伟和成都分公司徐义的大力支持和帮助，得到了成都理工大学中青年骨干教师培养计划（JXGG201306）、成都理工大学教改重点项目（13JGZ12）资助。在此，向所有被引用文献的著作者、向给予我们指导和帮助的专家学者表示诚挚的谢意。

由于作者水平有限，书中难免缺陷和疏漏，恳请专家、读者批评指正。读者可以通过邮件（523849711@qq.com）与我们交流、获取配套教案资料。

编　者

2014年7月于成都理工大学

# 目　录

# 实训1　金蝶 K/3V12.2 安装

## 1.1　实训目的

通过本实训，使学生充分了解金蝶 K/3V12.2 的功能结构，掌握金蝶 K/3V12.2 安装方法。

## 1.2　实训资料

K/3V12.2CD 安装光盘一套包括：金蝶 K/3 安装光盘、金蝶 K/3 简体资源光盘、金蝶 K/3 手册光盘。

## 1.3　实训操作

金蝶 K/3V12.2 支持 3 种安装方式：①DVD 光驱本机安装，将 DVD 光碟直接插入 DVD 光驱，按照提示安装；②DVD 光驱共享网络安装，安装前共享 DVD 光驱，再访问 DVD 光驱，按照提示安装；③DVD 光盘拷贝至硬盘共享安装，先将 DVD 安装盘拷贝到硬盘，并设置共享，按照提示安装。

[注意] 为了确保 K/3 安装程序能够正常运行，运行 K/3 安装程序前，先退出正在运行的第三方软件（包括杀毒软件及相关防火墙），然后再进行 K/3 安装操作。

实训操作包括安装前环境检测和软件安装。根据实训资料，完成下列操作。

### 1.3.1 安装前的环境检测

K/3 系统的正常运行需要很多第三方组件的支持，所以在安装 K/3 系统前我们要对安装的目标机器做一次系统环境检测，以保证这些必需组件在目标机器上都具备并且运行正常。

#### 1.3.1.1 数据库服务器安装

以具有本机系统管理员的身份登录，关闭其他应用程序，特别是防病毒软件。安装 MS SQLServer 2000+SP4，K/3V12.2 支持 MS SQLServer 2005、SQLServer 2008。

#### 1.3.1.2 环境检测

运行安装光盘“金蝶 K/3 安装光盘”，通过光盘自动运行功能或者手工运行光盘上的 setup.exe，弹出“金蝶 K/3 安装程序”向导，如图 1-1 所示。

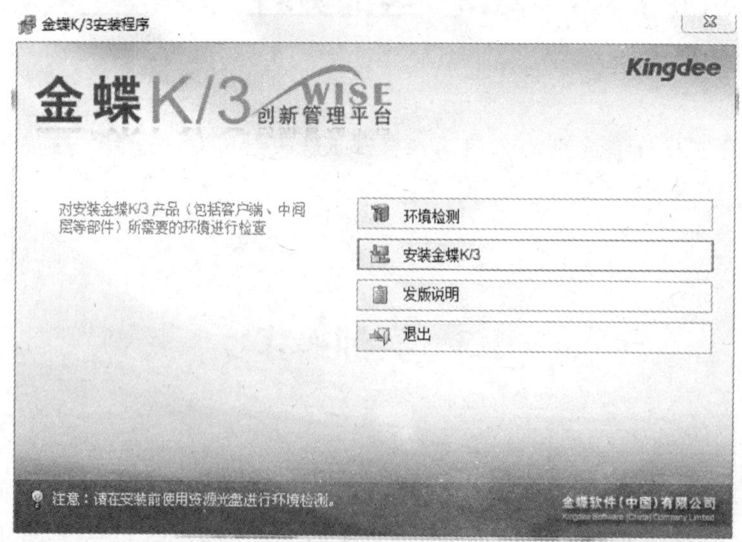


图 1-1 “金蝶 K/3 安装程序”向导

点击“环境检测”，弹出“金蝶 K/3 环境检测”对话框，如图 1-2 所示。

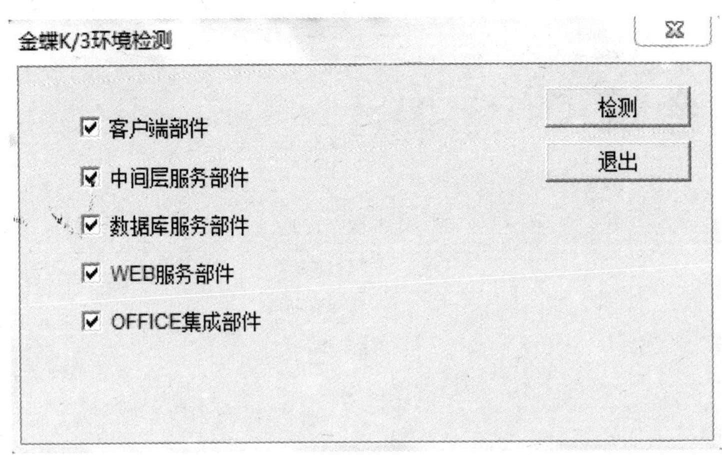


图 1-2　“金蝶 K/3 环境检测”对话框

在“客户端部件”、“中间层服务部件”、“数据服务部件”、“WEB 服务器部件”、“OFFICE 集成部件”前打上“√”标记，单击“检测”按钮。检测当前系统环境是否符合安装金蝶 K/3 。

如果选择检测的部件环境与金蝶 K/3 推荐系统环境有重大差别，检测程序也会给出相应提示，一般这类提示只具有提醒作用，如果您确定要在现有系统上安装相应的部件，虽然效能上可能达不到最优，但仍然是被允许的。用户可以根据给出的提示安装相应的组件，如果符合，系统也会给出符合安装环境的提示，如图 1-3 所示。

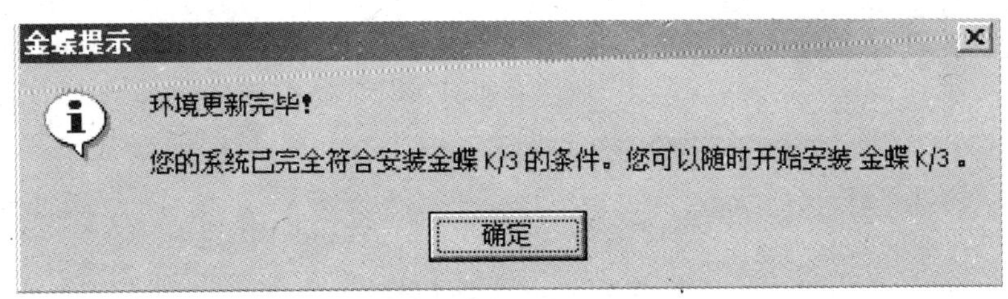


图 1-3　金蝶提示

### 1.3.2　K/3 系统的安装过程

环境检测成功之后，用户可以根据实际需要进行所需服务部件的安装。放入 K/3 系统安装光盘，通过光盘自动运行功能或者手工运行安装光盘上的 setup.exe，可以开启安装主界面，如图 1–4 所示。

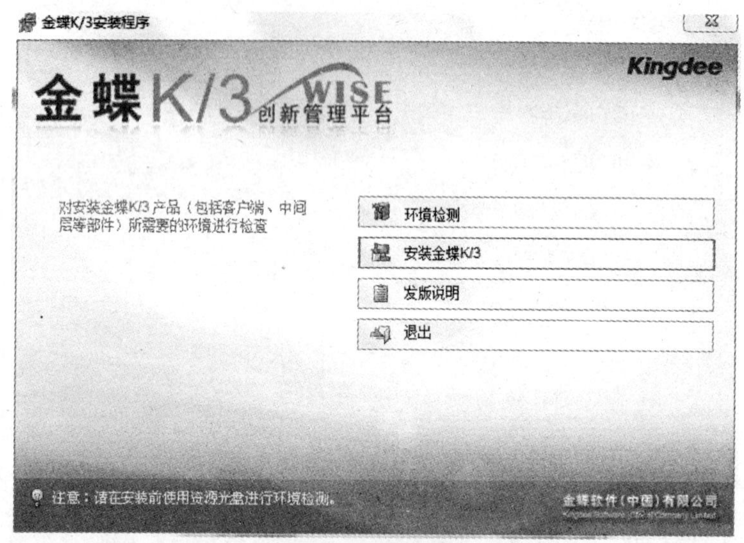


图 1–4　安装主界面

单击“安装金蝶 K/3”，进入选择组件的界面，如图 1–5 所示。

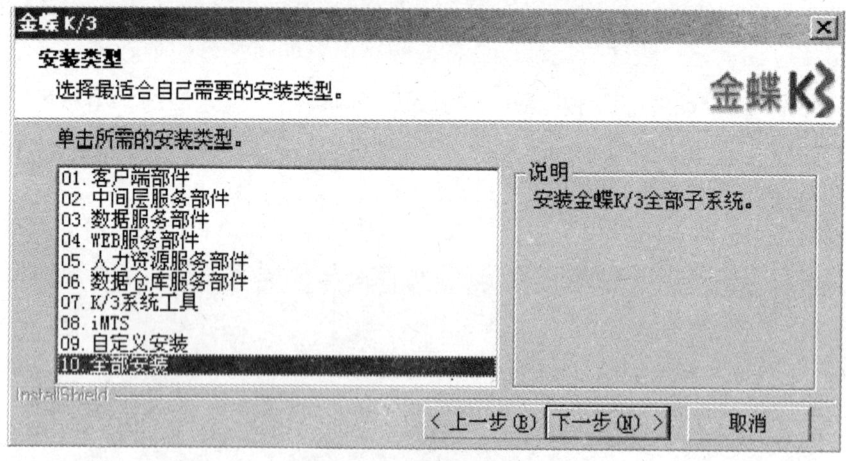


图 1–5　选择组件界面

可以根据目标机器在 K/3 部署中的角色，选择安装一个或者全部部件。如果需要安装一个以上的部分部件，请选择“自定义安装”，这样可以选择多个部件组合安装。选择“全部安装”，单击“下一步”按钮，开始安装金蝶 K/3 组件。

根据所选安装内容的不同，安装过程中可能会提示更换安装盘，如图 1–6 所示，将安装光盘第二张放入光驱或指明它在硬盘/网络上的位置即可。

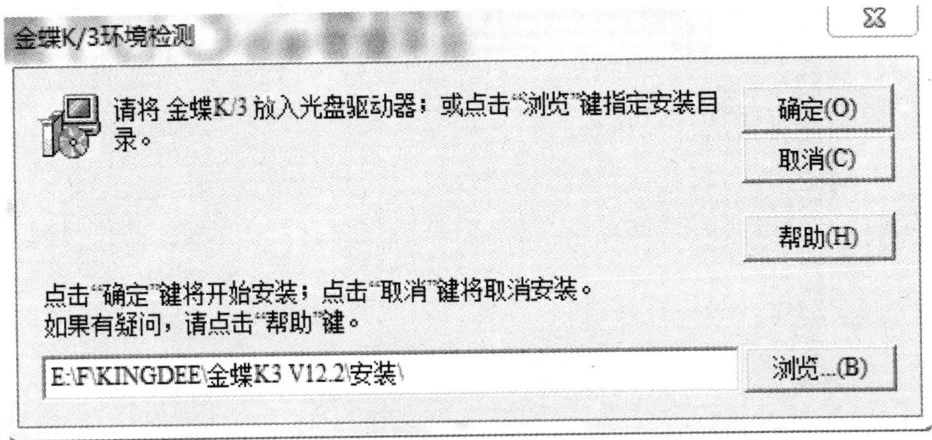


图 1–6　安装提示

安装完成后，系统提示重启操作系统，如图 1–7 所示。

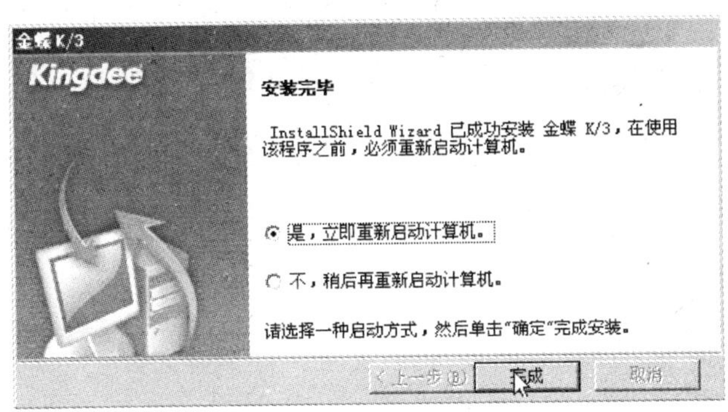


图 1–7　重启提示

选中“是，立即重新启动计算机”，单击“完成”按钮，重新启动计算机。重启后，系统会自动运行“注册中间层组件”，如图 1–8 所示。

单击“全选”按钮，选中所有子系统；单击“确定”按钮，系统开始注册。中间层组件的注册过程较长，请耐心等待。

中间层组件的注册完成后，可以开始使用金蝶 K/3 系统了。

更详细的软件安装配件方法请参考 K3 软件自带的帮助文件金蝶 K/3V12.2 安装配置指南。

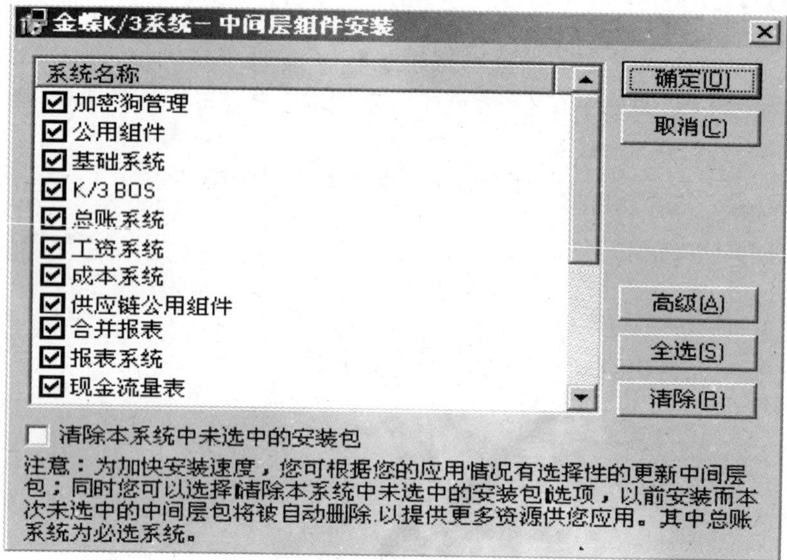


图 1–8　注册中间层组件

## 1.4　实训思考

（1）什么是会计电算化？会计电算化与手工会计处理有何区别？

（2）如何选择商品化会计软件？

（3）简述会计电算化实施的过程。

（4）简述金蝶 K/3V12.2 安装步骤。

# 实训 2　账套管理

## 2.1　实训目的

通过本实训，使学生充分理解金蝶财务软件系统管理，掌握金蝶 K/3 账套的创建、维护，以及账套用户权限的设置等操作方法。

## 2.2　实训资料

公司机构代码：001

公司名称：成都科兴有限公司

公司地址：成都市二仙桥 106 号

账套号：001.001

账套名：成都科兴

账套类型：标准供应链解决方案

记账本位币：人民币；货币代码：RMB

账套启用期间：2014 年 3 月 1 日

财务人员：张华是会计主管；王平具有基础资料、总账、固定资产、报表、财务分析、现金管理、现金流量表、工资、应收款和应付款模块的所有权限；李萍具有基础资料、总账、固定资产、报表和财务分析模块的所有权限；张立志具有现金管理、现金流量表模块的所有权限；刘琳琳具有应收款和应付款模块的所有权限。

## 2.3 实训操作

实训操作任务：注册管理、建立组织机构、建立账套、账套启用及账套属性设置、用户及用户权限设置、账套的备份与恢复。

根据实训资料，完成下列操作。

### 2.3.1 注册管理

#### 2.3.1.1 启动“账套管理”

单击“开始”→“程序”→“金蝶 K3” →“中间层服务部件”→“账套管理”；屏幕出现“金蝶 K/3 系统登录”窗口，如图 2–1 所示。

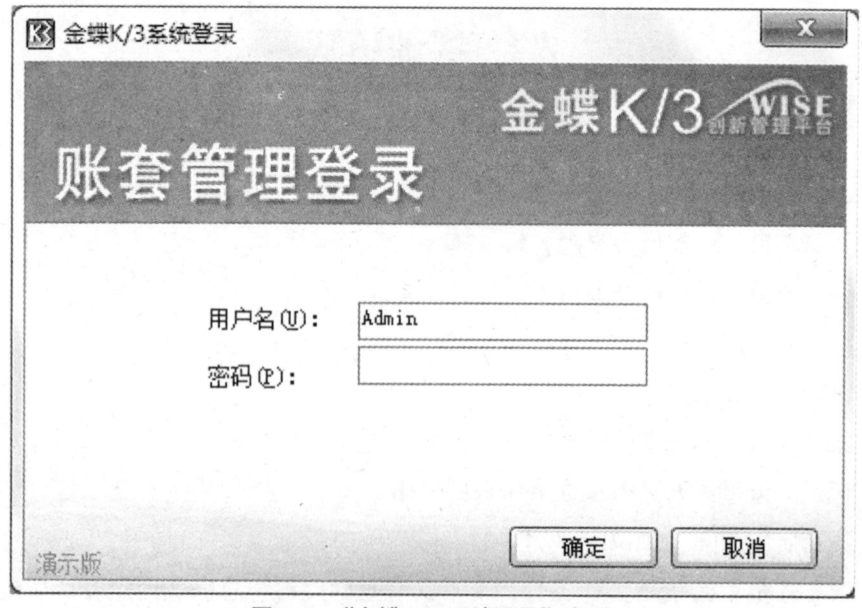


图 2–1 “金蝶 K/3 系统登录”窗口

#### 2.3.1.2 登录

单击“确定”，以系统管理员（Admin）登录，进入“金蝶 K/3 账套管理”窗口，如图 2–2 所示。

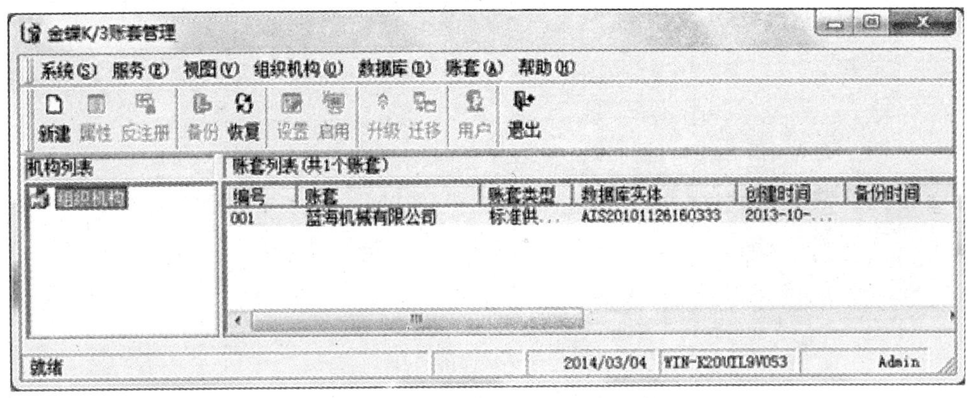


图 2–2 “金蝶 K/3 账套管理”窗口

［提示］系统默认的系统管理员是 Admin，密码为空。可以在“系统用户管理”功能里进行系统管理员的建立、修改、删除，以及修改密码操作。

### 2.3.2 建立组织机构

单击“组织机构”→“添加机构”；屏幕出现“添加机构”窗口，如图 2–3 所示。分别在“机构代码”栏填写“001”，“机构名称”栏填写“成都科兴有限公司”，口令可以为空。单击“确定”按钮。

添加机构

机构代码：001

机构名称：成都科兴有限公司

访问口令：

确认口令：

确定(O) 取消(C)

图 2–3 “添加机构”对话框

### 2.3.3 建立账套

（1）单击“数据库”→“新建账套”或者单击“新建”按钮，弹出如图 2–4 所示的提示对话框，提示用户在新建账套时选择正确的账套类型。

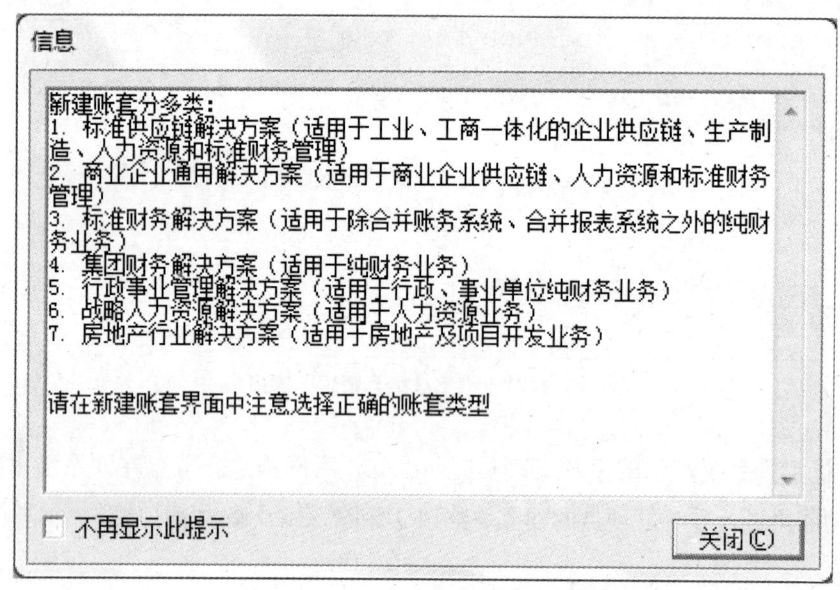


**图 2–4 “信息”提示对话框**

（2）单击“关闭”按钮，进入“新建账套”对话框，如图 2–5 所示。分别在“账套号”栏输入“001.001”；“账套名称”栏输入“成都科兴”；“账套类型”栏选择“标准供应链解决方案”；“数据库实体”采用系统默认；选择“数据库文件路径”操作为：单击 > 按钮，弹出“选择数据库文件路径”对话框，再单击“确定”按钮；选择“数据库日志文件路径”操作同选择“数据库文件路径”的操作；“系统账号”容器里的内容按系统默认设置。设置好后，单击“确定”按钮，系统开始创建账套。

[提示] 系统默认情况下，“数据库文件路径”和“数据库日志文件路径”存放在“X：\PROGRAM FILES\MICROSOFT SQL SERVER\MSSQL\DATA\”文件夹中，用户也可以根据需要，自己设置路径，以增加数据的安全性；账套的创建过程所需的时间较长，请耐心等待。

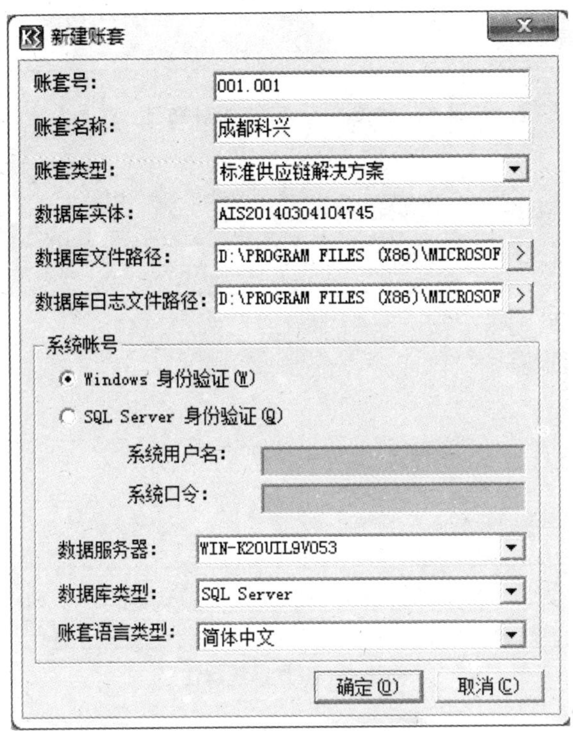


图 2-5　“新建账套”对话框

### 2.3.4　账套启用及账套属性设置

(1) 选择刚建好账套，单击“账套”→“启用账套”命令，或单击“启用”按钮，系统弹出“金蝶提示”对话框，提示是否启用当前账套，单击“是”，确定启用当前账套。如果没有进行账套属性设计，在启用账套之前，要进行账套属性设计。

(2) 单击“设置”按钮，或选择“账套”→“属性设置”命令，系统弹出“属性设置”对话框，如图 2-6 所示，设置账套的各种属性选项。

在“系统”选项卡中，“机构名称”项填写“成都科兴有限公司”；“地址”项填写“成都市二仙桥 106 号”，“电话”为空，如图 2-6 所示。

在“总账”选项卡中，按系统默认设置，如图 2-7 所示。

在“会计期间”选项卡中，单击“更改”按钮，打开“会计期间”对话框，“启用年度”设置为“2014”，“启用会计期间”设置为“3”，如图 2-8 所示。

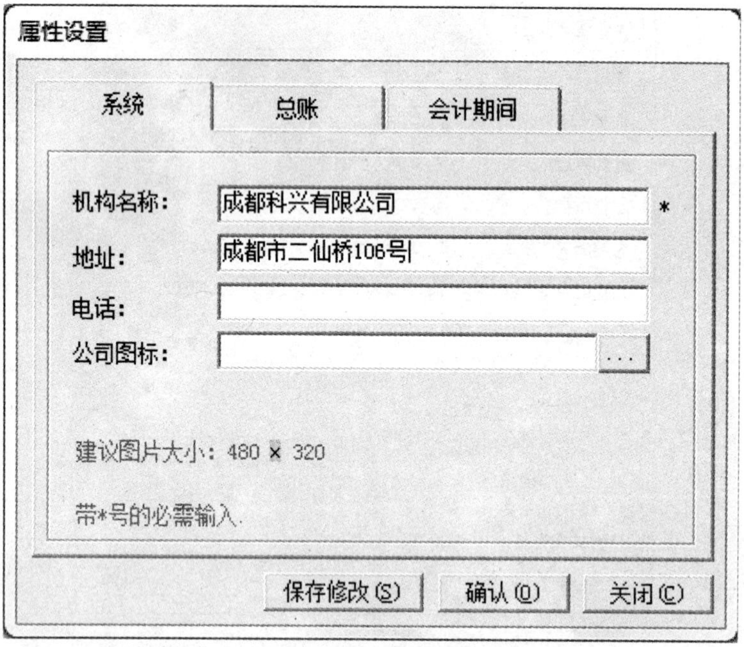

属性设置

系统　总账　会计期间

机构名称：成都科兴有限公司 *

地址：成都市二仙桥106号

电话：

公司图标：...

建议图片大小：480 × 320

带*号的必需输入

保存修改(S)　确认(O)　关闭(C)

图 2–6　设置系统属性

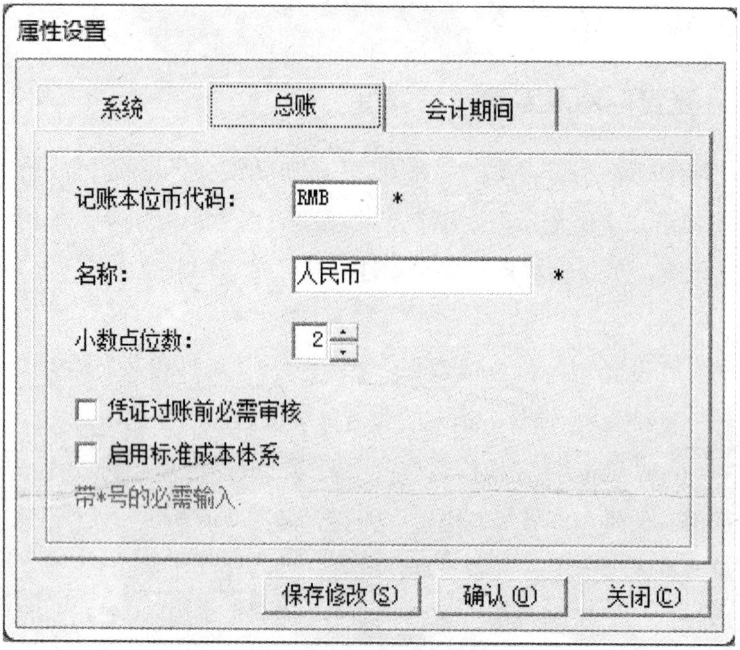

属性设置

系统　总账　会计期间

记账本位币代码：RMB *

名称：人民币 *

小数点位数：2

凭证过账前必需审核

启用标准成本体系

带*号的必需输入

保存修改(S)　确认(O)　关闭(C)

图 2–7　设置总账属性

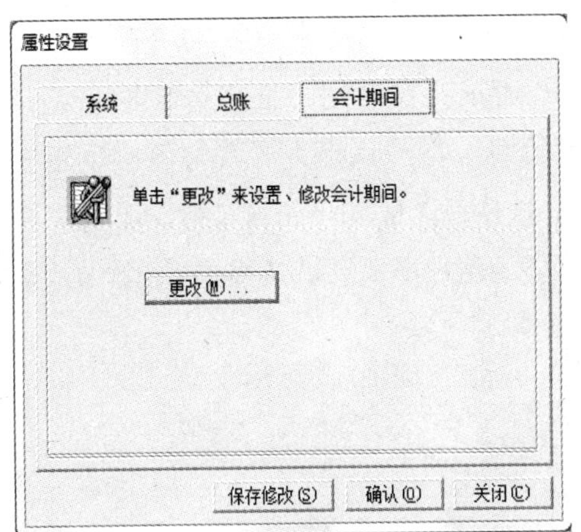

图 2-8　设置会计期间

设置完三个选项卡的内容，单击“确定”按钮，完成账套属性设置。

## 2.3.5　用户及用户权限设置

(1) 选择“账套”→“用户管理”命令，或单击“用户按钮”，打开“用户管理”窗口，如图 2-9 所示。

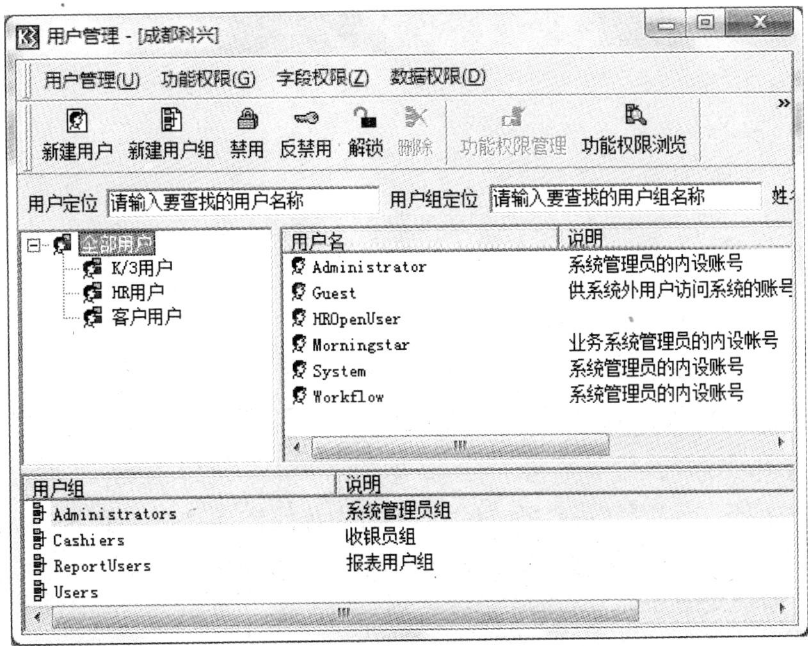


图 2-9　“用户管理”窗口

（2）增加用户。单击“新建用户”按钮，或使用“用户管理”“新建用户”命令，弹出“新增用户”对话框，如图 2-10 所示。在“用户姓名”栏输入“张华”；“用户说明”栏输入“会计主管”等信息；在“认证方式”标签中，选中“密码认证”方式；在“用户组”标签中，选中“Administrators”组，单击“添加”按钮（该操作只针对用户“张华”，其余的用户不需要做该操作）。单击“确定”按钮，系统增加“张华”用户。

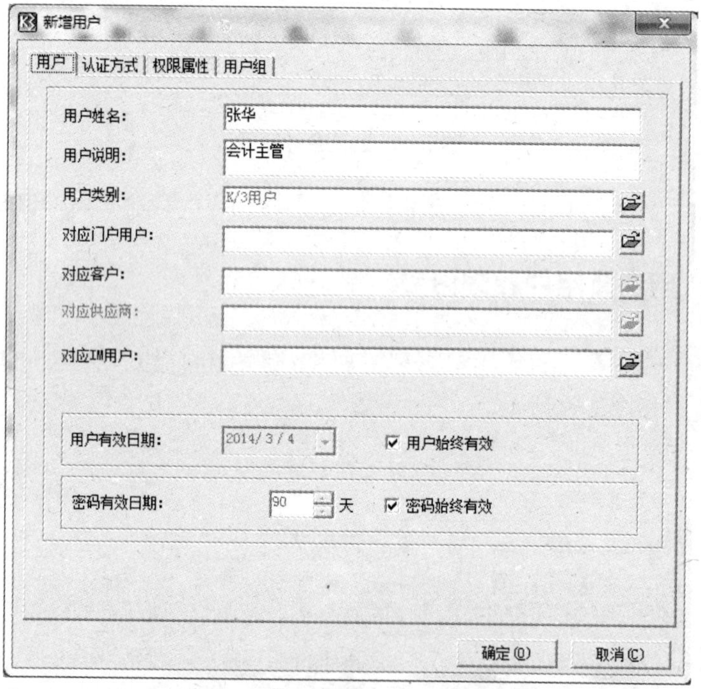

图 2-10 “新增用户”对话框

重复（2）操作，增加其他的用户。

（3）增加权限。选中用户“王平”，单击“功能权限管理”按钮，或选取“功能权限”→“功能权限管理”命令，弹出“权限管理”对话框，如图 2-11 所示。分别在“基础资料”、“总账”、“固定资产”、“报表”、“财务分析”、“现金管理”、“现金流量表”、“工资”、“应收账”和“应付账”模块打上“√”，单击“授权”按钮，为“王平”赋予相应的权限，单击“关闭”按钮退出。

重复（3）操作，为其他用户授权。

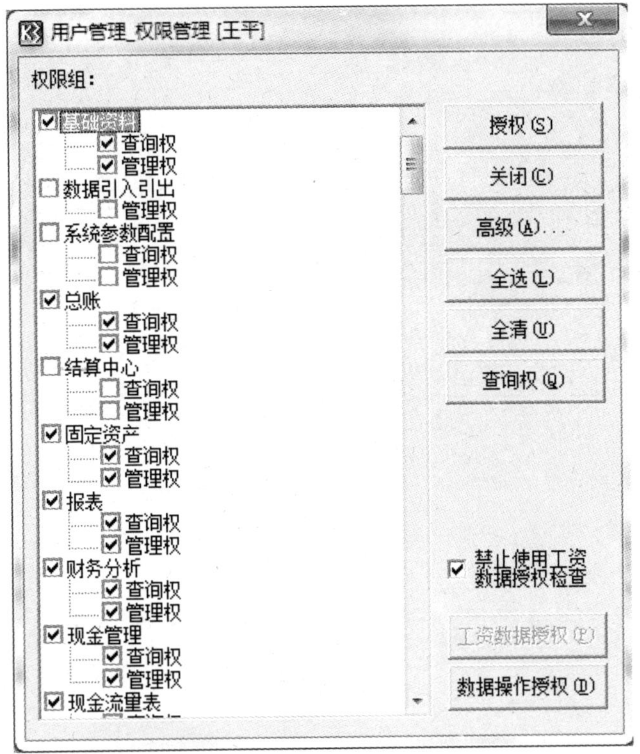


图 2-11　“权限管理”对话框

## 2.3.6　账套的备份与恢复

（1）账套备份。选中“成都科兴”账套，单击“备份”按钮，或选择“数据库”→“账套备份”命令，弹出“账套备份”对话框，如图 2-12 所示。“备份方式”选择“完全备份”；“备份路径”选择“E：\Bak\”（该文件夹应事先建好）；“文件名称”为“F 成都科兴”。单击“确定”按钮，系统开始备份数据。

（2）账套恢复。单击“恢复”按钮，或选择“数据库”→“账套恢复”命令，弹出“选择数据库服务器”对话框，按系统默认设置，单击“确定”按钮，弹出“恢复账套”对话框，如图 2-13 所示。在“服务器端备份文件”栏选择“E：\Bak\ F 成都科兴.dbb”文件；“账套号”设置成“001.001”；其他的按系统默认设置。单击“确定”按钮，系统开始恢复数据。

账套备份
备份方式
完全备份　增量备份　日志备份
备份路径
备份路径：E:\BAK\
文件名称：F成都科兴
确定(O)　关闭(C)

图 2-12 “账套备份”对话框

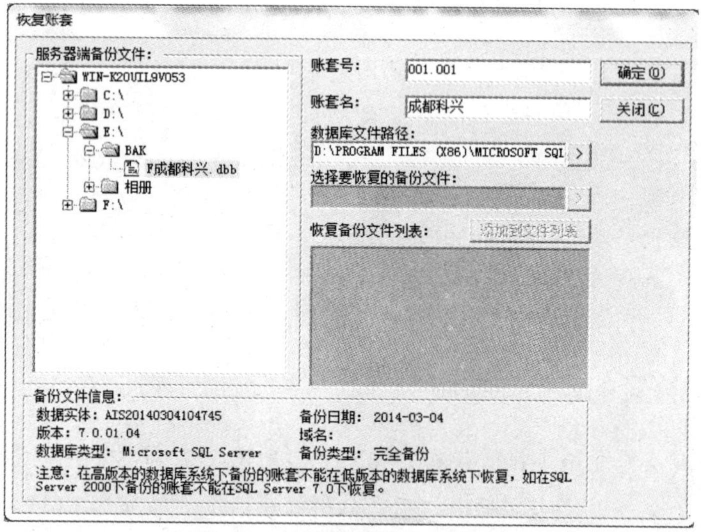


图 2-13 “恢复账套”对话框

## 2.4 实训思考

(1) 什么是账套？账套的作用是什么？

(2) 金蝶 K/3 提供了哪些账套类型？用户如何选择？

(3) 账套管理员与会计主管有何区别？

(4) 如何保障账套数据的安全？

# 实训 3　账套初始设置

## 3.1　实训目的

通过本实训，使学生掌握账套进行初始化的步骤及会计科目设置、总账参数设置、系统基础资料设置、期初余额录入、试算平衡检查的操作要点。

## 3.2　实训资料

（1）该企业采用“新会计准则科目”；总账参数设置中，需要设置“本年利润”科目代码，并启用往来业务核销和新增凭证自动填补断号；记账凭证类型采用通用“记账凭证”。

（2）系统基础资料如表 3–1~表 3–11 所示。

**表 3–1　币别资料**

| 币别代码 | 币别名称 | 记账汇率 | 折算方式 | 汇率类型 |
|---|---|---|---|---|
| HKD | 港币 | 0.93325 | 原币 × 汇率 = 本位币 | 浮动汇率 |
| USD | 美元 | 7.2791 | 原币 × 汇率 = 本位币 | 浮动汇率 |

表 3–2 计量单位组及计量单位资料

| 计量单位组 | 代码 | 计量单位名称 | 折算率 |
|---|---|---|---|
| 重量组 | KG | 公斤 | 1 |
| | T | 吨 | 1000 |
| 数量组 | J | 件 | 1 |
| | X | 箱 | 50 |

表 3–3 结算方式

| 代 码 | 名 称 |
|---|---|
| JF06 | 支 票 |

表 3–4 客户资料

| 代 码 | 名 称 |
|---|---|
| 01 | 成华区（上级组） |
| 01.01 | 长城公司 |
| 01.02 | 天达公司 |
| 02 | 武侯区（上级组） |
| 02.01 | 宏基公司 |
| 02.02 | 长海公司 |

表 3–5 部门资料

| 代 码 | 名 称 |
|---|---|
| 01 | 财务部 |
| 02 | 行政部 |
| 03 | 销售部（上级组） |
| 03.01 | 销售一部 |
| 03.02 | 销售二部 |
| 04 | 生产部 |

表 3–6 职员资料

| 代 码 | 名 称 | 部 门 |
|---|---|---|
| 001 | 张华 | 财务部 |
| 002 | 李萍 | 行政部 |
| 003 | 王林 | 销售一部 |
| 004 | 赵立 | 销售二部 |
| 005 | 刘红 | 生产部 |
| 006 | 孙晴 | 生产部 |

表 3–7 供应商资料

| 代 码 | 名 称 |
|---|---|
| 01 | 高新区（上级组） |
| 01.01 | 恒星公司 |
| 01.02 | 南方公司 |
| 02 | 锦江区（上级组） |
| 02.01 | 王码公司 |
| 02.02 | 强发公司 |

表 3–8 产成品核算项目资料

| 属性名称 | 属性类别 | 属性长度 | 备注 |
|---|---|---|---|
| 标准成本 | 实数 | | “产成品”核算项目类别，代码 011 |
| 出厂价 | 实数 | | |
| 零售价 | 实数 | | |
| 销售政策 | 文本 | 255 | |

表 3–9 会计科目资料

| 科目代码 | 科目名称 | 外币核算 | 期末调汇 | 数量金额辅助核算 | 核算项目 |
|---|---|---|---|---|---|
| 1002 | 银行存款 | 所有币别 | √ | | |
| 1002.01 | 建设银行 | 人民币 | | | |
| 1002.02 | 中国银行 | 美元 | √ | | |
| 1002.03 | 工商银行 | 港元 | √ | | |
| 1221 | 其他应收款 | | | | |
| 1221.01 | 职员 | | | | 职员 |
| 1403 | 原材料 | | | | |
| 1403.01 | 甲材料 | | | √（计量单位：公斤） | |
| 1403.02 | 乙材料 | | | √（计量单位：公斤） | |
| 1405 | 库存商品 | | | | |
| 1405.01 | A 产品 | | | √（计量单位：件） | |
| 1405.02 | B 产品 | | | √（计量单位：件） | |
| 2221 | 应交税费 | | | | |
| 2221.01 | 应交增值税 | | | | |
| 2221.01.01 | 进项税额 | | | | |
| 2221.01.02 | 销项税额 | | | | |
| 6602.01 | 工资及福利 | | | | |
| 6602.02 | 折旧费 | | | | |
| 6602.03 | 通信费 | | | | 部门、职员 |
| 5001 | 生产成本 | | | | |
| 5001.01 | 工资及福利 | | | | |

续表

| 科目代码 | 科目名称 | 外币核算 | 期末调汇 | 数量金额辅助核算 | 核算项目 |
|---|---|---|---|---|---|
| 5101 | 制造费用 | | | | |
| 5101.01 | 折旧费 | | | | |
| 5101.02 | 工资及福利 | | | | |
| 6001 | 主营业务收入 | | | | 部门、职员、产成品 |
| 6603 | 财务费用 | | | | |
| 6603.01 | 利息 | | | | |
| 6603.02 | 汇兑损益 | | | | |

**表 3–10　往来科目资料**

| 科目代码 | 科目名称 | 往来业务核算 | 核算项目 |
|---|---|---|---|
| 1122 | 应收账款 | √ | 客户 |
| 2202 | 应付账款 | √ | 供应商 |

**表 3–11　物料资料**

| 代　码 | 名　称 | 属　性 | 计量单位 | 计价方法 | 存货科目 | 销售收入 | 销售成本 |
|---|---|---|---|---|---|---|---|
| 01 | 材料（上级组） | | | | | | |
| 01.01 | 甲材料 | 外购 | 公斤 | 加权平均 | 1403.01 | 6051 | 6402 |
| 01.02 | 乙材料 | 外购 | 公斤 | 加权平均 | 1403.02 | 6051 | 6402 |
| 02 | 产品（上级组） | | | | | | |
| 02.01 | A 产品 | 自制 | 件 | 加权平均 | 1405.01 | 6001 | 6401 |
| 02.02 | B 产品 | 自制 | 件 | 加权平均 | 1405.02 | 6001 | 6401 |

（3）期初数据资料如表 3–12~表 3–14 所示。

**表 3–12　初始余额**

| 科目名称 | 外币/数量 | 汇　率 | 借方金额 | 贷方金额 |
|---|---|---|---|---|
| 库存现金 | | | 30000 | |
| 银行存款——建设银行 | | | 500000 | |
| 银行存款——中国银行 | 200000 | 6.1460 | 1229200 | |
| 银行存款——工商银行 | 100000 | 0.7894 | 78940 | |
| 应收账款 | | | 150000 | |
| 原材料——甲材料 | 1000 | | 20000 | |
| ——乙材料 | 500 | | 50000 | |
| 库存商品——A 产品 | 200 | | 80000 | |
| 预付账款——报纸杂志费 | | | 2000 | |
| 其他应收款——职员 | 张华 | | 5000 | |
| 坏账准备 | | | | 5000 |

续表

| 科目名称 | 外币/数量 | 汇　率 | 借方金额 | 贷方金额 |
| --- | --- | --- | --- | --- |
| 固定资产 | | | 2000000 | |
| 累计折旧 | | | | 900000 |
| 应付账款 | | | | 300000 |
| 短期借款 | | | | 100000 |
| 实收资本 | | | | 2840140 |
| 合计 | | | 4145140 | 4145140 |

**表 3–13　应收账款科目期初明细**

| 客　户 | 时　间 | 金　额 |
| --- | --- | --- |
| 长城公司 | 2014.02.07 | 80000 |
| 宏基公司 | 2014.02.25 | 70000 |
| 合计 | | 150000 |

**表 3–14　应付账款期初明细**

| 供应商 | 时　间 | 事　由 | 金　额 |
| --- | --- | --- | --- |
| 恒星公司 | 2014.01.10 | 购买原材料 | 120000 |
| 王码公司 | 2014.02.03 | 购买原材料 | 180000 |
| 合　计 | | | 300000 |

## 3.3　实训操作

实训操作任务：登录金蝶 K/3 主控台、会计科目引入、总账系统参数设置、系统资料维护、初始余额录入、试算平衡检查、结束初始化工作。

根据实训资料，完成下列操作。

### 3.3.1　登录金蝶 K/3 主控台

单击“开始”→“程序”→“金蝶 K/3” →“金蝶 K/3 主控台”，或单击桌面“金蝶 K/3 主控台”图标，打开“金蝶 K/3 系统登录”窗口，如图 3–1 所示，“组织机构”选择“001｜成都科兴有限公司”；“当前账套”选择“001.001｜成都科兴”；以会计主管“张华”注册登录。点击“K/3 主界面”，进入如图 3–2 所示的主界面窗口。在主界面窗口中，第①栏是“我的 K/3”、“财务会计”、“管理会计”、“资金管理”、“集团合并”、“供应链”、“成本管理”、“生产管理”、“人力资源”、“企业绩效”、“移动商务”和“系统设置”12 个系统功能；第②栏是某个系统功

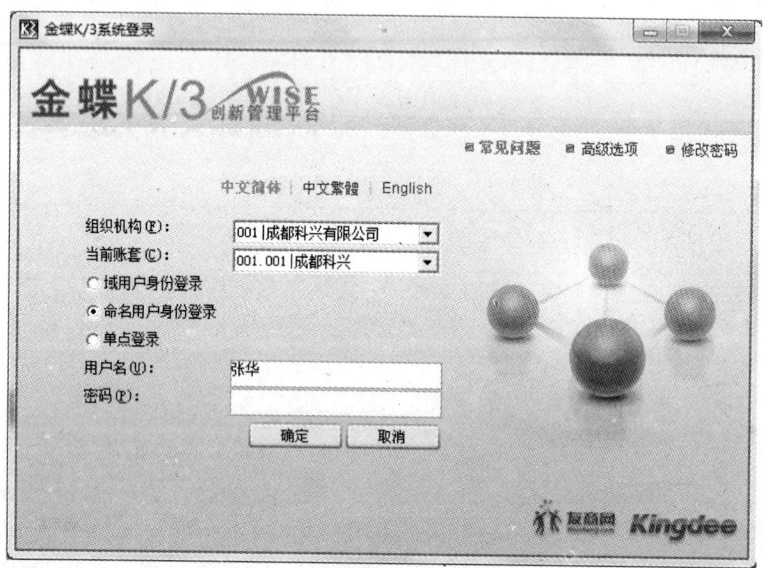


**图 3–1 “金蝶 K/3 系统登录”窗口**

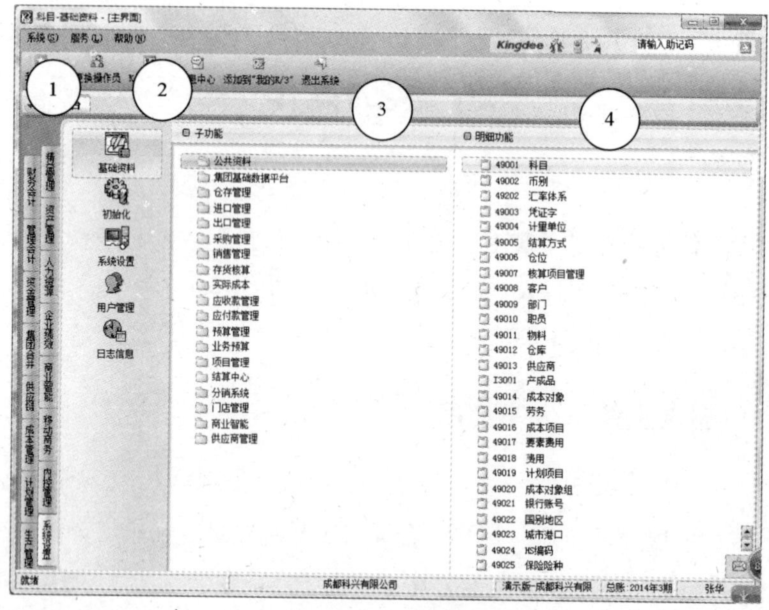


**图 3–2 主界面窗口**

能下包括的功能模块；第③栏是某功能模块包括的子功能；第④栏是某子功能包括的明细功能。

### 3.3.2　会计科目引入

单击“系统设置”→“基础资料”→“公共资料”，展开“公共资料”的明细功能项目。双击“科目”，进入“科目”窗口，如图 3–3 所示。

图 3–3　“科目”窗口

单击“文件”→“从模板中引入科目”，弹出“科目模板”对话框，如图 3–4 所示。行业选择“新会计准则科目”，单击“引入”按钮，弹出“引入科目”对话框，如图 3–5 所示。

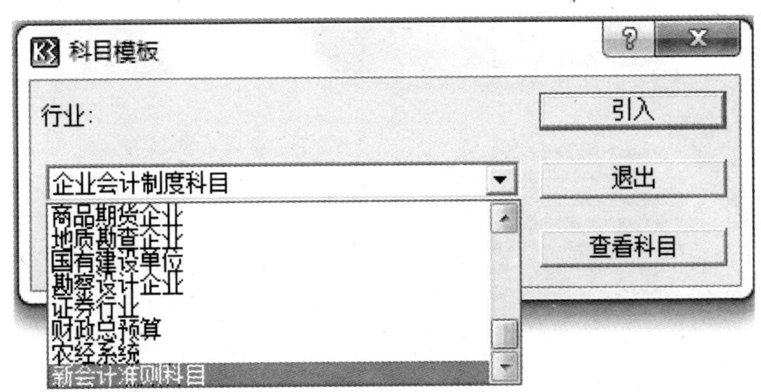


图 3–4　“科目模板”对话框

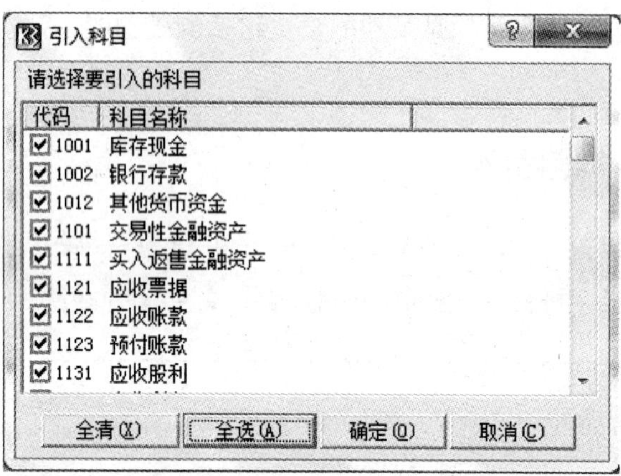


图 3–5 “引入科目”对话框

单击“全选”按钮，选中所有科目后，单击“确定”按钮，系统从模板中引入科目。引入成功后，在“科目”窗口中能看见刚才所引入的科目。

### 3.3.3 总账系统参数设置

单击“系统设置”→“系统设置”→“总账”，展开“总账”的明细功能项，双击“系统参数”，打开“系统参数”对话框。选项对话框上边的“总账”标签，切换到“总账基本信息系统参数”界面，如图 3–6 所示。

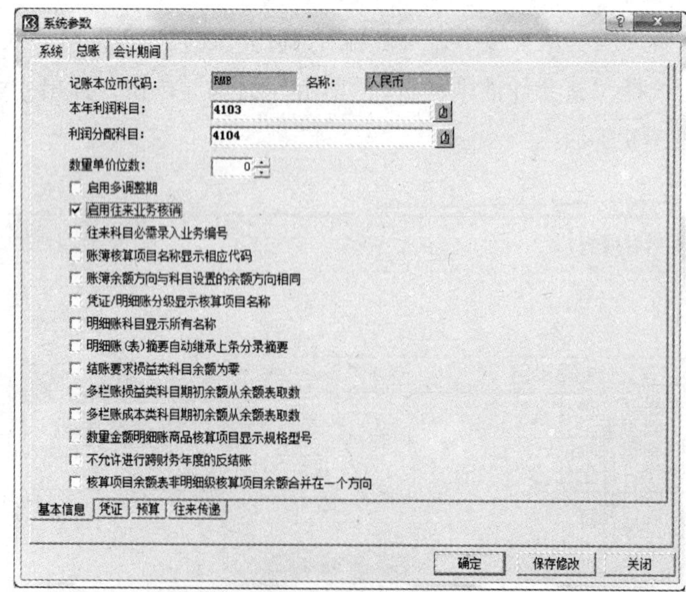


图 3–6 “总账基本信息系统参数”界面

在“本年利润科目”项输入“4103”;“利润分配科目”项输入“4104”；并选中“启用往来业务核销”。选项对话框下边的“凭证”标签，切换到“总账凭证系统参数”界面，如图 3–7 所示。选中“凭证过账前必须审核”和“自动填补断号”项。单击“确定”按钮。

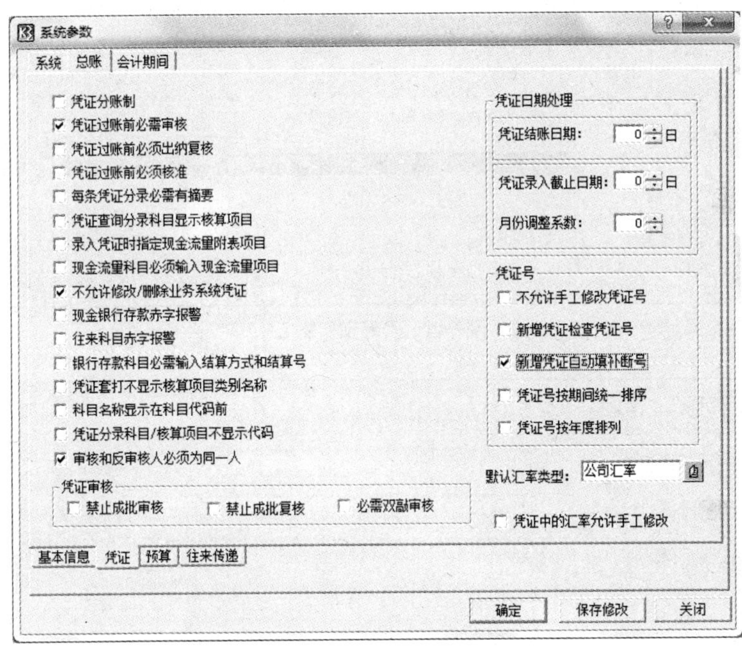


图 3–7　“总账凭证系统参数”界面

## 3.3.4　系统资料维护

### 3.3.4.1　根据表 3–1，录入币别

单击“系统设置”→“基础资料”→“公共资料”，展开“公共资料”的明细功能项目。双击“币别”，进入“币别”窗口，如图 3–8 所示。

单击“编辑”→“新增币别”，或单击“新增”按钮，弹出“新增币别”对话框，如图 3–9 所示。在“币别代码”项录入“HKD”；“币别名称”项录入“港币”;“记账汇率”项录入“1.08”；选中“原币×汇率=本位币”项。单击“确定”按钮，增加币别。采用同样方法增加其余的币种。

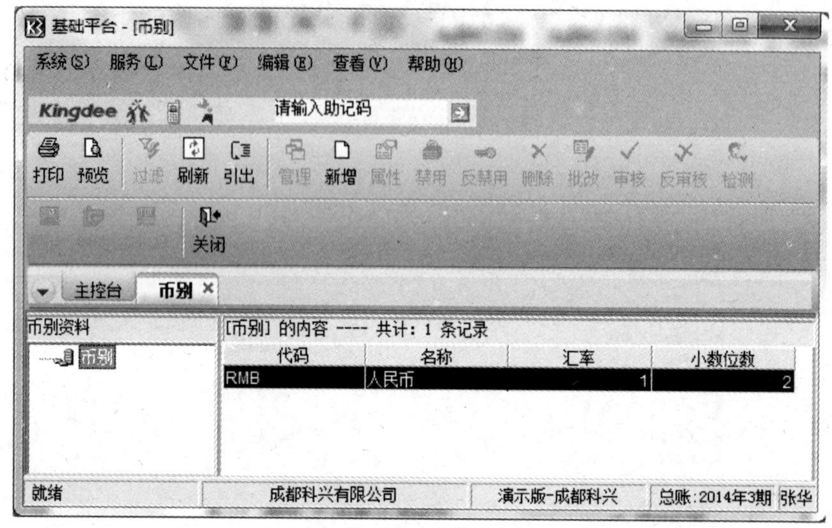


图 3–8 “币别”窗口

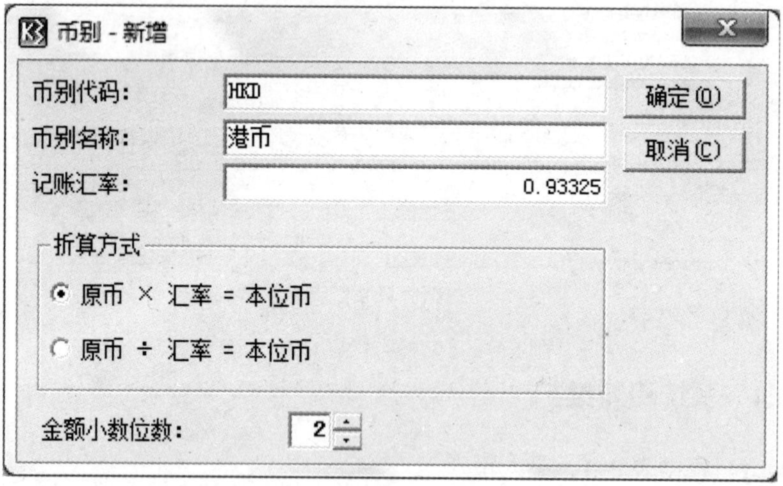

币别 - 新增
币别代码： HKD
币别名称： 港币
记账汇率： 0.93325
确定(O)
取消(C)
折算方式
原币 × 汇率 = 本位币
原币 ÷ 汇率 = 本位币
金额小数位数： 2

图 3–9 “新增币别”对话框

### 3.3.4.2 凭证字管理

单击“系统设置”→“基础资料”→“公共资料”，展开“公共资料”的明细功能项目。双击“凭证字”，进入“凭证字”窗口，如图 3–10 所示。

单击“编辑”→“新增凭证字”，或单击“新增”按钮，弹出“新增凭证字”对话框，如图 3–11 所示。在“凭证字”项录入“记”，其余的按系统默认。单击“确定”按钮。

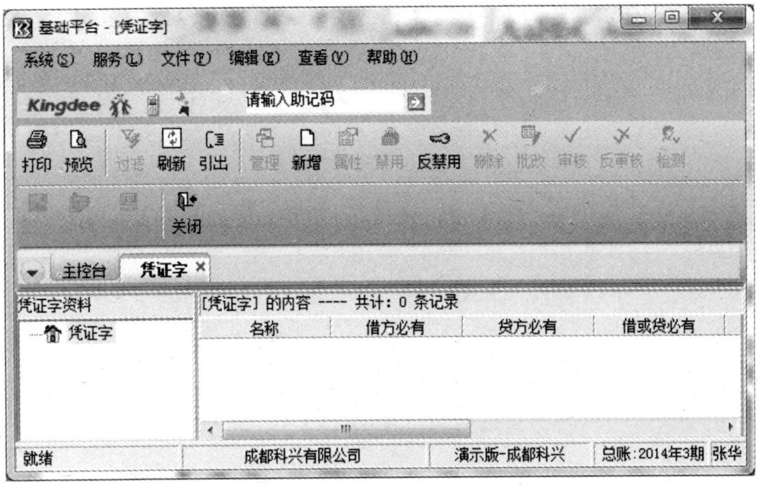

图 3-10　“凭证字”窗口

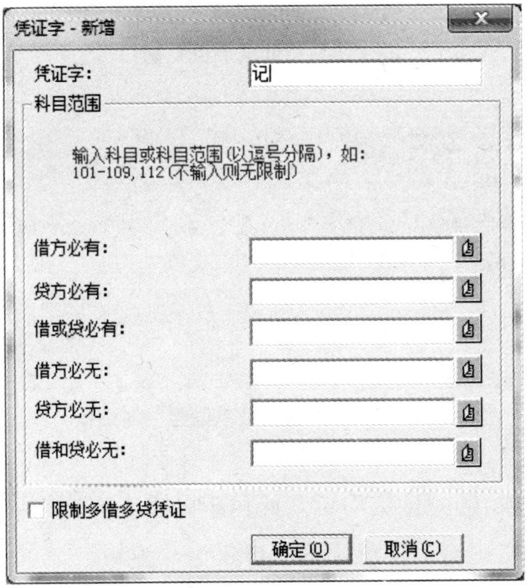

图 3-11　“新增凭证字”对话框

#### 3.3.4.3　根据表 3-2，录入计量单位组及计量单位

单击“系统设置”→“基础资料”→“公共资料”，展开“公共资料”的明细功能项目。双击“计量单位”，进入“计量单位”窗口，如图 3-12 所示。

单击“编辑”→“新增计量单位组”，或单击“新增”按钮，弹出“新增计量单位组”对话框，如图 3-13 所示。在“计量单位组”项录入“重量组”。单击

“确定”按钮。采用同样方法增加“数量组”。

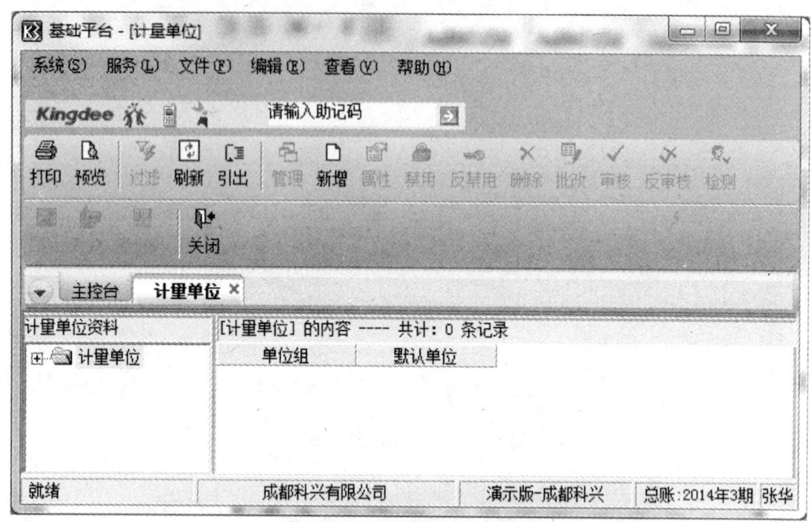


图 3–12 “计量单位”窗口

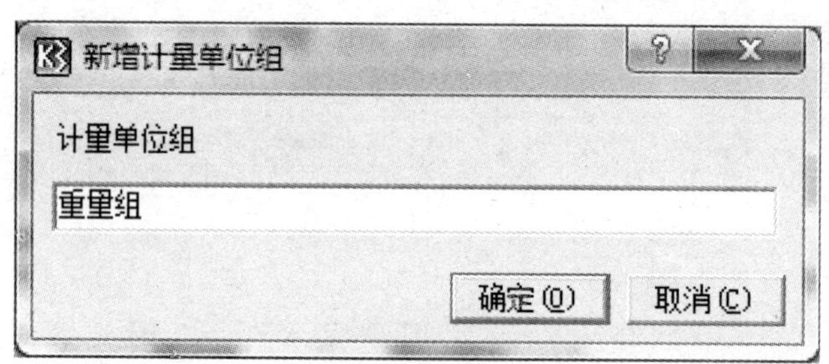


图 3–13 “新增计量单位组”对话框

在如图 3–12 所示的“计量单位”窗口中，单击左边窗口“计量单位组”→“重量组”；再单击右边窗口任意位置；再单击“编辑”→“新增计量单位”，或单击“新增”按钮，弹出“新增计量单位”对话框，如图 3–14 所示。在“代码”项录入“KG”；“名称”项录入“公斤”；“折算率”为“1”；其余项按系统默认。单击“确定”按钮。采用同样方法增加其余的计量单位。

**3.3.4.4 根据表 3–3，录入结算方式**

单击 “系统设置”→“基础资料”→“公共资料”，展开“公共资料”的明细功能项目。双击“结算方式”，进入“结算方式”窗口，如图 3–15 所示。

图 3–14　“新增计量单位”对话框

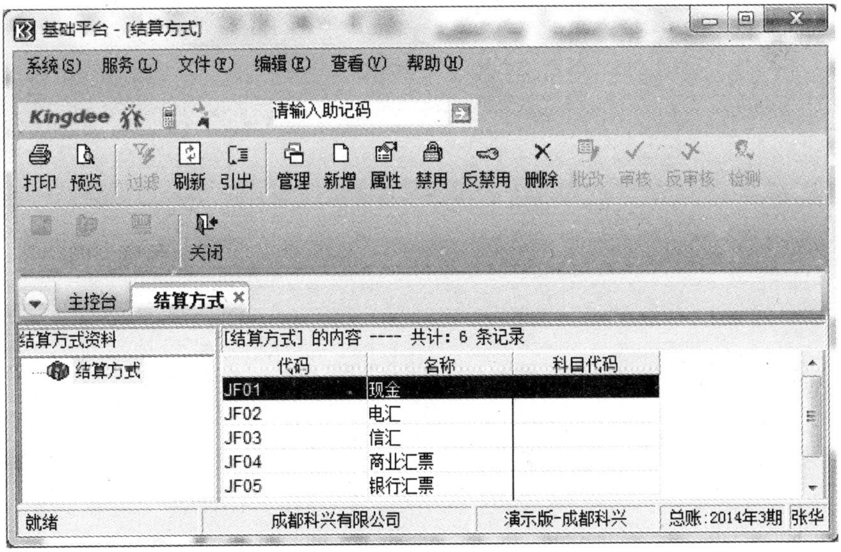

图 3–15　“结算方式”窗口

单击“编辑”→“新增结算方式”，或单击“新增”按钮，弹出“新增结算方式”对话框，如图 3–16 所示。在“代码”项录入“JF06”；“名称”项录入“支票”。单击“确定”按钮。

图 3–16 “新增结算方式”对话框

### 3.3.4.5 根据表 3–4，录入客户资料

单击“系统设置”→“基础资料”→“公共资料”，展开“公共资料”的明细功能项目。双击“客户”，进入“客户”窗口，如图 3–17 所示。

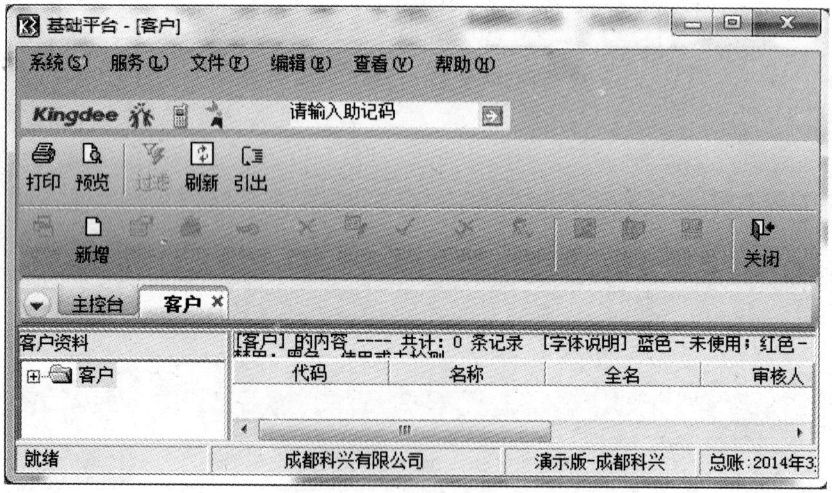

图 3–17 “客户”窗口

单击右边窗口任意处；再单击“编辑”→“新增客户”，或单击“新增”按钮，弹出“新增客户”对话框，单击“上级组”按钮，切换到“新增上级组”对话框，如图 3–18 所示。在“代码”项录入“01”；“名称”项录入“成华区”。单击“保存”按钮。重复同样操作增加“武侯区”上级组。最后，单击“退出”按钮。

在如图 3–17 所示“客户”窗口中，单击右边窗口任意处；再单击“编辑”→“新增客户”，或单击“新增”按钮，弹出“新增客户”对话框，如图 3–19 所示。在“代码”项录入“01.01”；“名称”项录入“长城公司”；其余项按系统默认设置。单击“保存”按钮。

重复同样操作增加其余客户资料。最后，单击“退出”按钮。

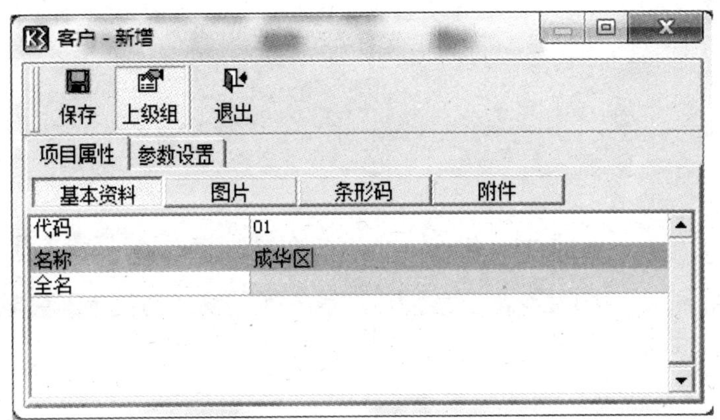


图 3–18　“新增上级组”对话框

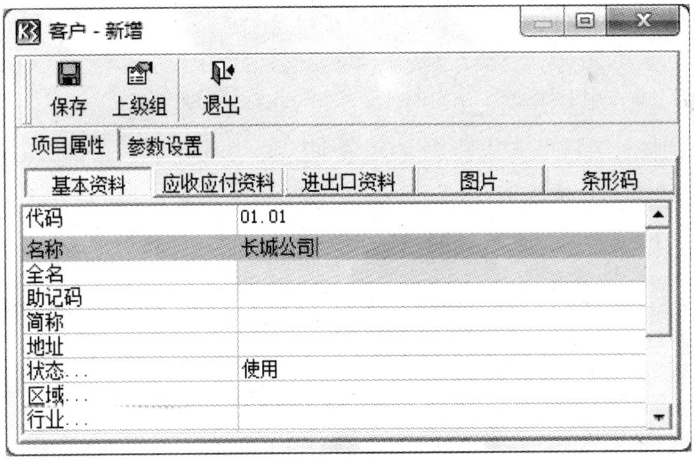

图 3–19　“新增客户”对话框

［提示］F7 功能是系统提供的专门用于加快录入单据、凭证速度的一个方便操作。F7 功能中提供了模糊查询、搜索、排序、新增、修改、删除、禁用、审核、查看基础资料等功能。

**3.3.4.6　根据表 3–5，录入部门资料**

单击“系统设置”→“基础资料”→“公共资料”，展开“公共资料”的明细功能项目。双击“部门”，进入“部门”窗口，如图 3–20 所示。

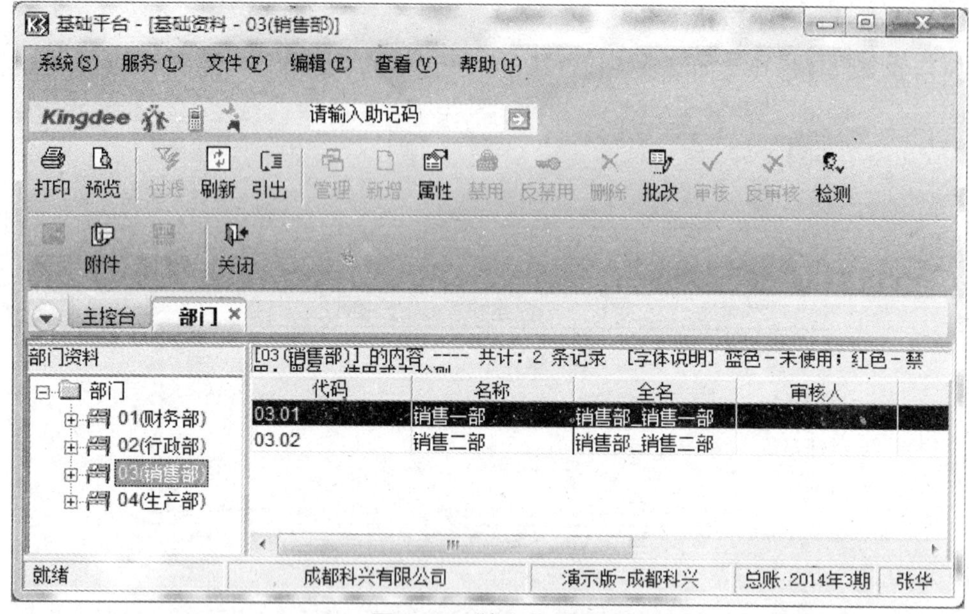


图 3–20 “部门”窗口

新增部门操作和新增客户资料操作雷同，详细操作略。

［提示］除了销售部为上级组，其余部门都为基础资料增加，否则在进入职员所属部门时将无法选择下级组。

#### 3.3.4.7 根据表 3–6，录入职员资料

单击“系统设置”→“基础资料”→“公共资料”，展开“公共资料”的明细功能项目。双击“职员”，进入“职员”窗口，如图 3–21 所示。

新增职员操作和新增客户资料操作雷同，详细操作略。

#### 3.3.4.8 根据表 3–7，录入供应商资料

单击“系统设置”→“基础资料”→“公共资料”，展开“公共资料”的明细功能项目。双击“供应商”，进入“供应商”窗口，如图 3–22 所示。

新增供应商操作和新增客户资料操作雷同，详细操作略。

#### 3.3.4.9 根据表 3–8，录入核算项目资料

单击“系统设置”→“基础资料”→“公共资料”，展开“公共资料”的明细功能项目。双击“核算项目管理”，进入“核算项目管理”窗口，如图 3–23 所示。

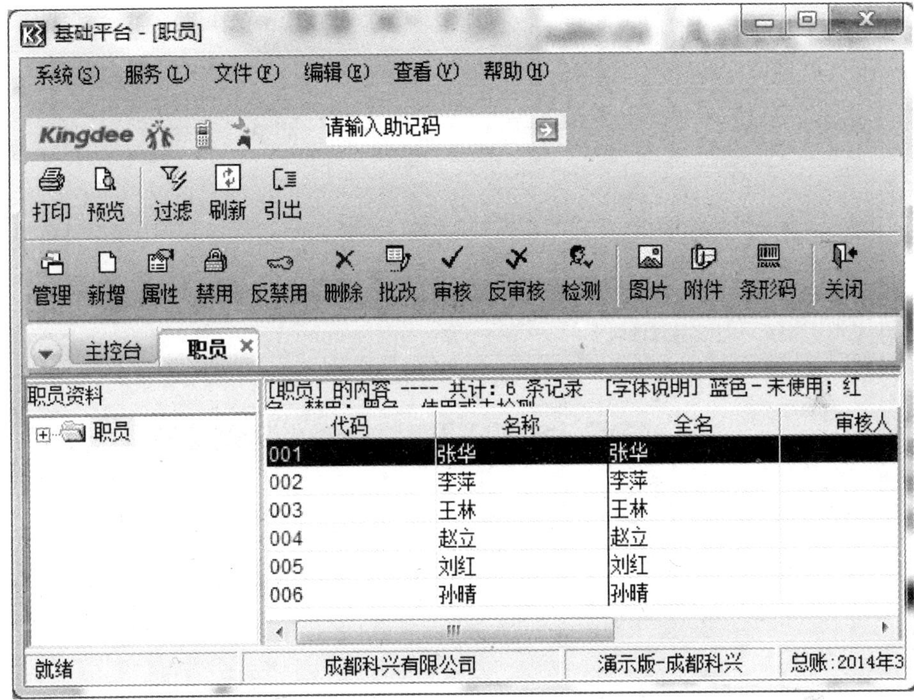


图 3–21　“职员”窗口

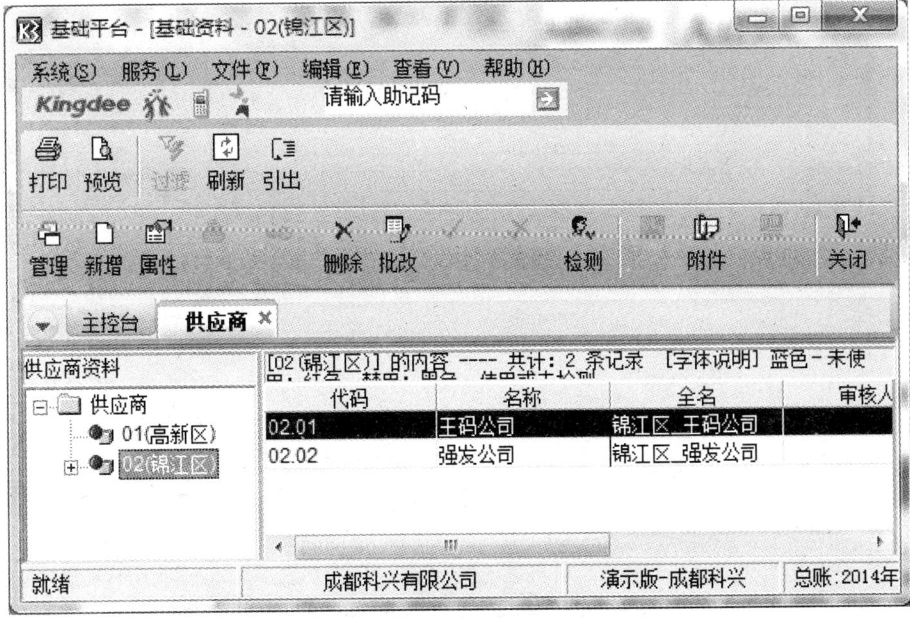


图 3–22　“供应商”窗口

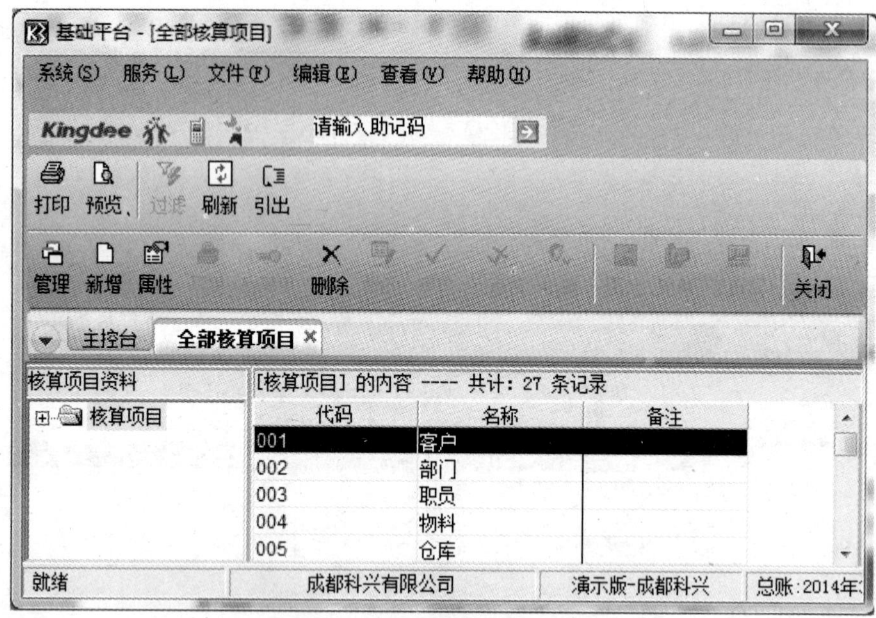


图 3-23 “核算项目管理”窗口

单击窗口右边任意空白处，再单击“编辑”→“新增核算项目类别”，或单击“新增”按钮，弹出“新增核算项目类别”对话框，如图 3-24 所示。

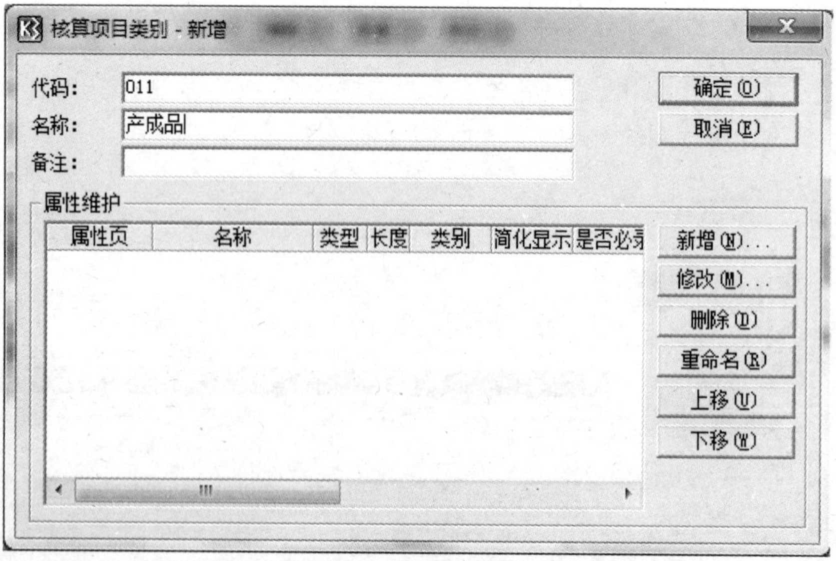

图 3-24 “新增核算项目类别”对话框

在“代码”项录入“011”；“名称”项录入“产成品”。单击“新增”按钮，弹出“自定义属性”对话框，如图 3–25 所示。

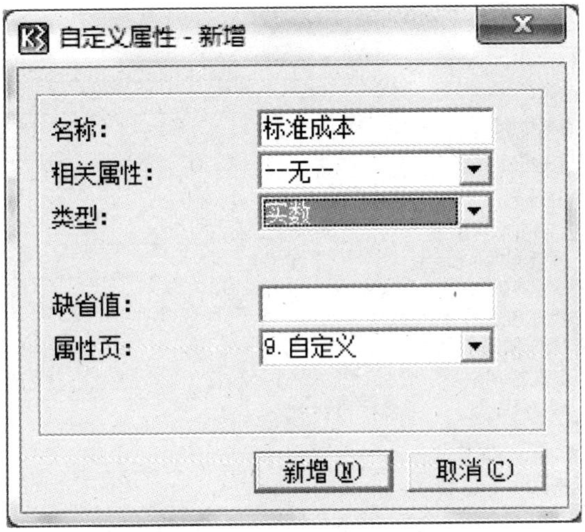

**图 3–25　“自定义属性”对话框**

在“名称”项录入“标准成本”；“类型”项选择“实数”；其余的按系统默认设置。单击“新增”按钮。

采用同样操作新增其余的属性。最后，单击“确定”按钮。

“产成品”核算项目增加完成后，在如图 3–23 窗口中，单击窗口左边“核算项目”，展开“核算项目”，选中“产成品”，单击窗口右边任意空白处，再单击“新增”按钮，弹出“新增产成品”对话框。分别增加“01 A 产品”和“02 B 产品”。

**3.3.4.10　根据表 3–9 和表 3–10，维护会计科目资料**

单击 “系统设置”→“基础资料”→“公共资料”，展开“公共资料”的明细功能项目。双击“科目”，进入“科目”窗口。

3.3.4.10.1　日记账科目设置

选中“库存现金”科目，单击“属性”按钮，打开“修改库存现金会计科目”对话框，如图 3–26 所示。在“现金科目”、“出日记账”项上打上“√”记。单击“保存”按钮。

［提示］在资产类科目中，库存现金、银行存款一定要设为日记账，银行存款还要设为银行账，并设置成所有币核算。

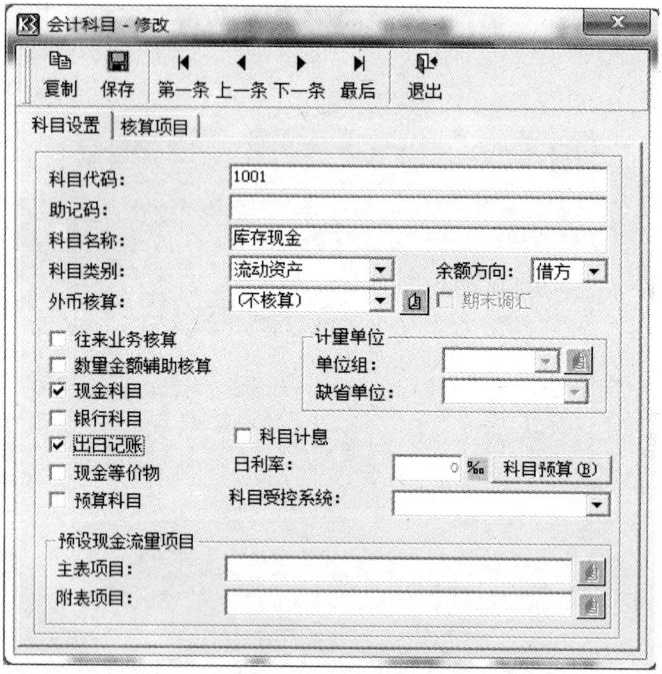

图 3-26 “修改库存现金会计科目”对话框

3.3.4.10.2 新增下级科目

增加本位币。选择“银行存款”科目，单击“属性”按钮，打开“修改银行存款会计科目”对话框。单击“复制”按钮，切换到“新增银行存款会计科目”对话框，如图 3-27 所示。在“科目代码”项录入“1002.01”；“科目名称”项录入“建设银行”；其余项按系统默认设置。单击“保存”按钮。

增加外币。单击“复制”按钮，切换到“新增银行存款会计科目”对话框，如图 3-28 所示。在“科目代码”项录入“1002.02”；“科目名称”项录入“中国银行”；“外币核算”项选择“美元”；选中“期末调汇”；其余项按系统默认设置。单击“保存”按钮。采用同样方法增加港币。

3.3.4.10.3 数量类科目设置

选择“原材料”科目，单击“属性”按钮，打开“修改原材料会计科目”对话框。单击“复制”按钮，切换到“新增原材料会计科目”对话框，如图 3-29 所示。在“科目代码”项录入“1403.01”；“科目名称”项录入“甲材料”；选中“数量金额辅助核算”；“单位组”选择“重量组”；“缺省单位”选择“公斤”；其余项按系统默认设置。单击“保存”按钮。

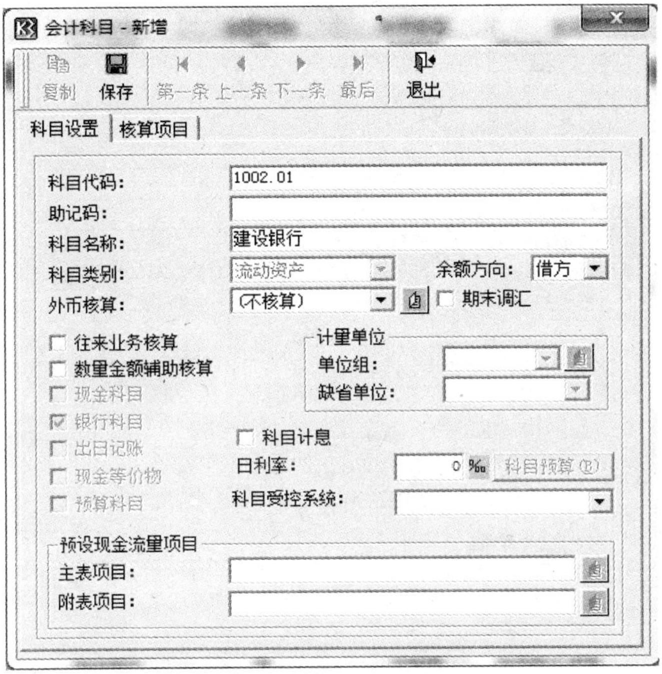

图 3-27　"新增建设银行会计科目"对话框

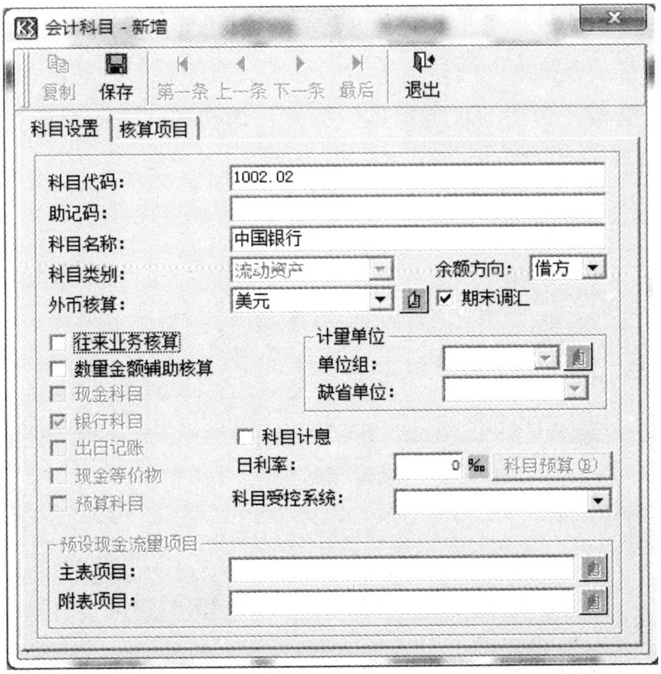

图 3-28　"新增中国银行会计科目"对话框

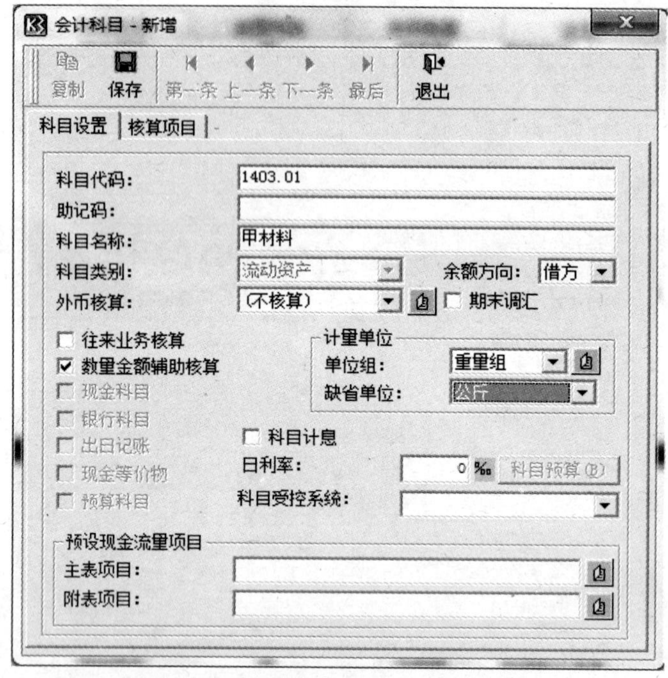


图 3-29 “新增原材料会计科目”对话框

3.3.4.10.4 项目核算科目

选择“主营业务收入”科目，单击“属性”按钮，打开“修改主营业务收入会计科目”对话框。单击“核算项目”标签，切换到“修改核算项目”对话框，如图 3-30 所示。

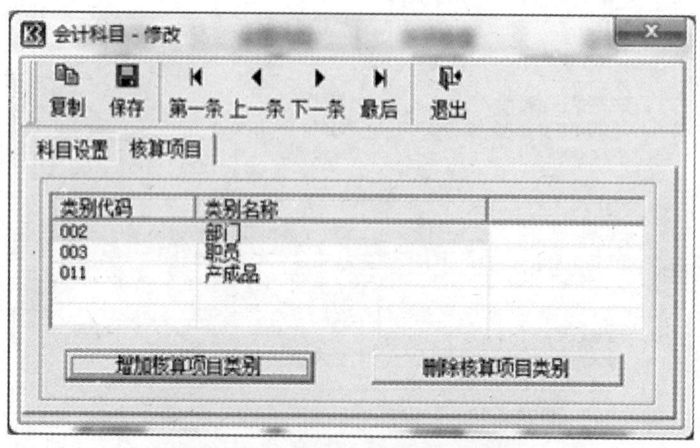


图 3-30 “修改核算项目”对话框

单击“增加核算项目类别”按钮，分别增加“部门”、“职员”和“产成品”核算项目类别。单击“保存”按钮。

3.3.4.10.5　往来科目设置

选择“应收账款”科目，单击“属性”按钮，打开“修改应收账款会计科目”对话框。选中“往来业务核算”；再单击“核算项目”标签，切换到“修改核算项目”对话框，单击“增加核算项目类别”按钮，增加“客户”核算项目类别。单击“保存”按钮。

根据表 3–9 和表 3–10 提供的资料，参照以上操作方法，完成本项设置。

［提示］①设置外币核算科目时，一定要注意选择相应币别，如果一级科目下有明细科目按外币核算的，则一级科目要设为核算所有币别。②在会计科目下挂接核算项目的方式，与在科目下直接增加明细科目实现的账簿结果是一样的，而且还可以解决科目设置工作重复、臃肿的麻烦，但不是必须要求这样设置，关键是要结合企业的实际情况灵活掌握。另外，科目下面如已挂核算项目，就不能再设明细科目；一个科目下可挂多个核算项目，这些核算项目间是一种平等并列的关系；核算项目下也不能再挂核算项目。③设置数量金额辅助核算的物料明细科目时，注意必须先新增物料明细科目，再在系统资料维护处添加具体的“物料”资料，否则易出现错误信息。④设置应收、应付等往来科目时应注意：未购买应收、应付子系统的用户，如要进行往来业务核销、往来对账和账龄分析等工作，必须在应收、应付科目下挂核算项目，并设置科目属性为往来业务核算；已购买应收、应付子系统的，不受此限制，但从节省工作量的角度来说，挂核算项目作明细的方法较为实用。⑤如果已录入明细科目后在系统资料界面看不到，可在“查看”菜单下选“选项”中的显示所有明细科目一项即可。

**3.3.4.11　根据表 3–11，录入物料资料**

单击“系统设置”→“基础资料”→“公共资料”，展开“公共资料”的明细功能项目。双击“物料”，进入“物料”窗口。单击右边窗口任意处；再单击“编辑”→“新增物料”，或单击“新增”按钮，弹出“新增物料”对话框，单击“上级组”按钮，切换到“新增物料上级组”对话框，如图 3–31 所示。在“代码”项录入“01”；“名称”项录入“材料”。单击“保存”按钮。重复同样操作，增加“产品”上级组。最后，单击“退出”按钮。

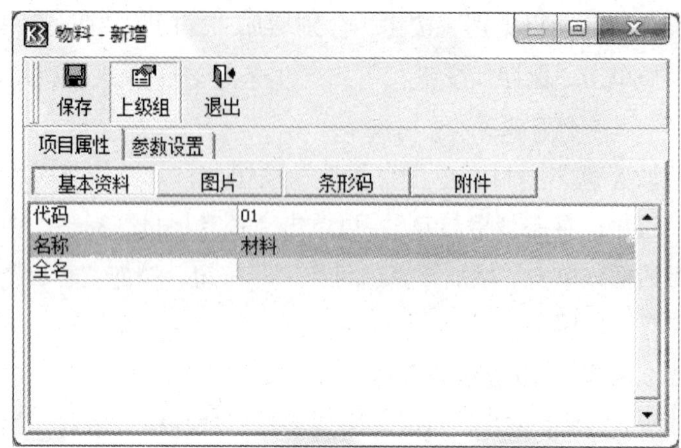


图 3–31 “新增物料上级组”对话框

在“物料”窗口中，单击右边窗口任意处；再单击“编辑”→“新增物料”，或单击“新增”按钮，弹出“新增物料基本资料”对话框，如图 3–32 所示。在“代码”项录入“01.01”；“名称”项录入“甲材料”；“物料属性”选择“外购”；“计量单位组”选择“重量组——公斤”。

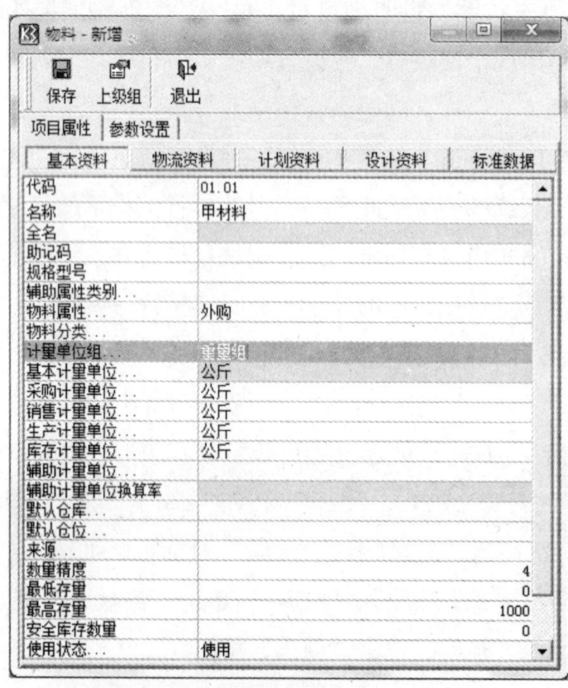


图 3–32 “新增物料基本资料”对话框

单击“物流资料”标签，切换到“新增物料物流资料”对话框，如图 3–33 所示。“计价方法”项选择“加权平均法”；在“存货科目代码”项录入“1403.01”，“销售收入科目代码”项录入“6051”，“销售成本科目代码”项录入“6402”；其余项按系统默认设置。单击“保存”按钮。

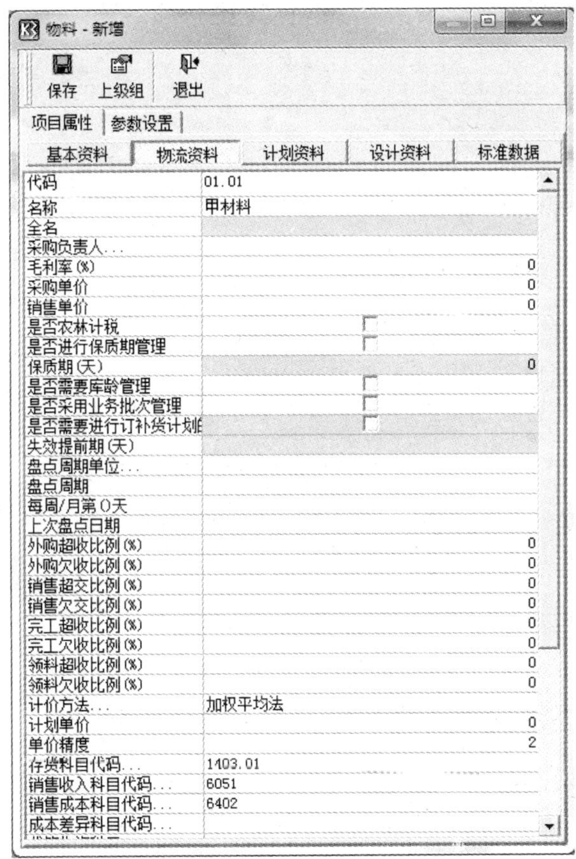

图 3–33 “新增物料物流资料”对话框

重复同样操作，增加其余物料资料。最后，单击“退出”按钮。

[提示] 需要增加“1405.01 A 产品”和“1405.02 B 产品”两个二级科目。

### 3.3.5 初始余额录入

单击“系统设置”→“初始化”→“总账”，展开“总账”的明细功能项目。双击“科目初始数据录入”，进入“科目初始数据录入”窗口，如图 3–34 所示。

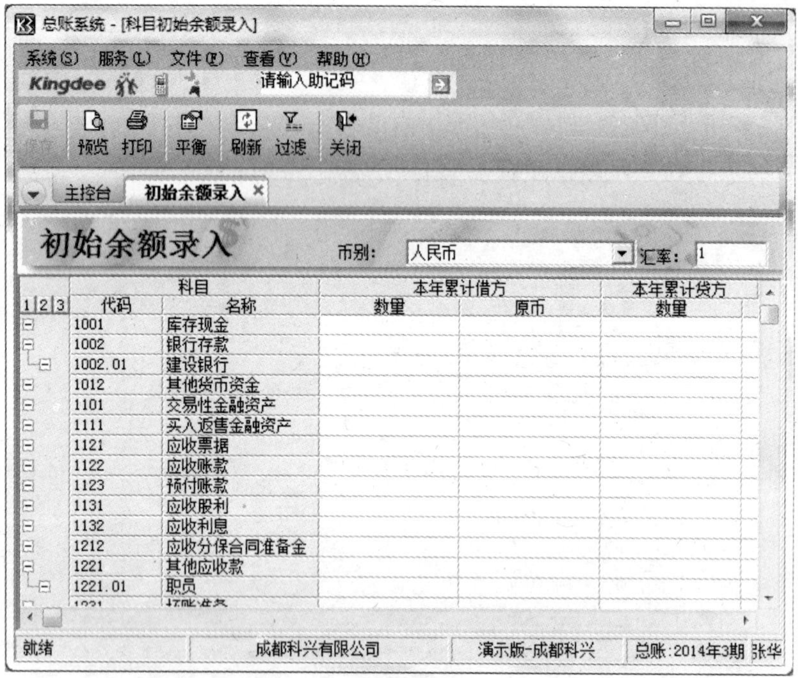


图 3–34 “科目初始数据录入”窗口

### 3.3.5.1 根据表 3–12，录入各明细账余额

（1）本位币余额录入。在“期初余额”栏（白色栏目）中录入数据。末级科目录入完毕，系统自动计算上级科目的余额。

（2）外币余额录入。在币别项中，选中相应的币种，如“美元”，系统切换到录入美元余额，外币的汇率可以根据实际情况在窗口修改。

（3）核算类科目余额录入。单击“1221.01 职员”栏上的 √ 标记，弹出“核算项目职员余额录入”对话框，如图 3–35 所示。单击“职员”栏，再单击按钮，弹出“职员列表”对话框，选中“张华”，双击鼠标左键，系统回到如图 3–35 所示对话框。在“期初余额”栏（白色栏目）中录入“5000”。如果还有其

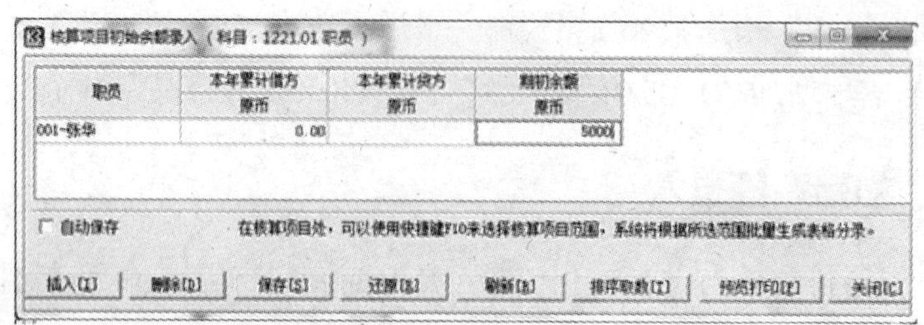


图 3–35 “核算项目职员余额录入”对话框

他的职员数据，可以单击“插入”按钮。最后，单击“保存”按钮。

#### 3.3.5.2　根据表 3–13 和表 3–14，录入往来账余额

单击“1122 应收账款”栏上的 √ 标记，弹出“核算项目应收账款余额录入”对话框，如图 3–36 所示。单击“客户”栏，再单击按钮，弹出“客户列表”对话框，选中“长城公司”，双击鼠标左键，系统回到如图 3–36 所示对话框。

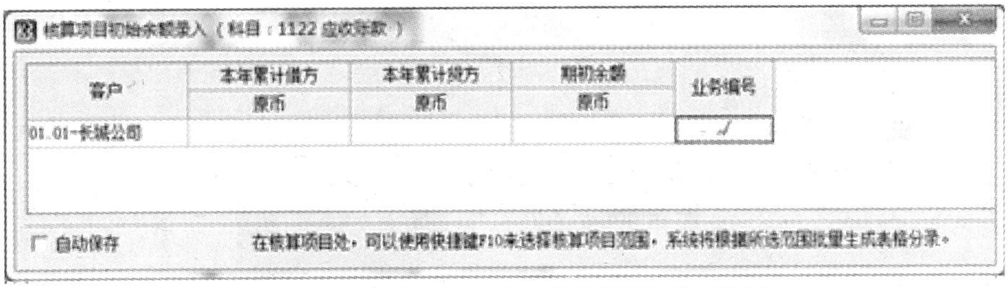

核算项目初始余额录入（科目：1122 应收账款）

| 客户 | 本年累计借方 | 本年累计贷方 | 期初余额 | 业务编号 |
|---|---|---|---|---|
| | 原币 | 原币 | 原币 | |
| 01.01–长城公司 | | | | √ |

自动保存　在核算项目处，可以使用快捷键F10来选择核算项目范围，系统将根据所选范围批量生成表格分录。

图 3–36　“核算项目应收账款余额录入”对话框

单击标记，弹出“应收账款往来业务期初余额录入”对话框，如图 3–37 所示。在“期初余额（原币）”栏中录入“80000”；“业务发生时间”栏录入“2014–02–07”；“业务编号”栏录入“001”。单击“保存”按钮。单击“关闭”按钮退出。

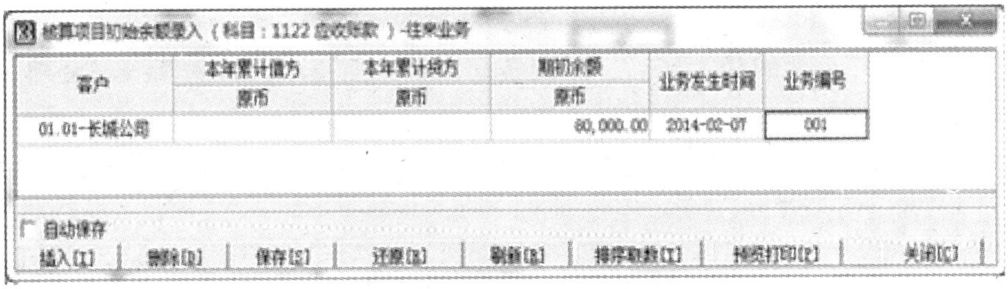

核算项目初始余额录入（科目：1122 应收账款）–往来业务

| 客户 | 本年累计借方 | 本年累计贷方 | 期初余额 | 业务发生时间 | 业务编号 |
|---|---|---|---|---|---|
| | 原币 | 原币 | 原币 | | |
| 01.01–长城公司 | | | 80,000.00 | 2014-02-07 | 001 |

自动保存

插入(I)　删除(D)　保存(S)　还原(R)　刷新(R)　排序取数(T)　预览打印(P)　关闭(C)

图 3–37　“应收账款往来业务期初余额录入”对话框

根据表 3–12、表 3–13 和表 3–14 提供的资料，参照以上操作方法，完成本项设置。

### 3.3.6　试算平衡检查

在图 3–34 所示窗口中，选择“综合本位币”的币别，单击“平衡”按钮，系统弹出“试算借贷平衡”对话框，如图 3–38 所示。

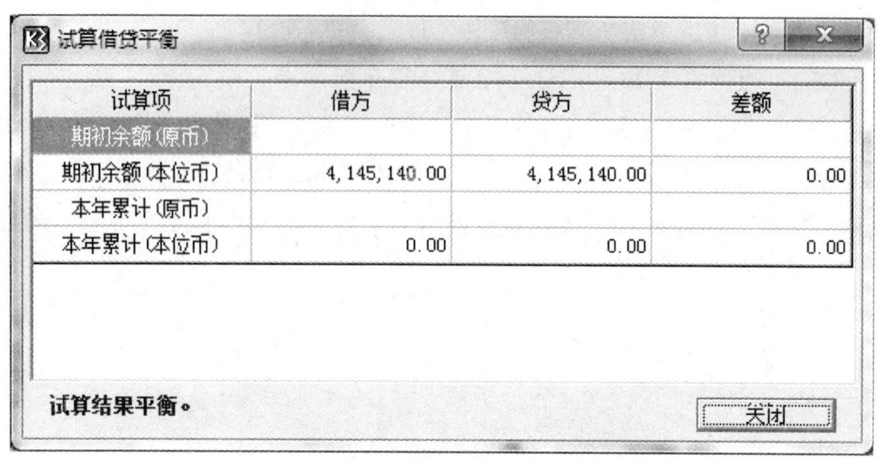


| 试算项 | 借方 | 贷方 | 差额 |
|---|---|---|---|
| 期初余额(原币) | | | |
| 期初余额(本位币) | 4,145,140.00 | 4,145,140.00 | 0.00 |
| 本年累计(原币) | | | |
| 本年累计(本位币) | 0.00 | 0.00 | 0.00 |

图 3–38 “试算借贷平衡”对话框

[提示] 试算结果平衡才能结束初始工作。如果试算结果不平衡，则需要返回核对每一项余额录入是否正确，直到试算结果平衡为止。

### 3.3.7 结束初始化工作

单击“系统设置”→“初始化”→“总账”，展开“总账”的明细功能项目。双击“结束初始化”，系统开始结束初始化工作。

[提示] 结束初始化工作后，系统基础资料不能修改。若要修改，必须先进行反初始化操作。反初始化操作方法和结束初始化操作方法相似。

## 3.4 实训思考

(1) 简述初始化设置的内容。

(2) 如何引入系统预先设置的会计科目?

(3) 如何新增会计科目? 会计科目按什么原则编码?

(4) 如何进行试算平衡? 如果试算不平衡，问题出在哪些地方?

# 实训 4　凭证处理

## 4.1　实训目的

通过本实训，使学生充分理解金蝶 K/3 财务软件的凭证处理流程，掌握记账凭证录入、凭证修改、凭证审核和过账等操作方法。

## 4.2　实训资料

成都科兴有限公司 2014 年 3 月发生的部分经济业务如下：

(1) 5 日，从建设银行提取现金 10000 元备用。

摘要：提现备用

借：库存现金　　　　　　　　　　10000

　　贷：银行存款——建设银行　　　　　　　　10000

(2) 10 日，偿还以前欠恒星公司的货款 120000 元，从建设银行转账。

摘要：偿还欠款

借：应付账款——恒星公司　　　　　　　　120000

　　贷：银行存款——建设银行　　　　　　　　120000

(3) 15 日，销售一部王五向宏基公司销售 A 产品 100 件，单价 600 元，增值税率 17%，价税合计为 70200 元，货款暂欠。同时结转成本，A 产品计划成本为 400 元/件。

摘要：赊销产品

借：应收账款——宏基公司　　　　　　　　　70200

　　贷：主营业务收入——销售一部/王林/A 产品　　　　　60000

　　　　应交税费——应交增值税——销项税额　　　　　10200

摘要：结转成本

借：主营业务成本　　　　　　　　　　　　40000

　　贷：库存商品——A 产品　　　　　　　　　　　　40000

（4）20 日，采购甲材料 1000 公斤，单价 50 元/公斤；乙材料 500 公斤，单价 40 元/公斤，增值税率 17%，价税合计为 81900 元，以建设银行存款支付。

摘要：采购材料

借：原材料——甲材料　　　　　　　　　　50000

　　　　　——乙材料　　　　　　　　　　20000

　　应交税费——应交增值税——进项税额　　11900

　　贷：银行存款——建设银行　　　　　　　　　　81900

（5）25 日，收到某外商交来投资款 20000 美元，存入中国银行美元户，当日汇率为 6.1460。

摘要：收到投资

借：银行存款——中国银行　　　$20000 \times 6.1460$　122920

　　贷：实收资本　　　　　　　　　　　　　　　　122920

（6）30 日，支付本月通讯费 1200 元，其中销售一部王林 500 元，销售二部赵立 400 元，行政部李萍 300 元。

摘要：支付通讯费

借：管理费用——通讯费/销售一部/王林　　　　500

　　　　　　——通讯费/销售二部/赵立　　　　400

　　　　　　——通讯费/行政部/李萍　　　　　300

　　贷：库存现金　　　　　　　　　　　　　　　　1200

（7）30 日，收到宏基公司本月 15 日欠货款 70200 元，存入建设银行。

摘要：收回前欠货款

借：银行存款——建设银行　　　　　　　　70200

贷：应收账款——宏基公司　　70200

## 4.3 实训操作

实训操作任务：凭证录入、凭证审核、凭证过账、凭证维护。

根据实训资料，完成下列操作。

### 4.3.1 凭证录入

以会计李萍的身份登录主界面，单击“财务会计”→“总账”→“凭证处理”，展开“凭证处理”的明细功能项目。双击“凭证录入”，进入“新增凭证”窗口，如图 4–1 所示。

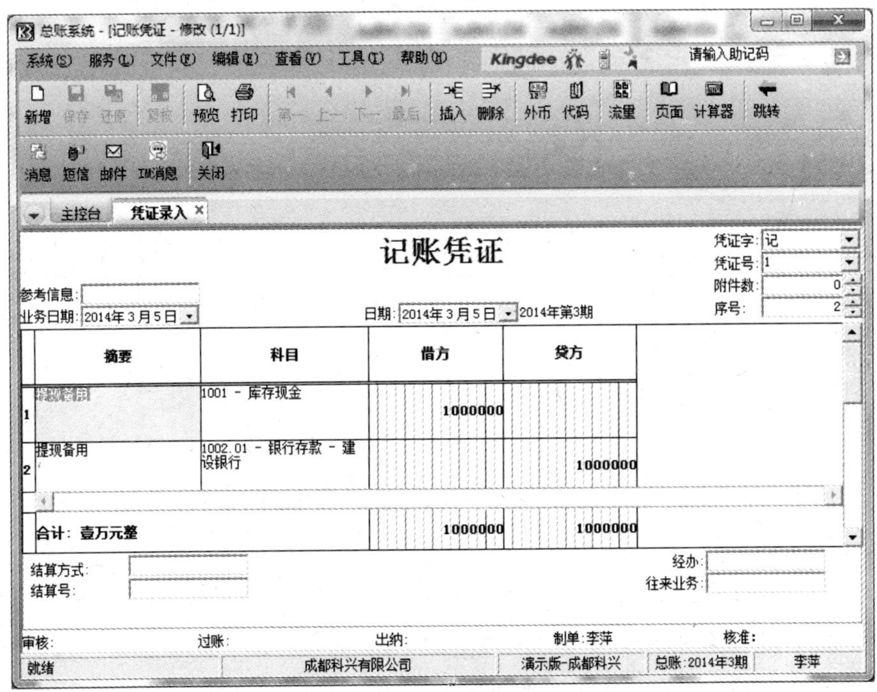


图 4–1 “新增凭证”窗口

第一笔经济业务凭证填制方法：“业务日期”和“日期”项设置为“2014 年 3

月 5 日”；“摘要”栏录入“提现备用”；“科目”栏分别选择“1001——库存现金”和“1002.01——银行存款——建设银行”；“借方”、“贷方”栏分别录入“10000”；其余项目按系统默认设置。单击“保存”按钮。

根据成都科兴有限公司 2014 年 3 月发生的部分经济业务，编制记账凭证，如图 4-2~图 4-7 所示。

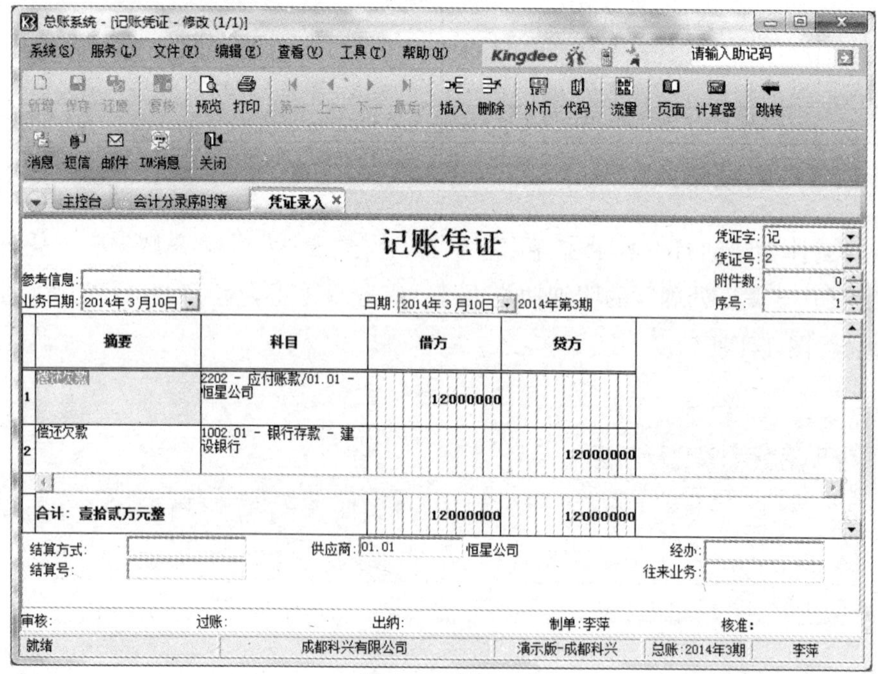


图 4-2 业务二

[提示]

(1) 凭证号、序号由系统自动编排，用户无须自行编号。

(2) 录入凭证日期时点击“日期”旁的 ▾ 按钮，弹出日历后选择即可，也可手工自行输入。但应注意，系统不接受当前会计期间之前的日期，只允许输入当期或以后各期业务，而且过账时，只处理本期的记账凭证。

(3) 凭证摘要的录入有四种方法：①直接录入；②如选择了“查看”菜单“选项”中的自动携带上条分录摘要信息，则系统会自动复制上条记录摘要到下条；③或者在英文标点状态下，双击键盘右边“DEL”的按键，也可以快速复制上条分录摘要；④按“F7”键或工具栏上的“代码”按钮建立摘要库，需要时调用。建立摘要库的步骤：点击记账凭证中的摘要栏，按下“F7”键或工具栏“代

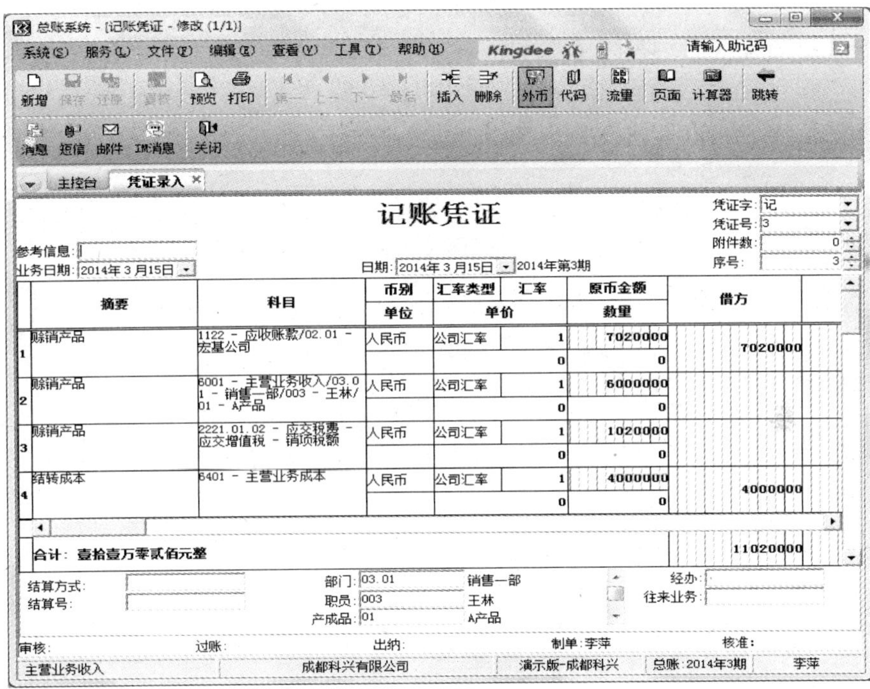
总账系统 - [记账凭证 - 修改 (1/1)]

记账凭证

凭证字：记　凭证号：3　附件数：0　序号：3

参考信息：
业务日期：2014年 3 月15日　日期：2014年 3 月15日　2014年第3期

| | 摘要 | 科目 | 币别 / 单位 | 汇率类型 / 单价 | 汇率 | 原币金额 / 数量 | 借方 |
|---|---|---|---|---|---|---|---|
| 1 | 赊销产品 | 1122 - 应收账款/02.01 - 宏基公司 | 人民币 | 公司汇率 | 1 | 7020000 | 7020000 |
| | | | | | 0 | 0 | |
| 2 | 赊销产品 | 6001 - 主营业务收入/03.01 - 销售一部/003 - 王林/01 - A产品 | 人民币 | 公司汇率 | 1 | 6000000 | |
| | | | | | 0 | 0 | |
| 3 | 赊销产品 | 2221.01.02 - 应交税费 - 应交增值税 - 销项税额 | 人民币 | 公司汇率 | 1 | 1020000 | |
| | | | | | 0 | 0 | |
| 4 | 结转成本 | 6401 - 主营业务成本 | 人民币 | 公司汇率 | 1 | 4000000 | 4000000 |
| | | | | | 0 | 0 | |
| | 合计：壹拾壹万零贰佰元整 | | | | | | 11020000 |

结算方式：　部门：03.01 销售一部　经办：
结算号：　职员：003 王林　往来业务：
产成品：01 A产品

审核：　过账：　出纳：　制单：李萍　核准：

主营业务收入　成都科兴有限公司　演示版-成都科兴　总账：2014年3期　李萍

图 4–3　业务三

总账系统 - [记账凭证 - 修改 (2/2)]

记账凭证

凭证字：记　凭证号：4　附件数：0　序号：4

参考信息：
业务日期：2014年 3 月20日　日期：2014年 3 月20日　2014年第3期

| | 摘要 | 科目 | 币别 / 单位 | 汇率类型 / 单价 | 汇率 | 原币金额 / 数量 | 借方 |
|---|---|---|---|---|---|---|---|
| 1 | 采购材料 | 1403.01 - 原材料 - 甲材料 | 人民币 | 公司汇率 | 1 | 5000000 | 5000000 |
| | | | 公斤 | | 50 | 1000 | |
| 2 | 采购材料 | 1403.02 - 原材料 - 乙材料 | 人民币 | 公司汇率 | 1 | 2000000 | 2000000 |
| | | | 公斤 | | 40 | 500 | |
| 3 | 采购材料 | 2221.01.01 - 应交税费 - 应交增值税 - 进项税额 | 人民币 | 公司汇率 | 1 | 1190000 | 1190000 |
| | | | | | 0 | 0 | |
| 4 | 采购材料 | 1002.01 - 银行存款 - 建设银行 | 人民币 | 公司汇率 | 1 | 8190000 | |
| | 合计：捌万壹仟玖佰元整 | | | | | | 8190000 |

结算方式：　经办：
结算号：　往来业务：

审核：　过账：　出纳：　制单：李萍　核准：

就绪　成都科兴有限公司　演示版-成都科兴　总账：2014年3期　李萍

图 4–4　业务四

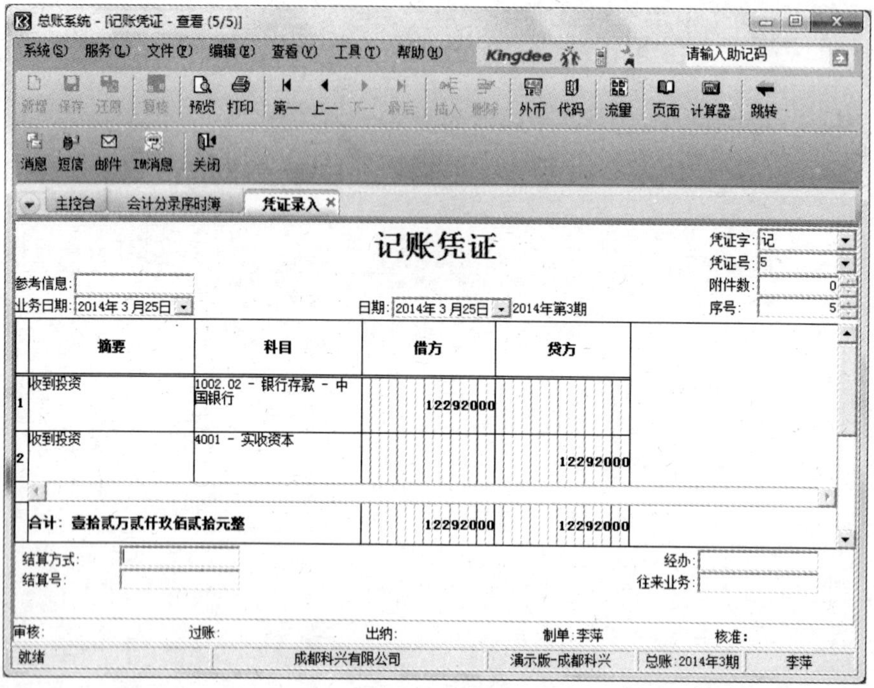

总账系统 - [记账凭证 - 查看 (5/5)]

系统(S) 服务(L) 文件(F) 编辑(E) 查看(V) 工具(T) 帮助(H) Kingdee 请输入助记码

新增 保存 还原 复核 预览 打印 第一 上一 下一 最后 插入 删除 外币 代码 流量 页面 计算器 跳转

消息 短信 邮件 IM消息 关闭

主控台 会计分录序时簿 凭证录入

**记账凭证**

凭证字：记 凭证号：5 附件数：0 序号：5

参考信息：

业务日期：2014年3月25日 日期：2014年3月25日 2014年第3期

| | 摘要 | 科目 | 借方 | 贷方 |
|---|---|---|---|---|
| 1 | 收到投资 | 1002.02 - 银行存款 - 中国银行 | 12292000 | |
| 2 | 收到投资 | 4001 - 实收资本 | | 12292000 |
| | 合计：壹拾贰万贰仟玖佰贰拾元整 | | 12292000 | 12292000 |

结算方式： 经办：

结算号： 往来业务：

审核： 过账： 出纳： 制单：李萍 核准：

就绪 成都科兴有限公司 演示版-成都科兴 总账：2014年3期 李萍

图 4–5 业务五

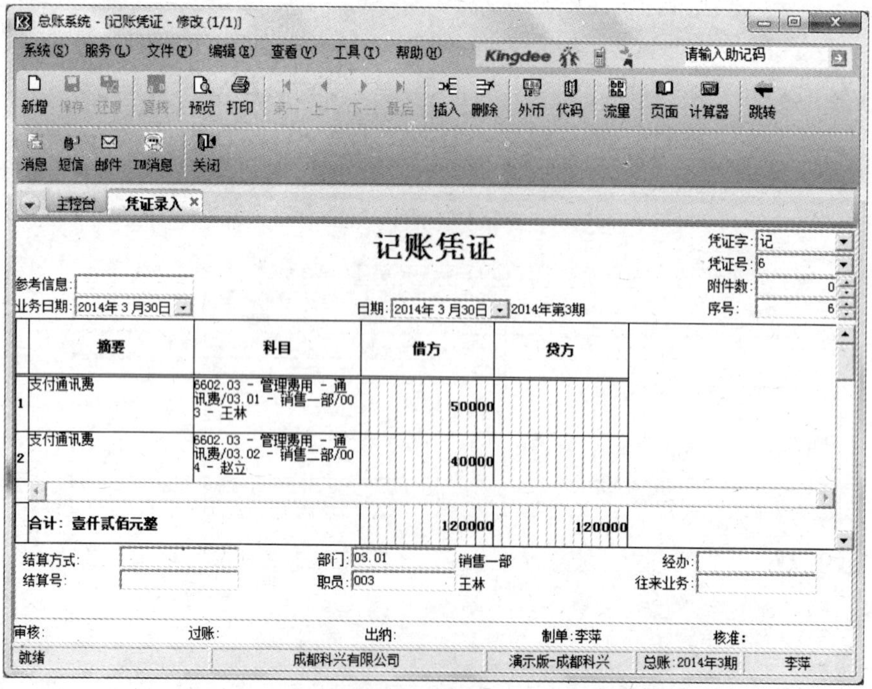

总账系统 - [记账凭证 - 修改 (1/1)]

系统(S) 服务(L) 文件(F) 编辑(E) 查看(V) 工具(T) 帮助(H) Kingdee 请输入助记码

新增 保存 还原 复核 预览 打印 第一 上一 下一 最后 插入 删除 外币 代码 流量 页面 计算器 跳转

消息 短信 邮件 IM消息 关闭

主控台 凭证录入

**记账凭证**

凭证字：记 凭证号：6 附件数：0 序号：6

参考信息：

业务日期：2014年3月30日 日期：2014年3月30日 2014年第3期

| | 摘要 | 科目 | 借方 | 贷方 |
|---|---|---|---|---|
| 1 | 支付通讯费 | 6602.03 - 管理费用 - 通讯费/03.01 - 销售一部/003 - 王林 | 50000 | |
| 2 | 支付通讯费 | 6602.03 - 管理费用 - 通讯费/03.02 - 销售二部/004 - 赵立 | 40000 | |
| | 合计：壹仟贰佰元整 | | 120000 | 120000 |

结算方式： 部门：03.01 销售一部 经办：

结算号： 职员：003 王林 往来业务：

审核： 过账： 出纳： 制单：李萍 核准：

就绪 成都科兴有限公司 演示版-成都科兴 总账：2014年3期 李萍

图 4–6 业务六

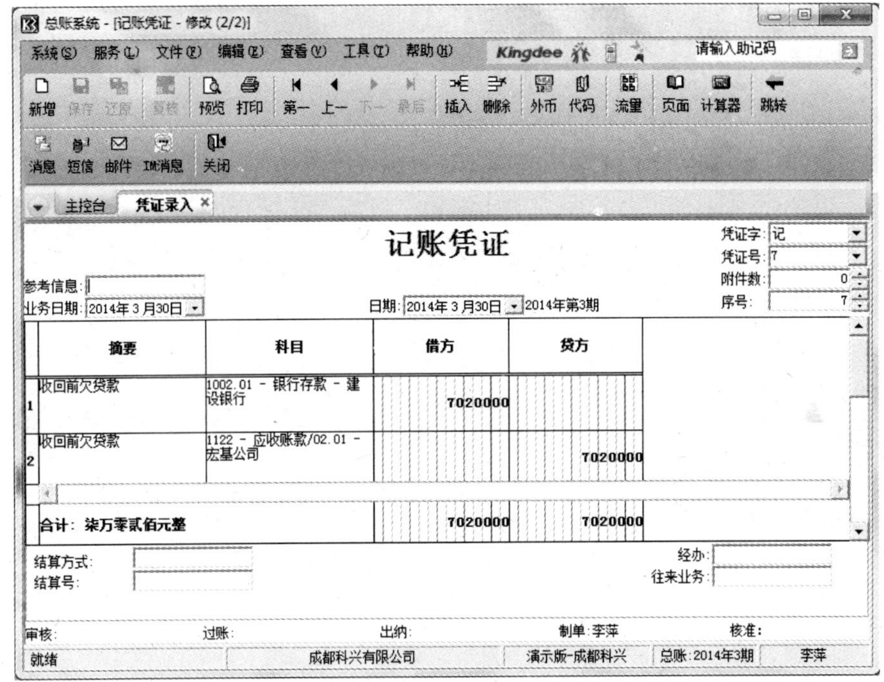

图 4–7　业务七

码”按钮→“编辑”→“新增”→“录入类别、代码、名称”(注意：如没有“类别”，需点击类别旁的按钮去增加)→“保存”。如再增加摘要，则重复此操作。

(4) 输入会计科目的方法有几种：①直接手工录入会计科目代码；②定义了助记码的可输入助记码；③如在“查看”菜单选项中选择“自动显示代码提示窗口”的，可双击代码提示窗的科目即可；④按“F7”建或工具栏中的“代码”，按钮也可以调出会计科目模板来选。

(5) 按“空格键”可转换金额的借贷方向；“-”号可使金额变为红字；“CTRL+F7”键，可将凭证中借贷方差额自动找平；“ESC”键可删除分录整笔金额。

(6) 如果会计科目设了按核算项目核算的，需将所有核算项目内容填列完毕后，系统才允许保存凭证。

## 4.3.2　凭证审核

记账凭证在过账前，须由审核人员对制单人员填制的记账凭证进行审核。审核人员应按照财务制度，对记账凭证进行检查核对，主要审核记账凭证是否与原始凭证相符，会计分录是否正确等。审核人认为错误或有异议的凭证，应交与填制人员修改后，再审核。

以会计“张华”的身份登录主界面，单击“财务会计”→“总账”→“凭证处理”，展开“凭证处理”的明细功能项目。双击“凭证查询”，弹出“过滤条件设置”对话框。单击“确定”，进入“凭证查询”窗口，如图 4–8 所示。

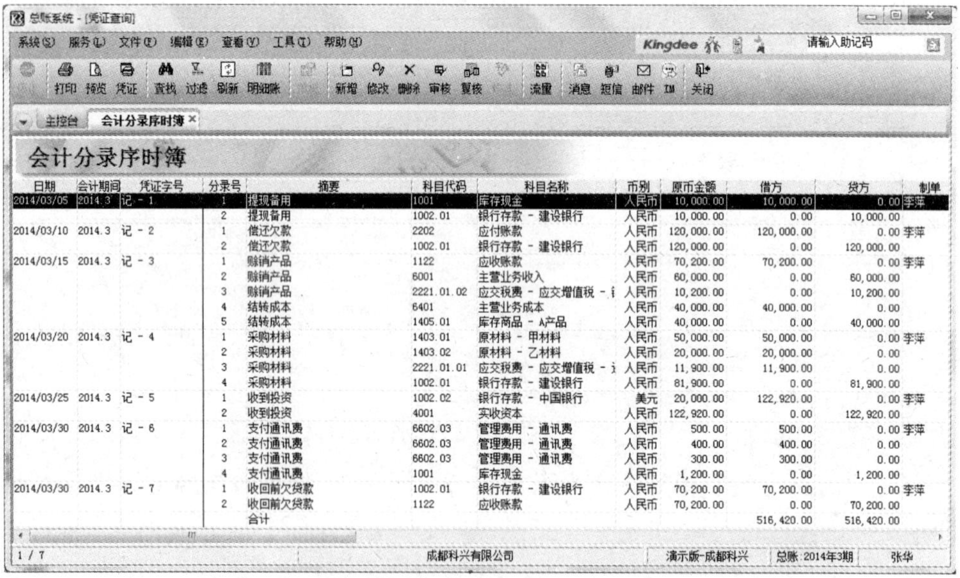

会计分录序时簿

| 日期 | 会计期间 | 凭证字号 | 分录号 | 摘要 | 科目代码 | 科目名称 | 币别 | 原币金额 | 借方 | 贷方 | 制单 |
|---|---|---|---|---|---|---|---|---|---|---|---|
| 2014/03/05 | 2014.3 | 记 - 1 | 1 | 提现备用 | 1001 | 库存现金 | 人民币 | 10,000.00 | 10,000.00 | 0.00 | 李萍 |
| | | | 2 | 提现备用 | 1002.01 | 银行存款 - 建设银行 | 人民币 | 10,000.00 | 0.00 | 10,000.00 | |
| 2014/03/10 | 2014.3 | 记 - 2 | 1 | 偿还欠款 | 2202 | 应付账款 | 人民币 | 120,000.00 | 120,000.00 | 0.00 | 李萍 |
| | | | 2 | 偿还欠款 | 1002.01 | 银行存款 - 建设银行 | 人民币 | 120,000.00 | 0.00 | 120,000.00 | |
| 2014/03/15 | 2014.3 | 记 - 3 | 1 | 赊销产品 | 1122 | 应收账款 | 人民币 | 70,200.00 | 70,200.00 | 0.00 | 李萍 |
| | | | 2 | 赊销产品 | 6001 | 主营业务收入 | 人民币 | 60,000.00 | 0.00 | 60,000.00 | |
| | | | 3 | 赊销产品 | 2221.01.02 | 应交税费 - 应交增值税 - 銷 | 人民币 | 10,200.00 | 0.00 | 10,200.00 | |
| | | | 4 | 结转成本 | 6401 | 主营业务成本 | 人民币 | 40,000.00 | 40,000.00 | 0.00 | |
| | | | 5 | 结转成本 | 1405.01 | 库存商品 - A产品 | 人民币 | 40,000.00 | 0.00 | 40,000.00 | |
| 2014/03/20 | 2014.3 | 记 - 4 | 1 | 采购材料 | 1403.01 | 原材料 - 甲材料 | 人民币 | 50,000.00 | 50,000.00 | 0.00 | 李萍 |
| | | | 2 | 采购材料 | 1403.02 | 原材料 - 乙材料 | 人民币 | 20,000.00 | 20,000.00 | 0.00 | |
| | | | 3 | 采购材料 | 2221.01.01 | 应交税费 - 应交增值税 - 讠 | 人民币 | 11,900.00 | 11,900.00 | 0.00 | |
| | | | 4 | 采购材料 | 1002.01 | 银行存款 - 建设银行 | 人民币 | 81,900.00 | 0.00 | 81,900.00 | |
| 2014/03/25 | 2014.3 | 记 - 5 | 1 | 收到投资 | 1002.02 | 银行存款 - 中国银行 | 美元 | 20,000.00 | 122,920.00 | 0.00 | 李萍 |
| | | | 2 | 收到投资 | 4001 | 实收资本 | 人民币 | 122,920.00 | 0.00 | 122,920.00 | |
| 2014/03/30 | 2014.3 | 记 - 6 | 1 | 支付通讯费 | 6602.03 | 管理费用 - 通讯费 | 人民币 | 500.00 | 500.00 | 0.00 | 李萍 |
| | | | 2 | 支付通讯费 | 6602.03 | 管理费用 - 通讯费 | 人民币 | 400.00 | 400.00 | 0.00 | |
| | | | 3 | 支付通讯费 | 6602.03 | 管理费用 - 通讯费 | 人民币 | 300.00 | 300.00 | 0.00 | |
| | | | 4 | 支付通讯费 | 1001 | 库存现金 | 人民币 | 1,200.00 | 0.00 | 1,200.00 | |
| 2014/03/30 | 2014.3 | 记 - 7 | 1 | 收回前欠货款 | 1002.01 | 银行存款 - 建设银行 | 人民币 | 70,200.00 | 70,200.00 | 0.00 | 李萍 |
| | | | 2 | 收回前欠货款 | 1122 | 应收账款 | 人民币 | 70,200.00 | 0.00 | 70,200.00 | |
| | | | | 合计 | | | | | 516,420.00 | 516,420.00 | |

**图 4–8 “凭证查询”窗口**

系统一般提供了两种审核凭证的方法，即单张凭证审核和批量凭证审核。下面给出单张凭证审核的操作方法。

在如图 4–8 所示的窗口中，选中第一栏，单击“审核”按钮，打开“审核记账凭证”窗口。认真核对凭证每一项内容，确认内容无误后，单击“审核”按钮，系统自动在当前记账凭证的“审核”位置显示当前执行审核操作的人员“张华”的名字。单击“下一”按钮，打开一张记账凭证，重复同样的操作进行审核。

[提示]

(1) 记账凭证的填制与审核不能为同一人，因此，在进行审核记账凭证前，应更换操作员。

(2) 只有具有审核权的人才能审核记账凭证。

(3) 要取消对某张记账凭证的审核，应先在“审核记账凭证”窗口中，找到该张凭证，再单击“审核”按钮，即可取消对该张记账凭证的审核。取消审核签字只能由审核本人进行操作。

### 4.3.3 凭证过账

记账凭证经审核签字后，可以用来登记总账、明细账、日记账、部门账、往来账、项目账以及备查账等。系统过账采用向导方式，过账工作由系统自动进行数据处理，无须人工干预。

以会计“张华”的身份登录主界面，单击“财务会计”→“总账”→“凭证处理”，展开“凭证处理”的明细功能项目。双击“凭证过账”，打开“凭证过账”对话框，如图 4–9 所示。

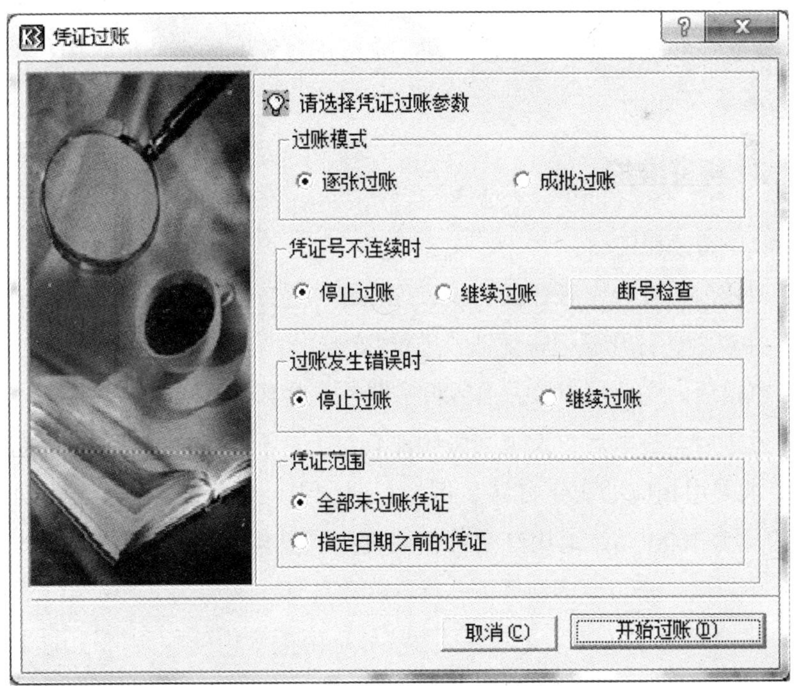


**图 4–9 “凭证过账”对话框**

单击“开始过账”按钮，系统开始数据检查和自动过账工作。过账完成后，系统给出本次过账报告，如图 4–10 所示。

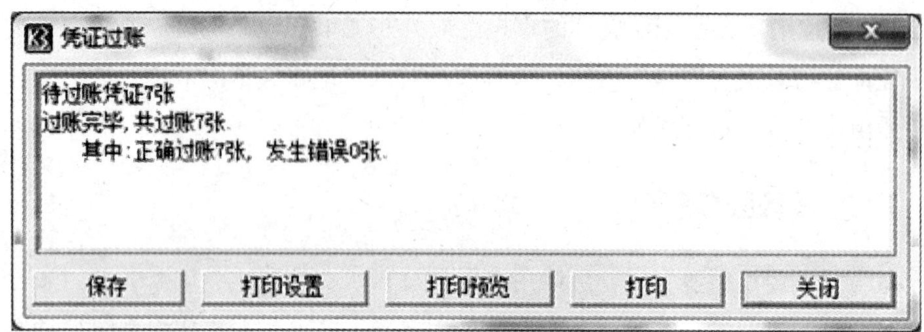


图 4–10　过账报告

［提示］系统过账后，所有已经过账的记账凭证不能再修改。若确实需要修改已经过账的记账凭证，或因其他原因需要反过账时，可以采用“反过账”功能。具体操作：双击“凭证查询”，弹出“过滤条件设置”对话框，将两个“全部”项都选中。单击“确定”，进入“凭证查询”窗口，如图 4–8 所示。单击“编辑”菜单，可以看见“反过账”和“全部反过账”两个功能，用户可以根据实际情况选择。

## 4.3.4　凭证维护

### 4.3.4.1　修改凭证

（1）审核前。发现某张凭证有误，可以在“凭证查询”窗口中，找到该张记账凭证，并双击。打开此记账凭证，进行修改。

（2）审核后。先取消审核，然后再按照（1）操作。

（3）过账后。过账后，发现某张凭证有误，是不能直接进行修改，应按照财务制度要求采用相应的更正方法。例如：假设当月 5 日的提现记账凭证金额出错，正确应为 1000 元，请用红字冲销法更正。具体的操作为：以会计“李萍”登录系统，先做一张与原错误凭证一样的红字凭证，摘要为“冲销第 1 号凭证”，再制作一张金额为“1000 元”、摘要为“订正第 1 号凭证”、科目相同的记账凭证；以会计“张华”的身份审核并过账。

### 4.3.4.2　作废凭证

（1）审核前。发现某张凭证有误，可以在“凭证查询”窗口中，找到该张记账凭证，并双击。打开此记账凭证，单击“编辑”→“作废”。作废后，可以“反作废”。

（2）审核后。先取消审核，然后再按照（1）操作。

#### 4.3.4.3　删除凭证

（1）审核前。发现某张凭证有误，需要删除，可以在“凭证查询”窗口中，找到该张记账凭证，并选中。单击“删除”按钮。删除凭证后，系统可以自动整理凭证编号。

（2）审核后。先取消审核，然后再按照（1）操作。

## 4.4　实训思考

（1）会计凭证有哪些类型？如何选择？

（2）审核会计凭证的方法有哪些？如何操作？

（3）如何修改审核后的会计凭证？

（4）如何结转损益类的科目？

（5）如何维护会计凭证？

# 实训 5　账簿及财务报表管理

## 5.1　实训目的

通过本实训，使学生充分理解金蝶 K/3 财务软件的账簿及财务报表查询功能，掌握总账、明细账、多栏账等账簿和科目余额表、日报表等财务报表的查询操作方法。

## 5.2　实训资料

实训 4 操作完成后的系统数据。

## 5.3　实训操作

实训操作任务：总分类账查询、明细分类账查询、核算项目分类总账查询、科目余额表查询、日报表查询、核算项目余额表查询。

根据实训资料，完成下列操作。

### 5.3.1 总分类账查询

以会计“张华”的身份登录主界面，单击“财务会计”→“总账”→“账簿”，展开“账簿”的明细功能项目。双击“总分类账”，弹出“过滤条件设置”对话框，如图 5-1 所示。

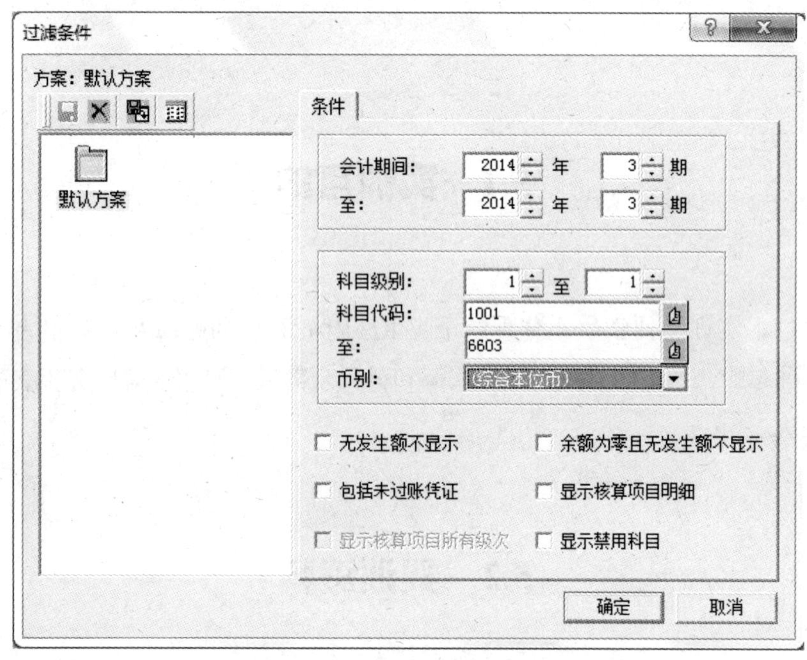


图 5-1 “过滤条件设置”对话框

“会计期间”设置为“2014 年 3 月”；“科目代码”设置为“1001 至 6603”，如果都设置为空，则默认为所有科目；“币别”选择“综合本位币”。单击“确定”，进入“总分类账”窗口，如图 5-2 所示。

单击“过滤”按钮，重新设置查询条件，练习查询其他总分类账。

[提示] 选择“币别”时要注意区别本位币与综合本位币，在这里如果选择本位币，则输出的总分类账只是本位币的原币发生额，它不包括外币折合的本位币数额。例如：假设记账本位币为“美元”，如果在“币别”栏中选择了“美元”，则在输出账簿时只输出有关美元的发生额，并不包括其他货币的发生额。而综合本位币则是所有币别折合为本位币的合计数。如果有时出现总账中查询的数值与试算平衡中查询科目的数值不一致时，可以考虑一下您选择的是否是综合本位币。

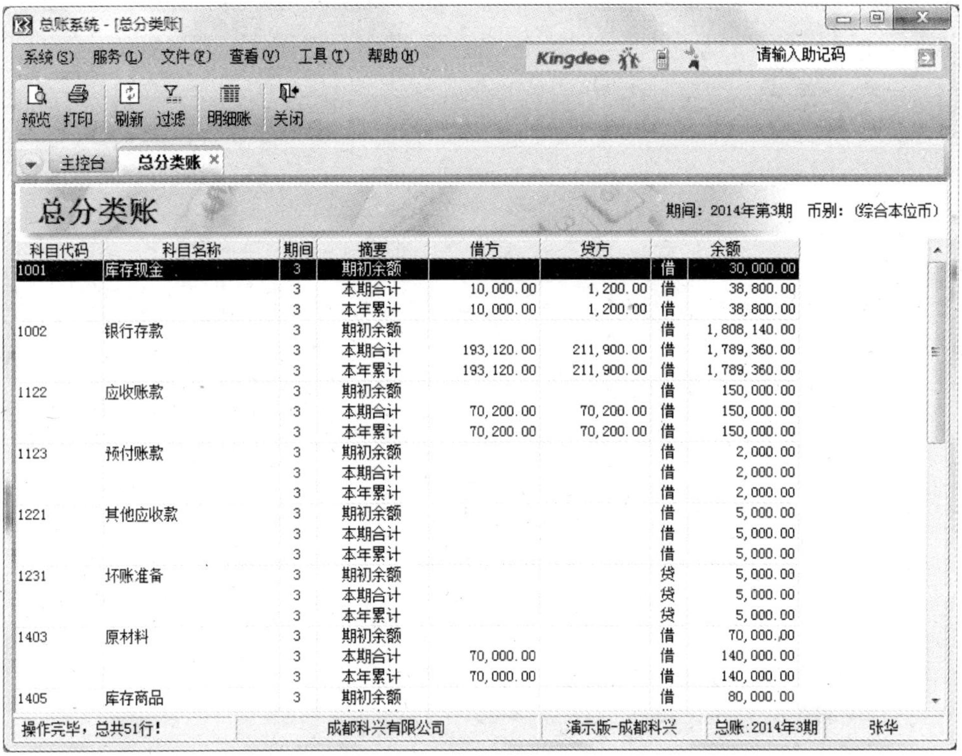

总账系统 - [总分类账]

系统(S) 服务(L) 文件(F) 查看(V) 工具(T) 帮助(H)

预览 打印 刷新 过滤 明细账 关闭

主控台 总分类账

总分类账 期间：2014年第3期 币别：(综合本位币)

| 科目代码 | 科目名称 | 期间 | 摘要 | 借方 | 贷方 | | 余额 |
|---|---|---|---|---|---|---|---|
| 1001 | 库存现金 | 3 | 期初余额 | | | 借 | 30,000.00 |
| | | 3 | 本期合计 | 10,000.00 | 1,200.00 | 借 | 38,800.00 |
| | | 3 | 本年累计 | 10,000.00 | 1,200.00 | 借 | 38,800.00 |
| 1002 | 银行存款 | 3 | 期初余额 | | | 借 | 1,808,140.00 |
| | | 3 | 本期合计 | 193,120.00 | 211,900.00 | 借 | 1,789,360.00 |
| | | 3 | 本年累计 | 193,120.00 | 211,900.00 | 借 | 1,789,360.00 |
| 1122 | 应收账款 | 3 | 期初余额 | | | 借 | 150,000.00 |
| | | 3 | 本期合计 | 70,200.00 | 70,200.00 | 借 | 150,000.00 |
| | | 3 | 本年累计 | 70,200.00 | 70,200.00 | 借 | 150,000.00 |
| 1123 | 预付账款 | 3 | 期初余额 | | | 借 | 2,000.00 |
| | | 3 | 本期合计 | | | 借 | 2,000.00 |
| | | 3 | 本年累计 | | | 借 | 2,000.00 |
| 1221 | 其他应收款 | 3 | 期初余额 | | | 借 | 5,000.00 |
| | | 3 | 本期合计 | | | 借 | 5,000.00 |
| | | 3 | 本年累计 | | | 借 | 5,000.00 |
| 1231 | 坏账准备 | 3 | 期初余额 | | | 贷 | 5,000.00 |
| | | 3 | 本期合计 | | | 贷 | 5,000.00 |
| | | 3 | 本年累计 | | | 贷 | 5,000.00 |
| 1403 | 原材料 | 3 | 期初余额 | | | 借 | 70,000.00 |
| | | 3 | 本期合计 | 70,000.00 | | 借 | 140,000.00 |
| | | 3 | 本年累计 | 70,000.00 | | 借 | 140,000.00 |
| 1405 | 库存商品 | 3 | 期初余额 | | | 借 | 80,000.00 |

操作完毕，总共51行！ 成都科兴有限公司 演示版-成都科兴 总账:2014年3期 张华

图 5-2 “总分类账”窗口

## 5.3.2 明细分类账查询

单击“财务会计”→“总账”→“账簿”，展开“账簿”的明细功能项目。双击“明细分类账”，弹出“过滤条件设置”对话框，如图 5-3 所示。

“会计期间”设置为“2014 年 3 月”；“科目级别”设置为“1 级至 2 级”；“科目代码”设置为“2221.01”；其他项按照系统默认设置。单击“确定”，进入“明细分类账”窗口，如图 5-4 所示。系统自动列出当前会计期间增值税发生额及余额情况。

单击“过滤”按钮，重新设置查询条件，练习查询其他明细分类账。

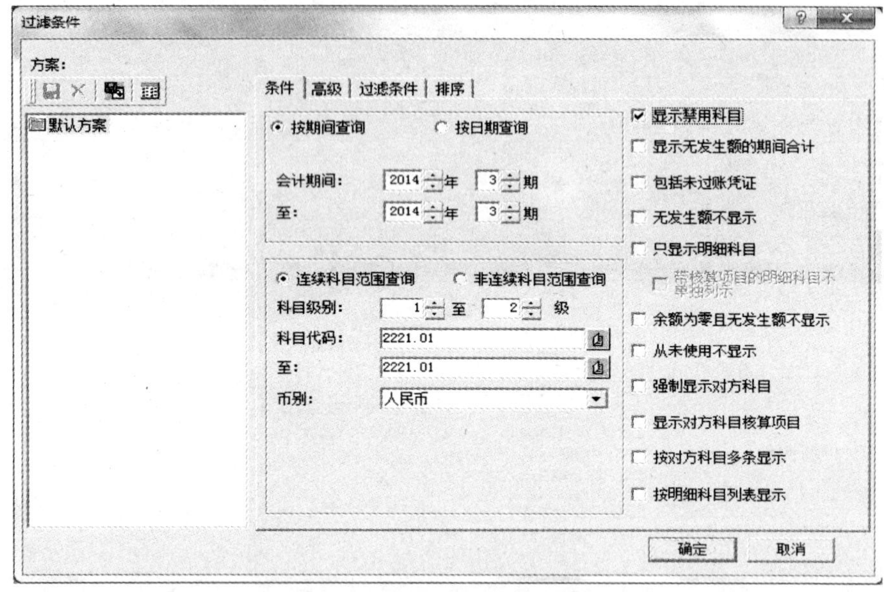


图 5-3 “过滤条件设置”对话框

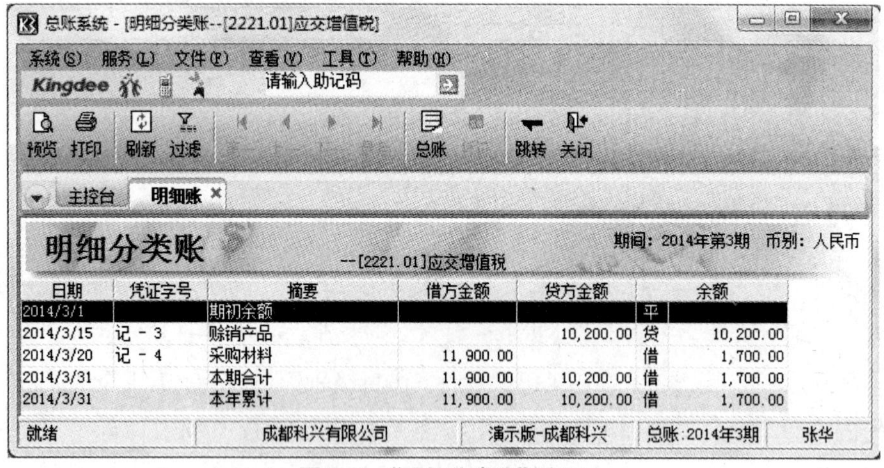


| 日期 | 凭证字号 | 摘要 | 借方金额 | 贷方金额 | | 余额 |
|---|---|---|---|---|---|---|
| 2014/3/1 | | 期初余额 | | | 平 | |
| 2014/3/15 | 记 - 3 | 赊销产品 | | 10,200.00 | 贷 | 10,200.00 |
| 2014/3/20 | 记 - 4 | 采购材料 | 11,900.00 | | 借 | 1,700.00 |
| 2014/3/31 | | 本期合计 | 11,900.00 | 10,200.00 | 借 | 1,700.00 |
| 2014/3/31 | | 本年累计 | 11,900.00 | 10,200.00 | 借 | 1,700.00 |



图 5-4 “明细分类账”窗口

### 5.3.3 核算项目分类总账查询

单击“财务会计”→“总账”→“账簿”，展开“账簿”的明细功能项目。双击“核算项目分类总账”，弹出“过滤条件设置”对话框，如图 5-5 所示。

“会计期间”设置为“2014 年 3 月”；“核算项目”选择“部门”；其他项按照系统默认设置。单击“确定”，进入“核算项目分类总账”窗口，系统自动列出

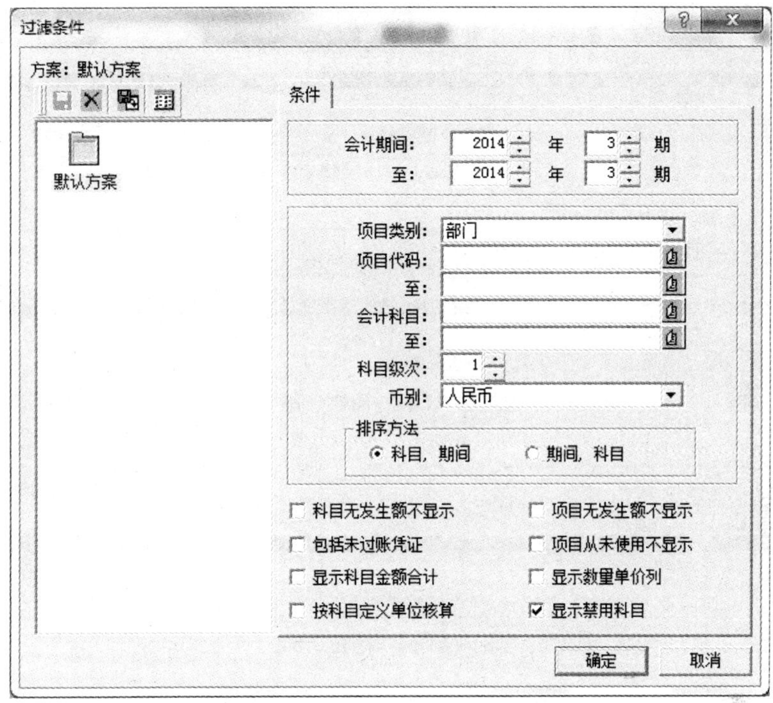


图 5–5　“过滤条件设置”对话框

当前会计期间按部门核算科目发生额及余额情况，如图 5–6（a）~（f）所示，单击“上一”按钮或“下一”按钮进行切换。

核算项目分类总账　　核算项目：部门 - [01] 财务部　　期间：2014年第3期　币别：人民币

| 期间 | 科目代码 | 科目名称 | 期初余额 | 借方 | 贷方 | 本年累计借方 | 本年累计贷方 | 期末余额 |
|---|---|---|---|---|---|---|---|---|

就绪　成都科兴有限公司　演示版-成都科兴　总账：2014年3期　张华

图 5–6（a）　财务部

核算项目分类总账　　核算项目：部门 - [02] 行政部　　期间：2014年第3期　币别：人民币

| 期间 | 科目代码 | 科目名称 | | 期初余额 | 借方 | 贷方 | 本年累计借方 | 本年累计贷方 | | 期末余额 |
|---|---|---|---|---|---|---|---|---|---|---|
| 2014.3 | 6602 | 管理费用 | 平 | | 300.00 | | 300.00 | | 借 | 300.00 |

就绪　成都科兴有限公司　演示版-成都科兴　总账：2014年3期　张华

图 5–6（b）　行政部

核算项目分类总账　　核算项目：部门 - [03] 销售部　　期间：2014年第3期　币别：人民币

| 期间 | 科目代码 | 科目名称 | 期初余额 | 借方 | 贷方 | 本年累计借方 | 本年累计贷方 | 期末余额 |
|---|---|---|---|---|---|---|---|---|
| 2014.3 | 6001 | 主营业务收入 | 平 | | 60,000.00 | | 60,000.00 | 贷 60,000.00 |
| 2014.3 | 6602 | 管理费用 | 平 | 900.00 | | 900.00 | | 借 900.00 |

就绪　成都科兴有限公司　演示版-成都科兴　总账：2014年3期　张华

图 5–6（c）　销售部

核算项目分类总账　　核算项目：部门 - [03.01] 销售一部　　期间：2014年第3期　币别：人民币

| 期间 | 科目代码 | 科目名称 | 期初余额 | 借方 | 贷方 | 本年累计借方 | 本年累计贷方 | 期末余额 |
|---|---|---|---|---|---|---|---|---|
| 2014.3 | 6001 | 主营业务收入 | 平 | | 60,000.00 | | 60,000.00 | 贷 60,000.00 |
| 2014.3 | 6602 | 管理费用 | 平 | 500.00 | | 500.00 | | 借 500.00 |

就绪　成都科兴有限公司　演示版-成都科兴　总账：2014年3期　张华

图 5–6（d）　销售一部

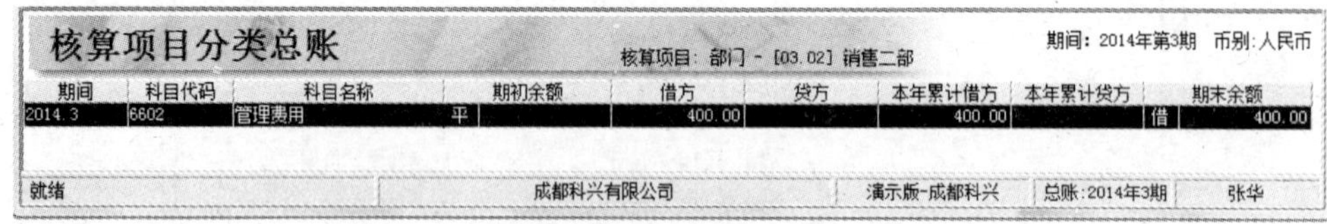

核算项目分类总账　　核算项目：部门 - [03.02] 销售二部　　期间：2014年第3期　币别：人民币

| 期间 | 科目代码 | 科目名称 | 期初余额 | 借方 | 贷方 | 本年累计借方 | 本年累计贷方 | 期末余额 |
|---|---|---|---|---|---|---|---|---|
| 2014.3 | 6602 | 管理费用 | 平 | 400.00 | | 400.00 | | 借 400.00 |

就绪　成都科兴有限公司　演示版-成都科兴　总账：2014年3期　张华

图 5–6（e）　销售二部

核算项目分类总账　　核算项目：部门 - [04] 生产部　　期间：2014年第3期　币别：人民币

| 期间 | 科目代码 | 科目名称 | 期初余额 | 借方 | 贷方 | 本年累计借方 | 本年累计贷方 | 期末余额 |
|---|---|---|---|---|---|---|---|---|

就绪　成都科兴有限公司　演示版-成都科兴　总账：2014年3期　张华

图 5–6（f）　生产部

单击“过滤”按钮，重新设置查询条件，练习查询其他核算项目分类总账。

### 5.3.4　科目余额表查询

单击“财务会计”→“总账”→“财务报表”，展开“财务报表”的明细功能项目。双击“科目余额表”，弹出“过滤条件设置”对话框。

“会计期间”设置为“2014 年 3 月”；“科目代码”设置为空；“科目级次”设置为“1”；“币别”设置为“综合本位币”。单击“确定”按钮。系统按设置的条件，列出科目余额表，如图 5–7 所示。

单击“过滤”按钮，重新设置查询条件，练习查询科目余额表。

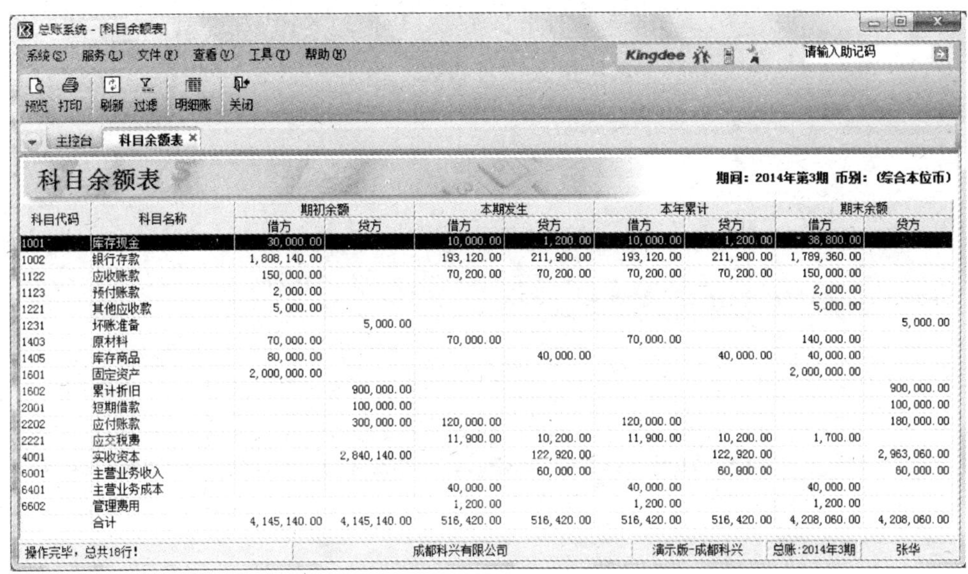



| 科目代码 | 科目名称 | 期初余额 | | 本期发生 | | 本年累计 | | 期末余额 | |
|---|---|---|---|---|---|---|---|---|---|
| | | 借方 | 贷方 | 借方 | 贷方 | 借方 | 贷方 | 借方 | 贷方 |
| 1001 | 库存现金 | 30,000.00 | | 10,000.00 | 1,200.00 | 10,000.00 | 1,200.00 | 38,800.00 | |
| 1002 | 银行存款 | 1,808,140.00 | | 193,120.00 | 211,900.00 | 193,120.00 | 211,900.00 | 1,789,360.00 | |
| 1122 | 应收账款 | 150,000.00 | | 70,200.00 | 70,200.00 | 70,200.00 | 70,200.00 | 150,000.00 | |
| 1123 | 预付账款 | 2,000.00 | | | | | | 2,000.00 | |
| 1221 | 其他应收款 | 5,000.00 | | | | | | 5,000.00 | |
| 1231 | 坏账准备 | | 5,000.00 | | | | | | 5,000.00 |
| 1403 | 原材料 | 70,000.00 | | 70,000.00 | | 70,000.00 | | 140,000.00 | |
| 1405 | 库存商品 | 80,000.00 | | | 40,000.00 | | 40,000.00 | 40,000.00 | |
| 1601 | 固定资产 | 2,000,000.00 | | | | | | 2,000,000.00 | |
| 1602 | 累计折旧 | | 900,000.00 | | | | | | 900,000.00 |
| 2001 | 短期借款 | | 100,000.00 | | | | | | 100,000.00 |
| 2202 | 应付账款 | | 300,000.00 | 120,000.00 | | 120,000.00 | | | 180,000.00 |
| 2221 | 应交税费 | | | 11,900.00 | 10,200.00 | 11,900.00 | 10,200.00 | 1,700.00 | |
| 4001 | 实收资本 | | 2,840,140.00 | | 122,920.00 | | 122,920.00 | | 2,963,060.00 |
| 6001 | 主营业务收入 | | | | 60,000.00 | | 60,800.00 | | 60,000.00 |
| 6401 | 主营业务成本 | | | 40,000.00 | | 40,000.00 | | 40,000.00 | |
| 6602 | 管理费用 | | | 1,200.00 | | 1,200.00 | | 1,200.00 | |
| | 合计 | 4,145,140.00 | 4,145,140.00 | 516,420.00 | 516,420.00 | 516,420.00 | 516,420.00 | 4,208,060.00 | 4,208,060.00 |



图 5-7　科目余额表

### 5.3.5　日报表查询

单击“财务会计”→“总账”→“财务报表”，展开“财务报表”的明细功能项目。双击“日报表查询”，弹出“过滤条件设置”对话框。如图 5-8 所示。

过滤条件
日期：2014年 3 月 1 日
至：2014年 3 月10日
确定
取消
科目级次：1 至 1 级
科目代码：
至：
币别：人民币
☐ 包括未过账凭证　☐ 余额为零不显示
☐ 无发生额不显示　☐ 输出合计
☐ 包括核算项目明细　☑ 显示禁用科目

图 5-8　“过滤条件设置”对话框

时间范围设置为“2014 年 3 月 1 日至 2014 年 3 月 10 日”；其余按系统默认设置。单击“确定”按钮，系统进入“日报表”窗口，如图 5-9 所示。系统根据设置的条件，自动列出日报表数据。

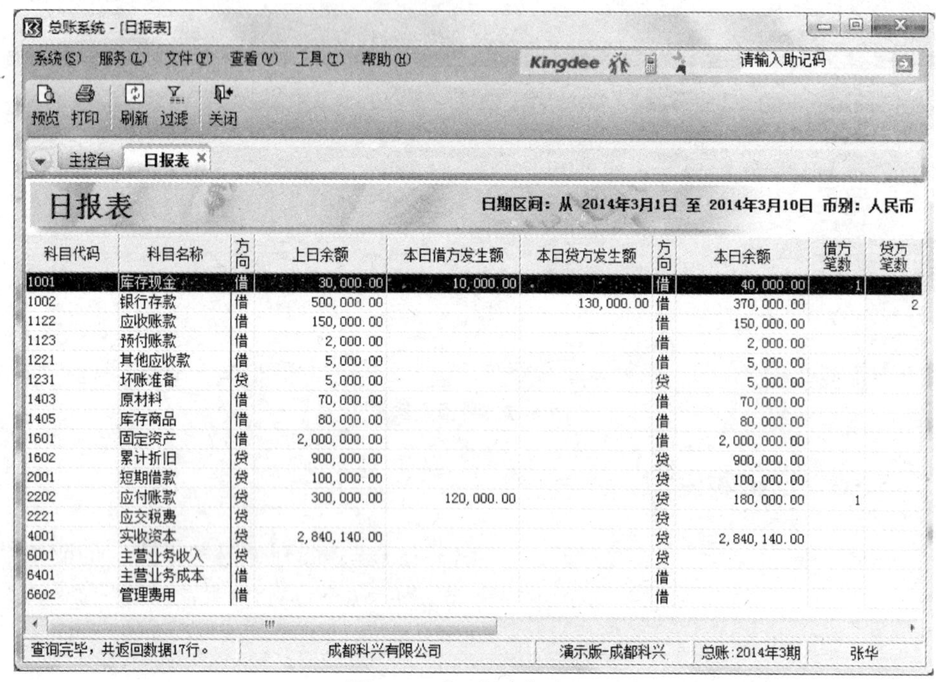


| 科目代码 | 科目名称 | 方向 | 上日余额 | 本日借方发生额 | 本日贷方发生额 | 方向 | 本日余额 | 借方笔数 | 贷方笔数 |
|---|---|---|---|---|---|---|---|---|---|
| 1001 | 库存现金 | 借 | 30,000.00 | 10,000.00 | | 借 | 40,000.00 | 1 | |
| 1002 | 银行存款 | 借 | 500,000.00 | | 130,000.00 | 借 | 370,000.00 | | 2 |
| 1122 | 应收账款 | 借 | 150,000.00 | | | 借 | 150,000.00 | | |
| 1123 | 预付账款 | 借 | 2,000.00 | | | 借 | 2,000.00 | | |
| 1221 | 其他应收款 | 借 | 5,000.00 | | | 借 | 5,000.00 | | |
| 1231 | 坏账准备 | 贷 | 5,000.00 | | | 贷 | 5,000.00 | | |
| 1403 | 原材料 | 借 | 70,000.00 | | | 借 | 70,000.00 | | |
| 1405 | 库存商品 | 借 | 80,000.00 | | | 借 | 80,000.00 | | |
| 1601 | 固定资产 | 借 | 2,000,000.00 | | | 借 | 2,000,000.00 | | |
| 1602 | 累计折旧 | 贷 | 900,000.00 | | | 贷 | 900,000.00 | | |
| 2001 | 短期借款 | 贷 | 100,000.00 | | | 贷 | 100,000.00 | | |
| 2202 | 应付账款 | 贷 | 300,000.00 | 120,000.00 | | 贷 | 180,000.00 | 1 | |
| 2221 | 应交税费 | 贷 | | | | 贷 | | | |
| 4001 | 实收资本 | 贷 | 2,840,140.00 | | | 贷 | 2,840,140.00 | | |
| 6001 | 主营业务收入 | 贷 | | | | 贷 | | | |
| 6401 | 主营业务成本 | 借 | | | | 借 | | | |
| 6602 | 管理费用 | 借 | | | | 借 | | | |

图 5-9 “日报表”窗口

单击“过滤”按钮，重新设置查询条件，练习查询其他日报表。

### 5.3.6 核算项目余额表查询

单击“财务会计”→“总账”→“财务报表”，展开“财务报表”的明细功能项目。双击“核算项目余额表”，弹出“过滤条件设置”对话框。如图 5-10 所示。

“会计期间”设置为“2014 年 3 月”；“会计科目”设置为“管理费用(6602)”；其他项按照系统默认设置。单击“确定”，进入“核算项目余额表”窗口，如图 5-11 所示。系统根据设置的条件，自动列出核算项目余额表数据。

单击“过滤”按钮，重新设置查询条件，练习查询其他核算项目余额表。

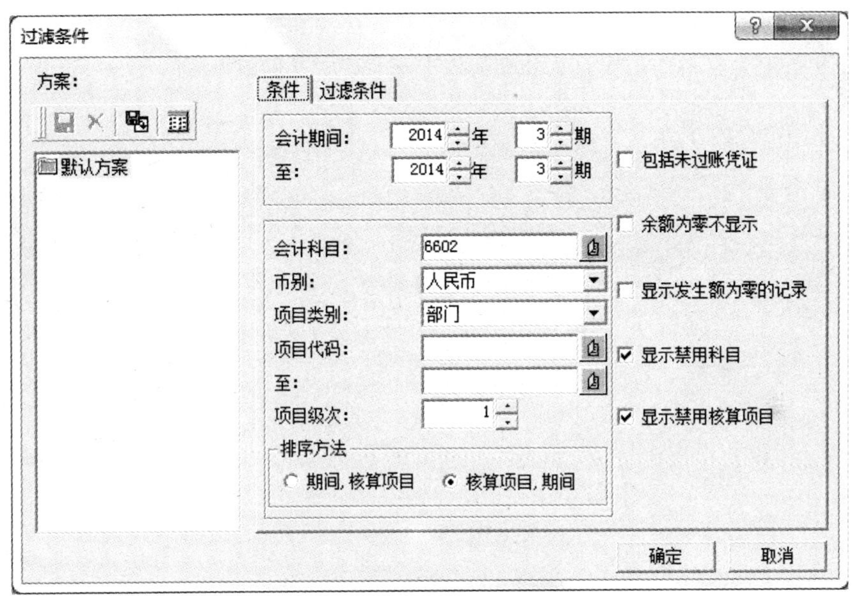


图 5-10　“过滤条件设置”对话框

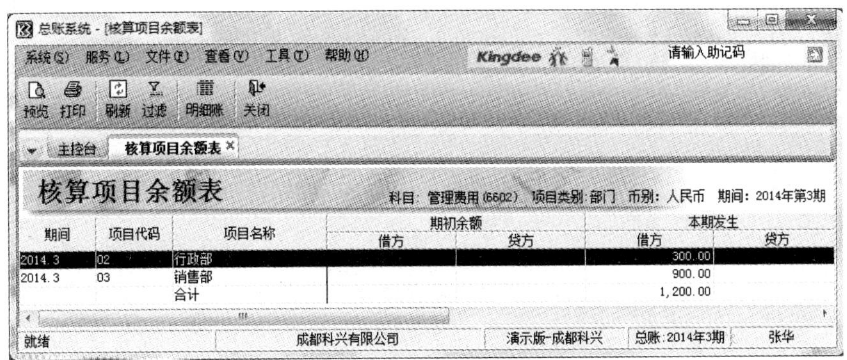


图 5-11　“核算项目余额表”窗口

## 5.4　实训思考

（1）会计电算化中设置了哪些账表？

（2）如何设置账表的查询过滤条件？

（3）当发现某一科目的数据有误，如何快速查到关联凭证？

（4）结合账表查询，简述会计电算化的优势。

# 实训 6　固定资产初始设置

## 6.1　实训目的

通过本实训，使学生充分理解金蝶 K/3 固定资产管理系统初始化的原理，掌握固定资产管理系统初始化的基本操作方法，重点理解固定资产变动方式类别的设置、卡片类别设置、存放地点设置、原始卡片录入等。

## 6.2　实训资料

成都科兴有限公司固定资产基础设置的各项资料如下：

（1）系统维护说明。系统参数设置：①与总账系统相连；②允许改变基础资料编码。

（2）系统基础资料。系统基础资料如表 6–1~表 6–4 所示。

**表 6–1　变动方式类别表**

| 代　码 | 方式名称 | 凭证字 | 摘　要 | 对方科目 |
| --- | --- | --- | --- | --- |
| 002.004 | 报　废 | 记 | 报废固定资产 | 固定资产清理 |

**表 6–2　卡片类别表**

| 代码 | 名称 | 使用年限 | 净残值率 | 计量单位 | 预设折旧方法 | 固定资产科目 | 累计折旧科目 | 减值准备科目 | 卡片编码规则 | 是否计提折旧 |
|---|---|---|---|---|---|---|---|---|---|---|
| 001 | 房屋类 | 50 | 5% | 幢 | 动态平均法 | 1601 | 1602 | 1603 | FW– | 不管使用状态如何一定提折旧 |
| 002 | 交通工具 | 10 | 3% | 辆 | 工作量法 | 1601 | 1602 | 1603 | JT– | 由使用状态决定是否提折旧 |
| 003 | 生产设备 | 10 | 3% | 台 | 双倍余额递减法 | 1601 | 1602 | 1603 | SC– | 由使用状态决定是否提折旧 |
| 004 | 办公设备 | 5 | 5% |  | 平均年限法 | 1601 | 1602 | 1603 | BG– | 由使用状态决定是否提折旧 |

**表 6–3　存放地点表**

| 代　码 | 名　称 |
|---|---|
| 01 | 车　间 |
| 02 | 办公室 |
| 03 | 车　库 |

**表 6–4　初始数据表**

| 资产编码 | FW–1 | JT–1 | SC–1 |
|---|---|---|---|
| 名称 | 办公楼 | 小汽车 | 车床 |
| 类别 | 房屋及建筑物 | 交通工具 | 生产设备 |
| 计量单位 | 幢 | 辆 | 台 |
| 数量 | 1 | 1 | 2 |
| 存放地点 |  | 车库 | 车间 |
| 经济用途 | 经营用 | 经营用 | 经营用 |
| 使用状态 | 正常使用 | 正常使用 | 正常使用 |
| 变动方式 | 自建 | 购入 | 购入 |
| 使用部门 | 行政部 | 销售一部、销售二部（费用比例各 50%） | 生产部 |
| 折旧费用分配 | 管理费用——折旧费 | 销售费用——折旧费 | 制造费用——折旧费 |
| 币别 | 人民币 | 人民币 | 人民币 |
| 原币金额 | 1000000（元） | 400000（元） | 600000（元） |
| 购进累计折旧 | 无 | 无 | 无 |
| 开始使用日期（入账日期） | 2006.12.31 | 2013.12.31 | 2013.12.31 |
| 已使用期间（工作量） | 86（月） | 3000（预计总工作量：240000）（公里） |  |
| 累计折旧金额 | 897000（元） | 3000（公里） |  |
| 折旧方法 | 年数总和法 | 工作量法（计量单位：公里） | 双倍余额递减法 |

# 6.3　实训操作

实训操作任务：系统设置、增加变动方式类别、卡片类别管理、存放地点管理、初始数据录入、结束初始化。

根据实训资料，完成下列操作。

## 6.3.1　系统设置

以会计主管“张华”注册登录 K/3 主界面窗口。单击“系统设置”→“系统设置”→“系统参数设置”→“系统参数配置平台”，双击“系统参数配置平台”，展开“系统参数配置平台”的明细功能项目。单击“固定资产管理”，系统切换到“固定资产管理”对话框，如图 6–1 所示。

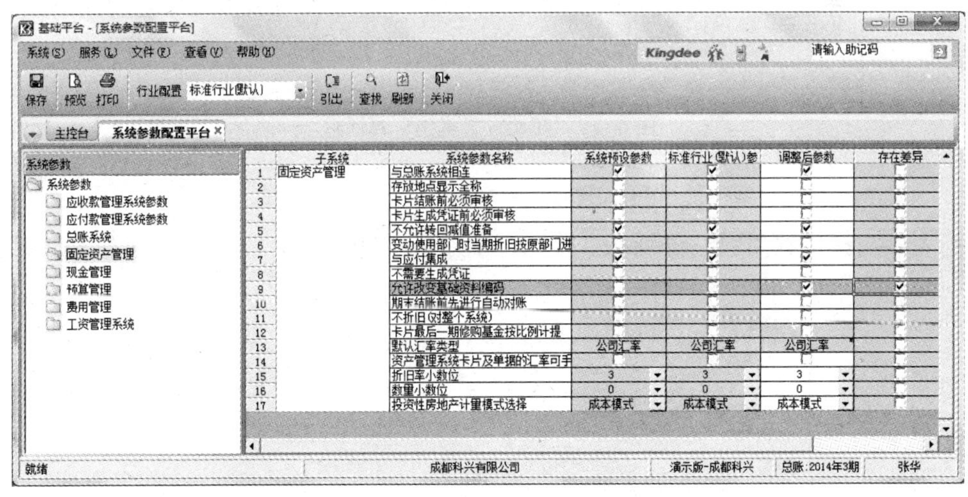

图 6–1　“固定资产管理”对话框

选中“与总账系统相连”和“允许改变基础资料编码”两个项目。单击“确定”按钮。

[提示] 固定资产系统可与总账相连使用，也可独立作为设备管理使用。因此，如果固定资产系统与总账相连使用时，一般建议不要选择“不提折旧”、

“不生成凭证”这两个选项。

### 6.3.2 增加变动方式类别

单击“财务会计”→“固定资产管理”→“基础资料”，展开“基础资料”的明细功能项目。双击“变动方式类别”，打开“变动方式类别”对话框，如图6–2所示。

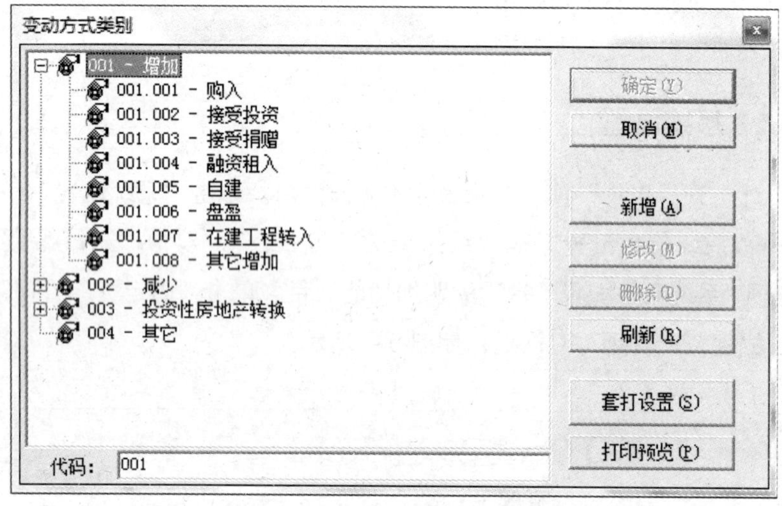


图6–2 “变动方式类别”对话框

单击“新增”按钮，打开“新增变动方式类别”对话框，如图6–3所示。根据表6–1提供的资料，分别在“代码”项录入“002.004”；“名称”项录入“报

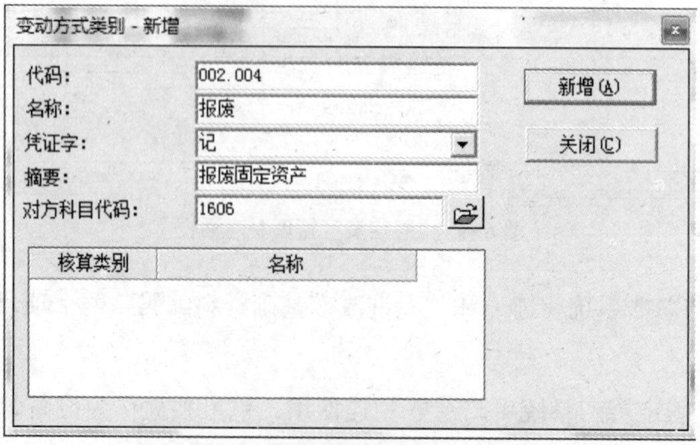

图6–3 “新增变动方式类别”对话框

废”；“凭证字”项选择“记”；“摘要”项录入“报废固定资产”；“对方科目代码”项选择“1606——固定资产清理”。单击“新增”按钮。

［提示］如果要求系统对固定资产变动业务自动生成相应的记账凭证，就应在固定资产变动方式设置窗口中的“对方科目代码”对话框中输入对方科目代码。同时选择该类业务凭证相应的凭证字、录入摘要内容和核算项目；已经使用的固定资产变动方式不能删除。

### 6.3.3　卡片类别管理

（1）新增计量单位。新增“幢”、“辆”和“台”三个计量单位。具体操作方法请参照实训 3。

（2）新增卡片类别。单击“财务会计”→“固定资产管理”→“基础资料”，展开“基础资料”的明细功能项目。双击“卡片类别管理”，打开“固定资产类别”对话框，如图 6–4 所示。

图 6–4　“固定资产类别”对话框

单击“新增”按钮，打开“新增固定资产类别”对话框，如图 6–5 所示。根据表 6–2 提供的资料，分别在“代码”项录入“001”；“名称”项录入“房屋类”；“使用年限”项录入“50”；“净残值率”项录入“5%”；“计量单位”项选择“幢”；“预设折旧方法”项选择“年数总和法”；“固定资产科目”项选择

"1601——固定资产";"累计折旧科目"项选择"1602——累计折旧";"减值准备科目"项选择"1603——固定资产减值准备";"卡片编码规则"项录入"FW-";选中"不管使用状态如何一定提折旧"。单击"新增"按钮。

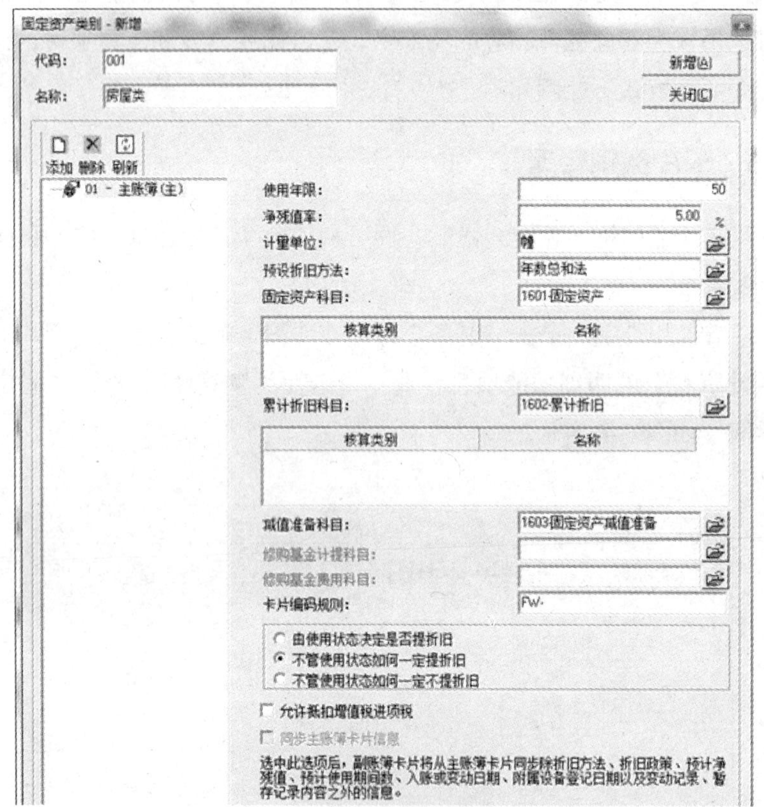

图 6–5 "新增固定资产类别"对话框

重复同样操作，增加其余卡片类别资料。最后，单击"关闭"按钮。

### 6.3.4 存放地点管理

单击"财务会计"→"固定资产管理"→"基础资料"，展开"基础资料"的明细功能项目。双击"存放地点维护"，打开"存放地点"对话框。单击"新增"按钮，打开"新增存放地点"对话框，如图 6–6 所示。

根据表 6–3 提供的资料，分别在"代码"项录入"01"；"名称"项录入"车间"。单击"新增"按钮。

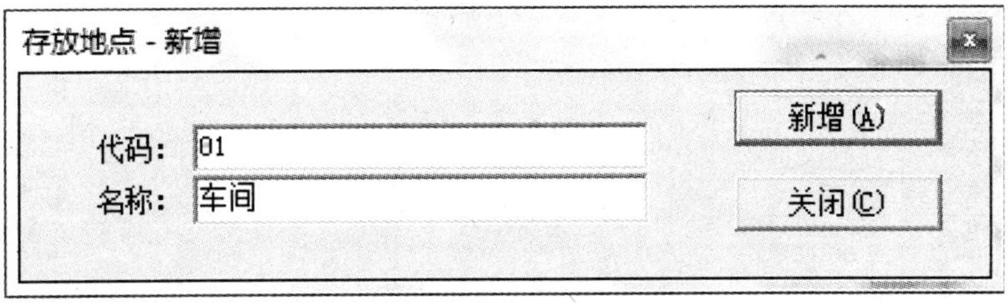

存放地点 - 新增

代码: 01
名称: 车间

新增(A)
关闭(C)

图 6-6 “新增存放地点”对话框

重复同样操作，增加其余存放地点资料。最后，单击“关闭”按钮。

### 6.3.5 初始数据录入

单击“财务会计”→“固定资产管理”→“业务处理”，展开“业务处理”的明细功能项目。双击“新增卡片”，系统出现提示“当前启用年期是：2014 年第 3 期，录入卡片后，将不再可以改变启用年。继续吗?”，单击“是（Y）”按钮，进入“卡片管理”窗口，系统自动打开“新增卡片及变动”对话框，如图 6-7（a）~（d）所示（如果未出现该对话框，请单击按钮）。

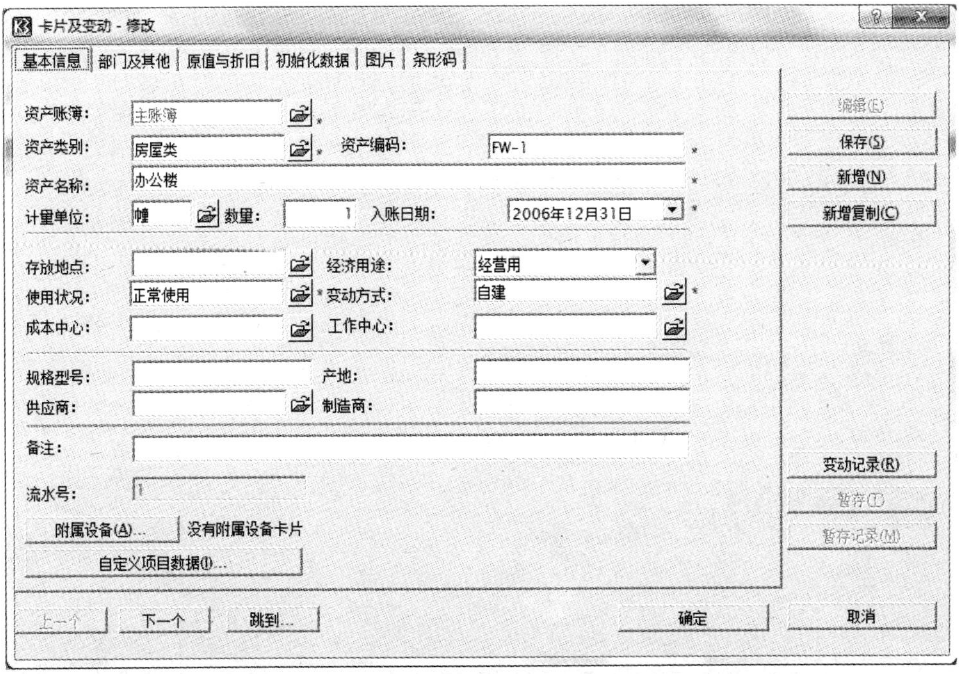

卡片及变动 - 修改

基本信息 | 部门及其他 | 原值与折旧 | 初始化数据 | 图片 | 条形码

资产账簿: 主账簿 *
资产类别: 房屋类 * 资产编码: FW-1 *
资产名称: 办公楼 *
计量单位: 幢 数量: 1 入账日期: 2006年12月31日 *
存放地点: 经济用途: 经营用
使用状况: 正常使用 * 变动方式: 自建 *
成本中心: 工作中心:
规格型号: 产地:
供应商: 制造商:
备注:
流水号: 1
附属设备(A)... 没有附属设备卡片
自定义项目数据(I)...

编辑(E) 保存(S) 新增(N) 新增复制(C) 变动记录(R) 暂存(T) 暂存记录(M)

上一个 下一个 跳到... 确定 取消

图 6-7（a）“新增卡片及变动——基本信息”对话框

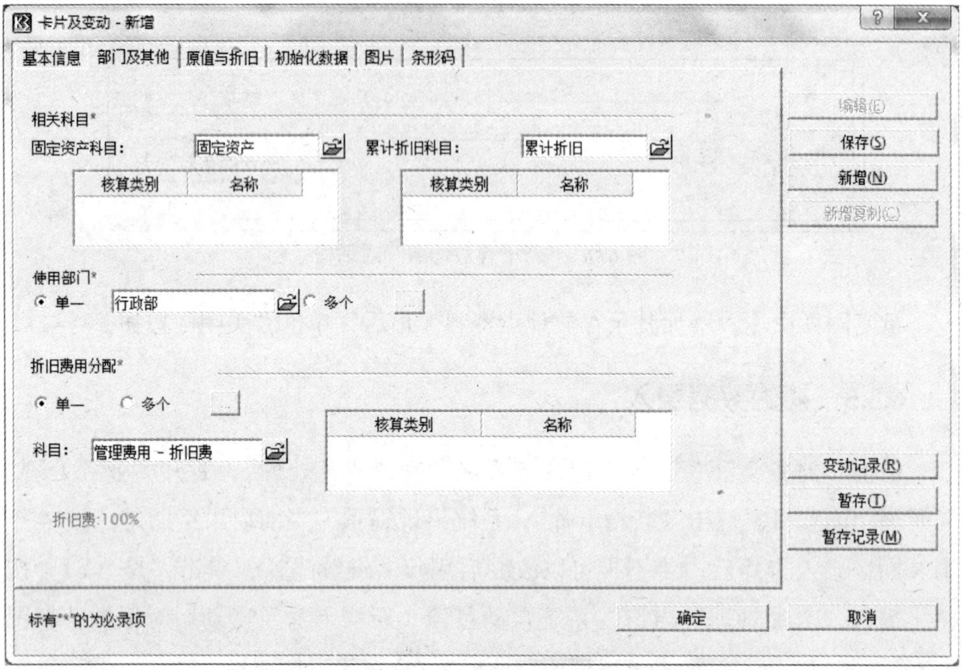

卡片及变动 - 新增

基本信息 | 部门及其他 | 原值与折旧 | 初始化数据 | 图片 | 条形码

相关科目*

固定资产科目: 固定资产　　累计折旧科目: 累计折旧

| 核算类别 | 名称 |
| --- | --- |

| 核算类别 | 名称 |
| --- | --- |

使用部门*

单一 行政部　多个

折旧费用分配*

单一　多个

科目: 管理费用 - 折旧费

| 核算类别 | 名称 |
| --- | --- |

折旧费:100%

编辑(E)　保存(S)　新增(N)　新增复制(C)　变动记录(R)　暂存(T)　暂存记录(M)

标有"*"的为必录项　确定　取消

图 6–7（b）“新增卡片及变动——部门及其他”对话框

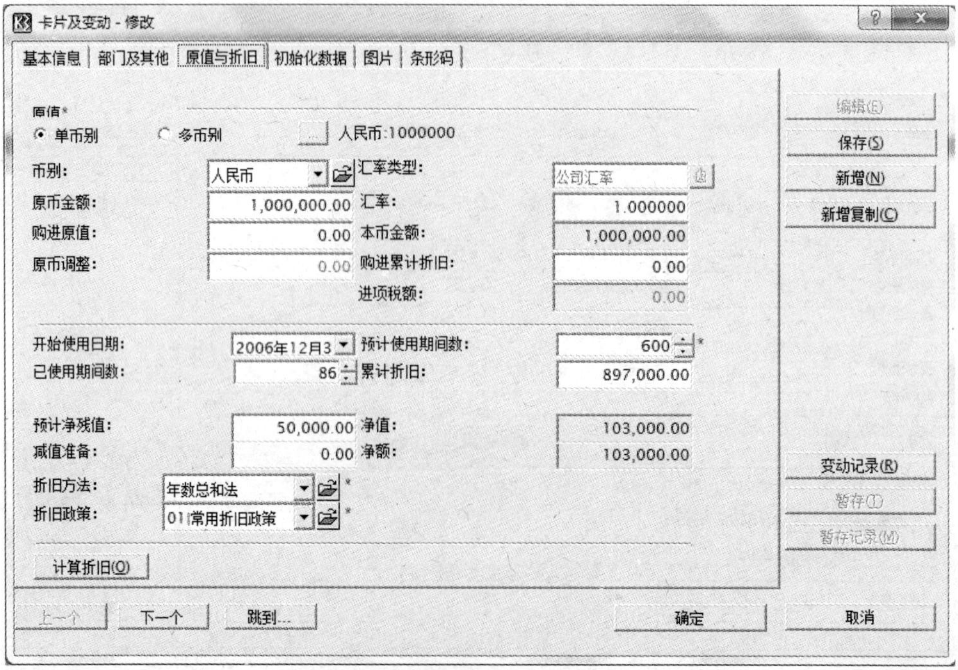

卡片及变动 - 修改

基本信息 | 部门及其他 | 原值与折旧 | 初始化数据 | 图片 | 条形码

原值*

单币别　多币别　人民币:1000000

币别: 人民币　汇率类型: 公司汇率

原币金额: 1,000,000.00　汇率: 1.000000

购进原值: 0.00　本币金额: 1,000,000.00

原币调整: 0.00　购进累计折旧: 0.00

进项税额: 0.00

开始使用日期: 2006年12月3　预计使用期间数: 600 *

已使用期间数: 86　累计折旧: 897,000.00

预计净残值: 50,000.00　净值: 103,000.00

减值准备: 0.00　净额: 103,000.00

折旧方法: 年数总和法 *

折旧政策: 01|常用折旧政策 *

计算折旧(O)

编辑(E)　保存(S)　新增(N)　新增复制(C)　变动记录(R)　暂存(T)　暂存记录(M)

上一个　下一个　跳到...　确定　取消

图 6–7（c）“新增卡片及变动——原值与折旧”对话框

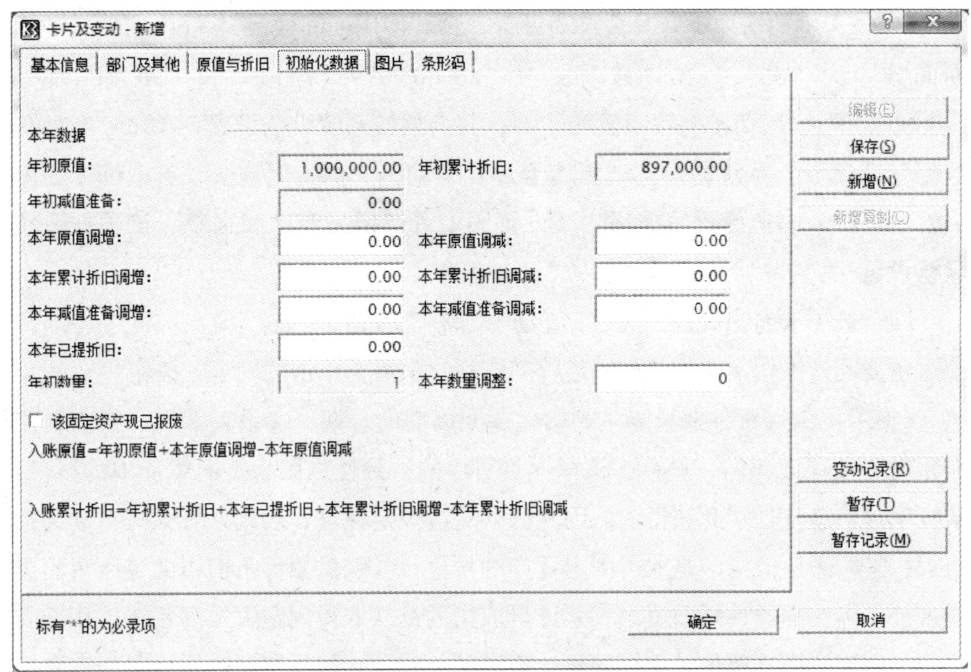


**图 6–7（d） “新增卡片及变动——初始化数据”对话框**

根据表 6–4 提供的资料，填制图 6–7（a）所涉及固定资产基本信息。“资产类别”项选择“房屋类”；系统自动设置“资产编号”为“FW–1”，“计量单位”为“幢”；“资产名称”项录入“办公楼”；“数量”录入“1”；“入账日期”设置为“2006 年 12 月 31 日”；“经济用途”选择“经营用”；“使用状况”选择“正常使用”；“变动方式”选择“自建”；其余项按系统默认设置。单击“部门及其他”选项卡，系统切换到“新增卡片及变动——部门及其他”对话框，如图 6–7（b）所示。

“固定资产科目”项选择“固定资产”；“累计折旧科目”选择“累计折旧”；“使用部门”选择“行政部”；“折旧费用分配科目”选择“管理费用——折旧费”；其余项按系统默认设置。单击“原值与折旧”选项卡，系统切换到“新增卡片及变动——原值与折旧”对话框，如图 6–7（c）所示。

“币别”选择“人民币”；“汇率”设置为“1”；“原币金额”录入“1000000.00”；系统自动设置“本币金额”和“原币调整”为“1000000.00”；“购进累计折旧”设置为“0.00”；“开始使用日期”设置为“2006 年 12 月 31 日”；“累计折旧”设置为“897000.00”（假设前期没有计提折旧，从本期开始计提折旧)；系统根据“房屋类”参数自动设置“预计使用期间数”为“600”，“已使用期间数”为“86”，“预计残值”为“50000.00”，“净值”和“净额”都是“103000.00”；“减值准备”设置为“0”；其余项按系统默认设置。单击“初始化数据”选项卡，系统切换到“新增卡片及变动——初始化数据”对话框，如图6–7（d）所示。初始化数据项主要设置固定资产增减变动和报废。该项按系统默认设置。

四个选项卡内容设置完成后，单击“保存”按钮。

重复同样操作，增加其余固定资产资料。最后，单击“确定”按钮。

[提示]①入账日期只能是初始化期间以前的日期；②设置部门、折旧费用科目时必须保证部门、科目、核算项目对应的一致性，因为折旧凭证中的科目、核算项目信息就是从此获得的，因此必须对应设定完整，否则系统无法自动计提折旧；③购进原值指的是取得固定资产的价值；④购进累计折旧指的是取得固定资产前已存在的累计折旧值；⑤累计折旧指的是从取得固定资产到系统启用期间为止，固定资产本单位已计提的累计折旧额；⑥预计使用期间数录入时，注意把预计使用年限折算为月份数后，再进行录入；⑦当发现录入资料有误时，在“卡片管理”窗口中，选中该项固定资产，单击“编辑”按钮，进入修改；⑧在新增“小汽车”固定资产时，应先新增“销售费用”科目的二级科目“6601.01——折旧费”，“使用部门”选择“多个”，单击 按钮进行部门分配设置，销售一部、销售二部各分配50%。

## 6.3.6 结束初始化

单击“系统设置”→“初始化”→“固定资产”，展开“固定资产”的明细功能项目。双击“初始化”，打开“结束初始化”对话框，单击“开始”按钮。系统开始结束初始化工作。

[提示]结束初始化工作后，系统基础资料不能修改。若要修改，必须先进行反初始化操作。反初始化操作方法和结束初始化操作方法相似。

## 6.4　实训思考

(1) 固定资产系统如何与总账系统关联?

(2) 如何增加固定资产的变动方式?

(3) 如何建立固定资产卡片?

(4) 如何和总账系统固定资产账户对账?

# 实训 7　固定资产业务处理

## 7.1　实训目的

通过本实训，使学生充分理解金蝶 K/3 固定资产管理系统日常业务处理和期末业务处理的原理，掌握固定资产管理系统日常业务处理和期末业务处理的基本操作方法，重点理解固定资产的新增、固定资产的减少、记账凭证的生成、固定资产折旧的计提等。

## 7.2　实训资料

成都科兴有限公司本月固定资产的各项资料如下：

（1）新增固定资产，如表 7–1 所示。

**表 7–1　新增固定资产表**

| 资产编码 | BG–001 |
|---|---|
| 名称 | 电脑 |
| 类别 | 办公设备 |
| 计量单位 | 台 |
| 数量 | 3 |
| 变动日期 | 2014 年 3 月 8 日 |
| 存放地点 | 办公室 |

续表

| 资产编码 | BG–001 |
|---|---|
| 经济用途 | 经营用 |
| 使用状态 | 正常使用 |
| 变动方式 | 购入 |
| 使用部门 | 财务部 |
| 折旧费用科目 | 管理费用——折旧费 |
| 币别 | 人民币 |
| 原币金额 | 24000 |
| 购进累计折旧 | 无 |
| 开始使用日期 | 2014 年 3 月 8 日 |
| 已使用期间 | 0 |
| 累计折旧金额 | 0 |
| 折旧方法 | 平均年限法 |

（2）减少固定资产，如表 7–2 所示。

**表 7–2　固定资产报废表**

| 设备 | 清理日期 | 清理数量 | 清理费用 | 残值收入 | 变动方式 |
|---|---|---|---|---|---|
| 编号 SC–1 的一台车床 | 2013 年 3 月 30 日 | 1 | 500.00 | 4500.00 | 报废 |

（3）月末，将 JT–1 固定资产卡片中小汽车的使用部门由销售部转为行政部，折旧费用科目也由“销售费用——折旧费”转为“管理费用——折旧费”。

（4）本月小汽车工作量为 2000 公里。

# 7.3　实训操作

实训操作任务：新增固定资产、减少固定资产、固定资产其他变动、生成记账凭证、期末处理、查看各种账表。

根据实训资料，完成下列操作。

## 7.3.1　新增固定资产

以会计主管“张华”注册登录 K/3 主界面窗口。单击“财务会计”→“固定资产管理”→“业务处理”，展开“业务处理”的明细功能项目。双击“新增卡片”，进入“卡片管理”窗口，系统自动打开“新增卡片及变动”对话框，如图 7–1（a）~（c）所示（如果未出现该对话框，请单击“增加”按钮）。

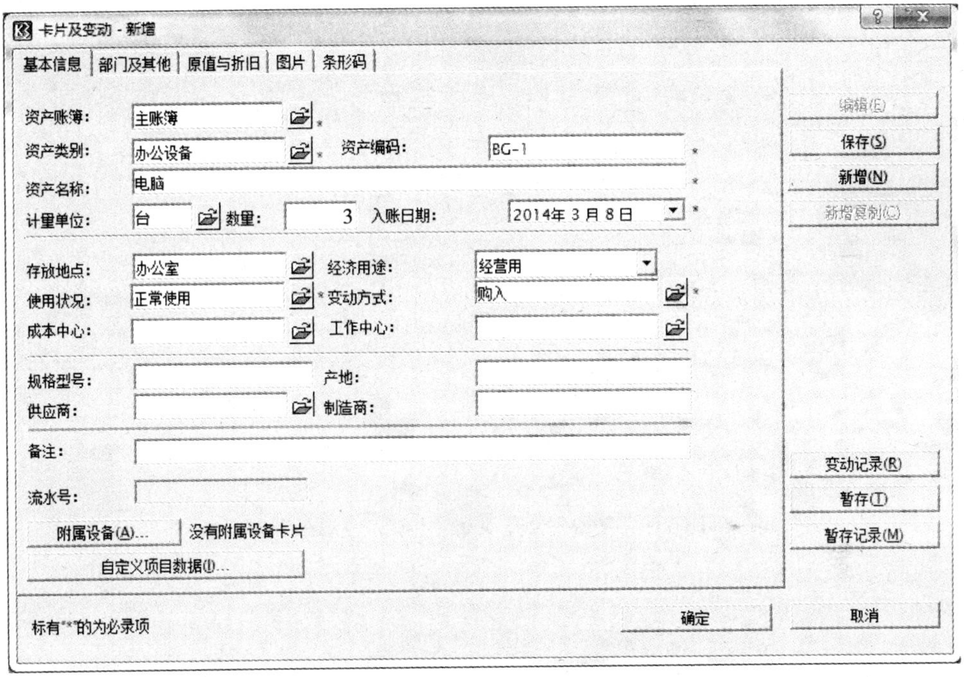

图 7–1（a）“新增卡片及变动——基本信息”对话框

根据表 7–1 提供的资料，填制图 6–7（a）所涉及固定资产基本信息。“资产类别”项选择“办公设备”；系统自动设置“资产编号”为“BG–1”；“计量单位”项录入“台”；“资产名称”项录入“电脑”；“数量”录入“3”；“入账日期”设置为“2014 年 3 月 8 日”；“经济用途”选择“经营用”；“使用状况”选择“正常使用”；“变动方式”选择“购入”；其余项按系统默认设置。单击“部门及其他”选项卡，系统切换到“新增卡片及变动——部门及其他”对话框，如图 7–1（b）所示。

“固定资产科目”项选择“固定资产”；“累计折旧科目”选择“累计折旧”；“使用部门”选择“财务部”；“折旧费用分配科目”选择“管理费用——折旧费”；其余项按系统默认设置。单击“原值与折旧”选项卡，系统切换到“新增卡片及变动——原值与折旧”对话框，如图 7–1（c）所示。

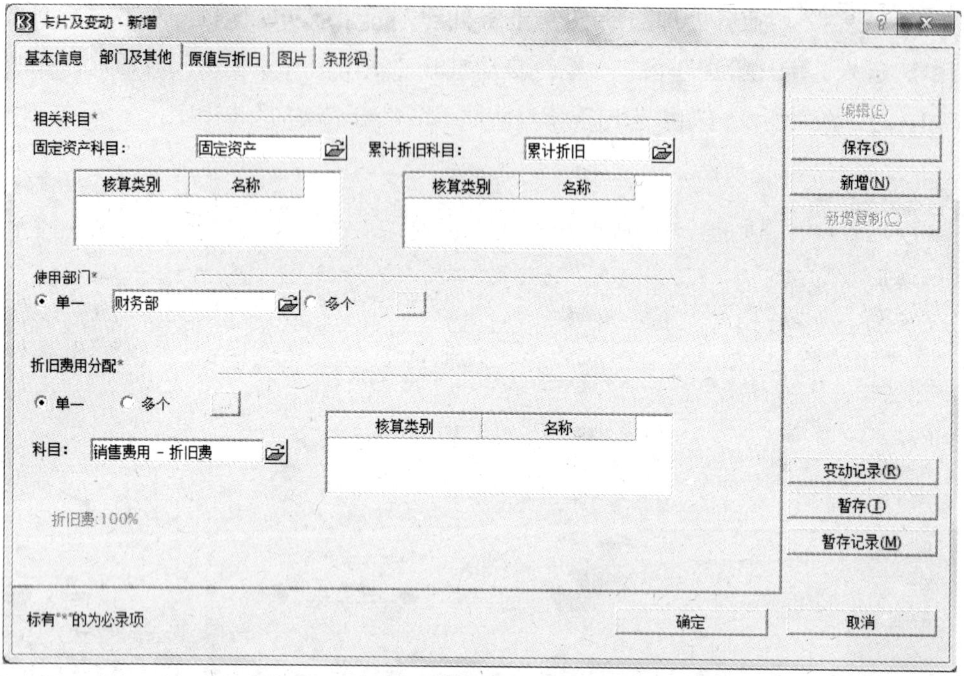

图 7-1（b） “新增卡片及变动——部门及其他”对话框

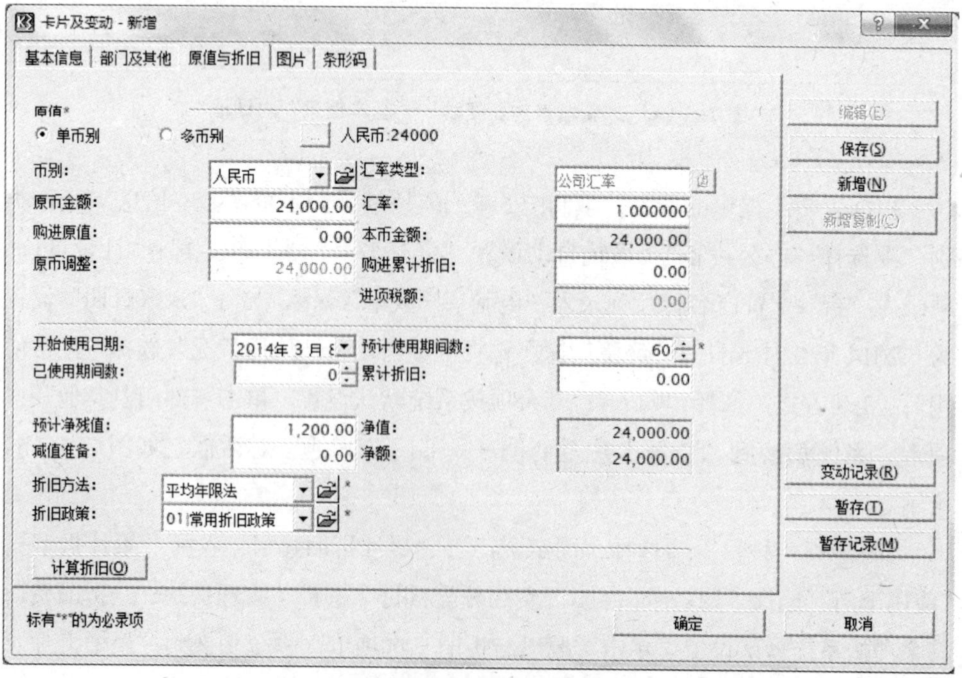

图 7-1（c） “新增卡片及变动——原值与折旧”对话框

“币别”选择“人民币”;“汇率”设置为“1”;“原币金额”录入“24000.00”;系统自动设置“本币金额”和“原币调整”为“24000.00”;“购进累计折旧”设置为“0”;“开始使用日期”设置为“2014 年 3 月 8 日”;“累计折旧”设置为“0”;系统根据“办公设备”参数自动设置“预计使用期间数”为“60”,“已使用期间数”为“0”,“预计残值”为“1200.00”,“净值”和“净额”都是“24000.00”;“减值准备”设置为“0”;其余项按系统默认设置。

三个选项卡内容设置完成后,单击“保存”按钮。再单击“确定”按钮退出。

## 7.3.2　减少固定资产

单击“财务会计”→“固定资产管理”→“业务处理”,展开“业务处理”的明细功能项目。双击“变动处理”,进入“卡片管理”窗口,如图 7–2 所示。

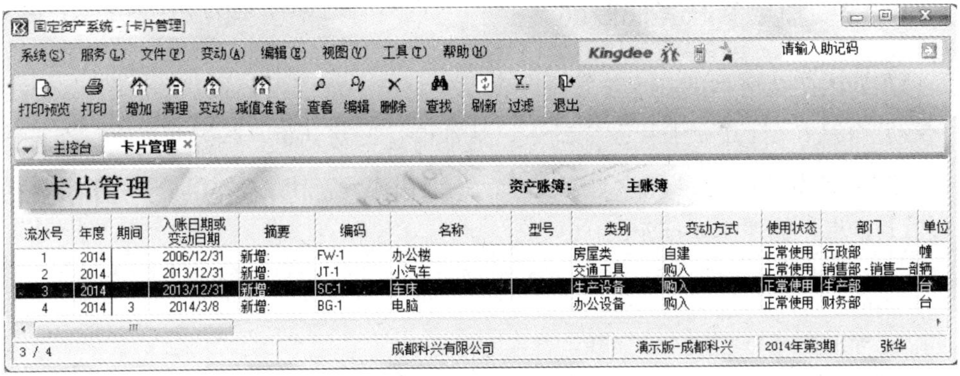

图 7–2　“卡片管理”窗口

根据表 7–2 提供的资料,选中第三条记录“车床”,单击“清理”按钮,打开“固定资产清理”对话框,如图 7–3 所示。“清理日期”设置为“2014 年 3 月 30 日”;“清理数量”录入“1”;“清理费用”录入“500.00”;“残值收入”录入“4500.00”;“变动方式”选择“报废”;“摘要”录入“报废车床一台”。单击“保存”按钮。系统提示“保存清理数据前必须生成一条变动记录,确认生成吗?”,单击“确定”按钮。再单击“关闭”按钮退出。

[提示] ①进行清理操作后,所产生的变动记录不能直接通过“删除”按钮进行删除操作,只能重新点击“清理”按钮进入清理界面,选择“删除”才能进行删除操作;②卡片清理后,该固定资产的价值将为零,并且从企业的固定资产

固定资产清理 - 新增

固定资产：SC-1 - 车床

清理日期：2014年 3月30

原数量：2　清理数量：1

清理费用：500.00　残值收入(不含税)：4,500.00

适用税率：0.000 %　销项税额：0.000

变动方式：报废

摘要：报废车床一台

保存(S)　删除(D)　变动记录(A)...　关闭(C)

图 7–3 “固定资产清理”对话框

管理系统中消失；③多数量的卡片作部分数量减少时只清理了一张卡片中的部分数量，不会影响其余固定资产。

### 7.3.3 固定资产其他变动

在如图 7–2 所示的“卡片管理”窗口中，选中第二条记录“小汽车”，单击“变动”按钮，打开“卡片及变动——基本信息”对话框，“变动方式”项选择“其他”。单击“部门及其他”选项卡，系统切换到“卡片及变动——部门及其他”对话框，如图 7–4 所示。

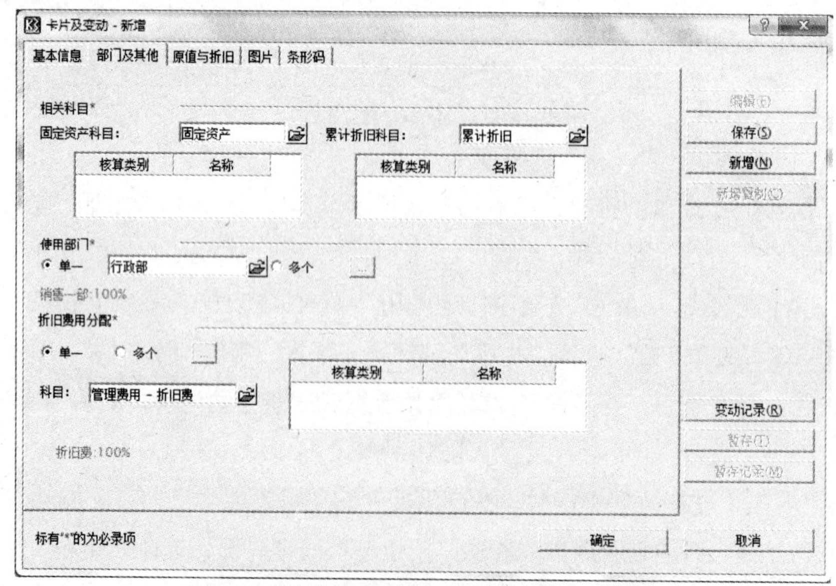


图 7–4 “卡片及变动——部门及其他”对话框

“使用部门”选择“单一”和“行政部”；“折旧费用分配”选择“单一”；“科目”选择“管理费用——折旧费”。单击“保存”按钮。再单击“确定”按钮。

[提示] ①同一张固定资产卡片每期只能做一次变动，如当期确需要多次调整，可合并成一次处理，同时做多个项目变动；②不涉及金额的增减调整（如原值调整、累计折旧调整等）的固定资产变动，无须生成凭证。

## 7.3.4 生成记账凭证

单击“财务会计”→“固定资产管理”→“凭证管理”，展开“凭证处理”的明细功能项目。双击“卡片凭证管理”，打开“过滤方案设置”对话框，如图 7–5 所示。

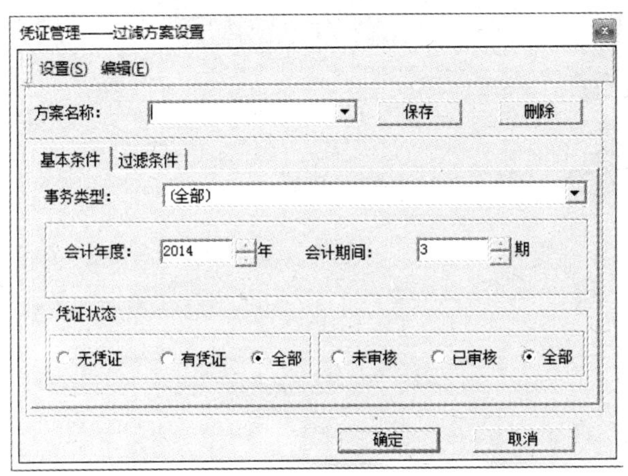


图 7–5 “过滤方案设置”对话框

单击“确定”按钮，进入“凭证管理”窗口，如图 7–6 所示。

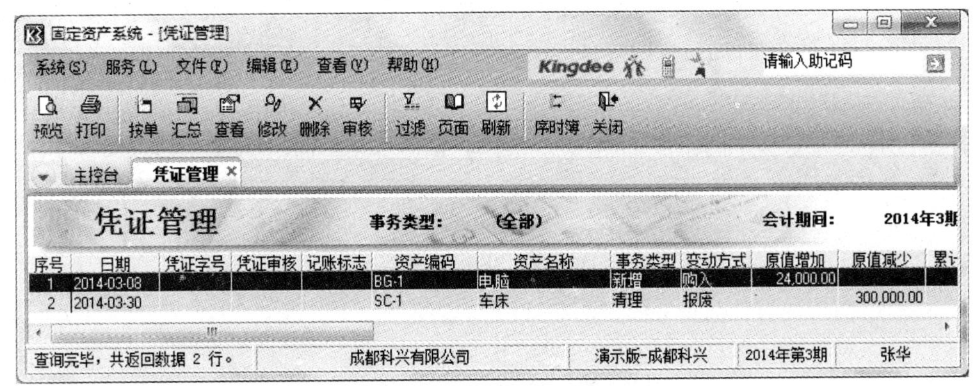


图 7–6 “凭证管理”窗口

选中第一条记录，单击“编辑”→“按单生成凭证”或单击“按单”按钮，打开“按单生成凭证”向导，如图 7–7 所示。单击“开始”按钮，系统开始生成记账凭证。系统会出现如图 7–8 所示的“金蝶提示”。单击“是”按钮，系统打开“新增记账凭证”窗口，如图 7–9 所示。

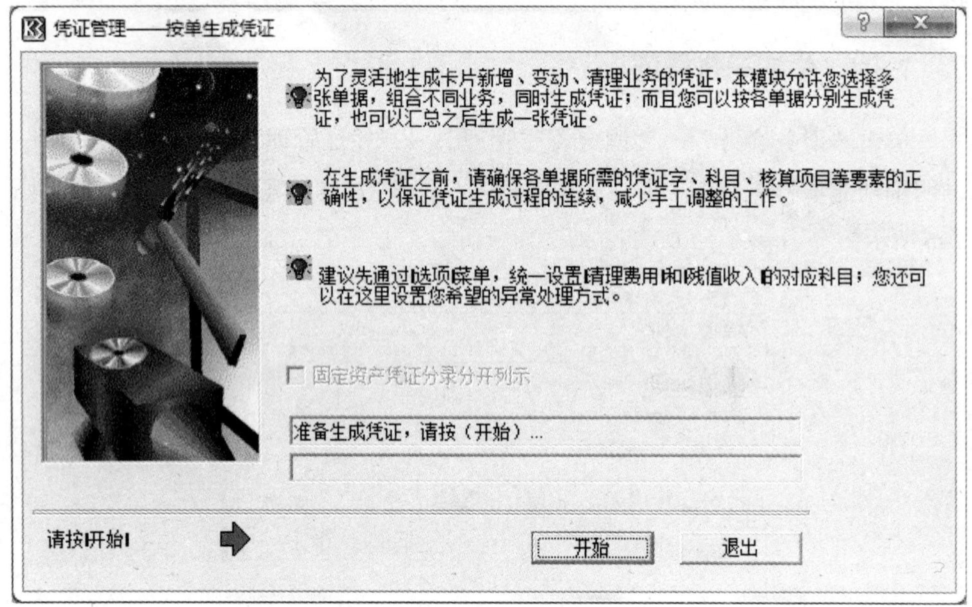


图 7–7 “按单生成凭证”向导

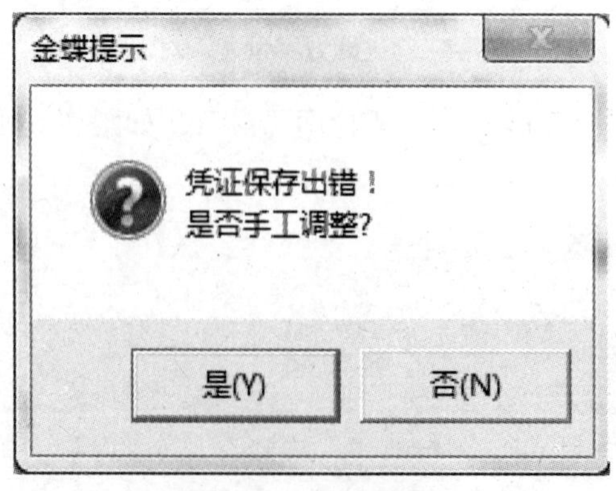


图 7–8 “金蝶提示”

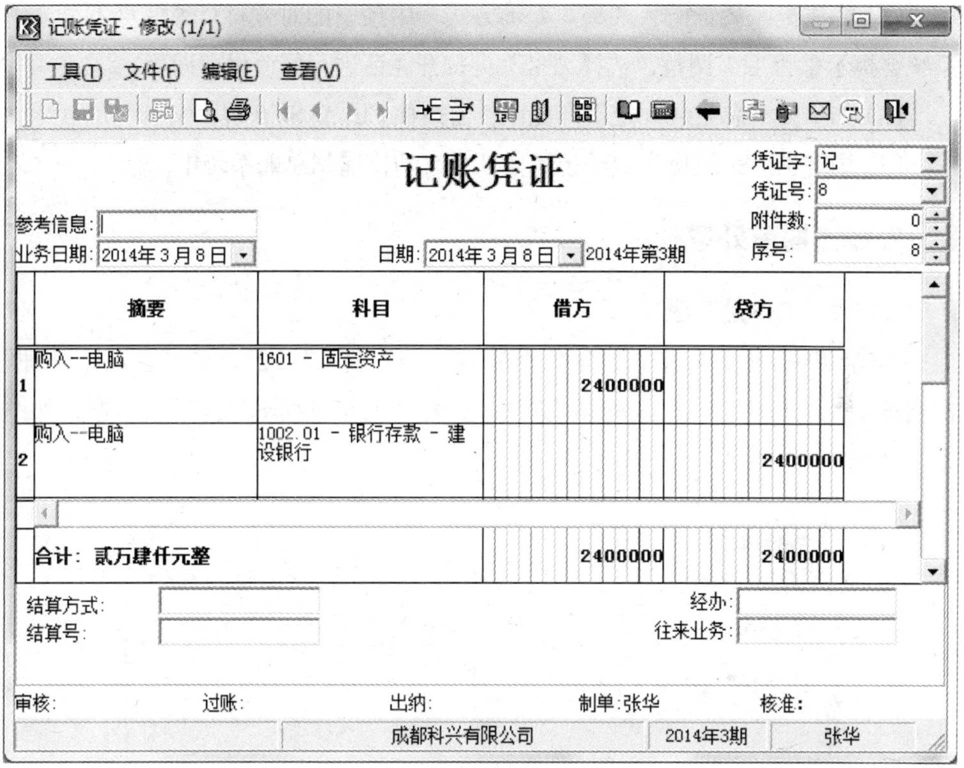

记账凭证 - 修改 (1/1)

工具(T)　文件(F)　编辑(E)　查看(V)

# 记账凭证

凭证字：记
凭证号：8
附件数：0
序号：8

参考信息：

业务日期：2014年3月8日　日期：2014年3月8日 2014年第3期

| | 摘要 | 科目 | 借方 | 贷方 |
|---|---|---|---|---|
| 1 | 购入--电脑 | 1601 - 固定资产 | 2400000 | |
| 2 | 购入--电脑 | 1002.01 - 银行存款 - 建设银行 | | 2400000 |
| | 合计：贰万肆仟元整 | | 2400000 | 2400000 |

结算方式：　经办：
结算号：　往来业务：

审核：　过账：　出纳：　制单：张华　核准：

成都科兴有限公司　2014年3期　张华

图 7–9　“新增记账凭证”窗口

“业务日期”和“日期”都设置成“2014 年 3 月 8 日”；“借方科目”设置成“1601——固定资产”；“贷方科目”设置为“1002.01——银行存款——建设银行”；其余项按系统默认设置。单击 按钮，保存该记账凭证。再单击 按钮，退出“新增记账凭证”窗口。再单击“按单生成凭证”向导的“退出”按钮，第一条记录凭证生成操作完成。

重复同样操作，生成下一张记账凭证。

[提示]（1）第二张记账凭证的分录为：

摘要：报废车床

借：银行存款——建设银行　　4500

　　累计折旧　　5000

　　固定资产清理　　291000

　　贷：库存现金　　　　500

　　　　固定资产　　　　300000

（2）生成记账凭证时，如果“变动方式”中预设的对方科目等信息不全，则系统会提示是否手工调整，选择“是”可打开凭证进行修改保存即可。

（3）如果要汇总生成固定资产凭证，需按住 Ctrl 或 Shift 键。

（4）固定资产系统所生成的记账凭证会自动传递到总账系统中。

## 7.3.5 期末处理

### 7.3.5.1 工作量管理

单击“财务会计”→“固定资产管理”→“期末处理”，展开“期末处理”的明细功能项目。双击“工作量管理”，打开“工作量编辑过滤”对话框，如图 7–10 所示。

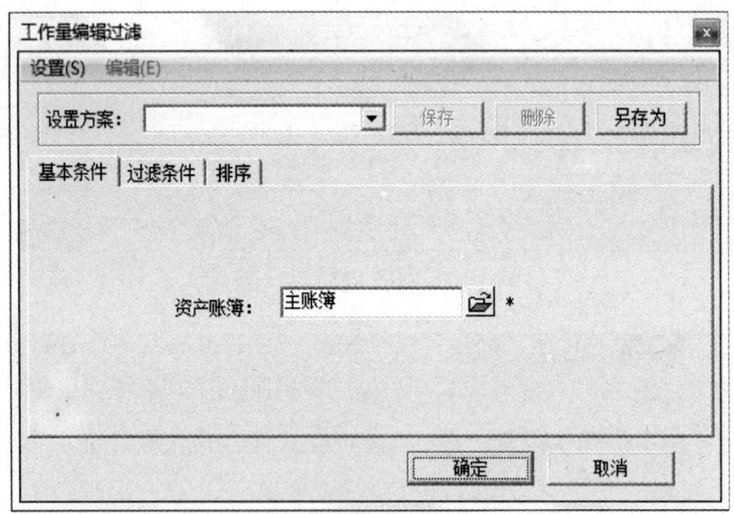


**图 7–10 “工作量编辑过滤”对话框**

单击“确定”按钮，打开“方案名称”对话框，如图 7–11 所示。

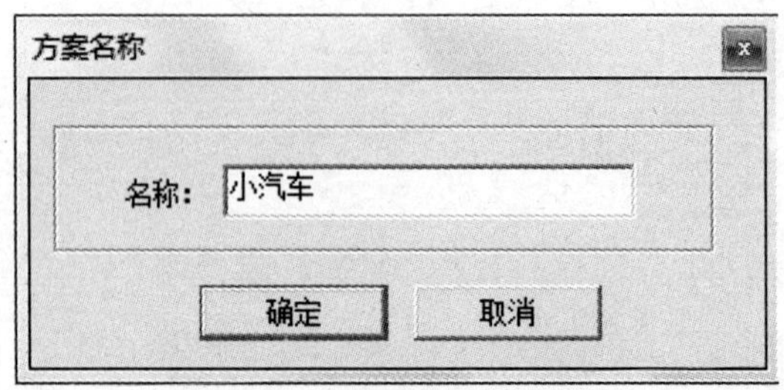


**图 7–11 “方案名称”对话框**

在“名称”项输入“小汽车”，单击“确定”按钮，打开“工作量管理”窗口，如图 7-12 所示。在“本期工作量”栏录入“2000”，单击“保存”按钮。

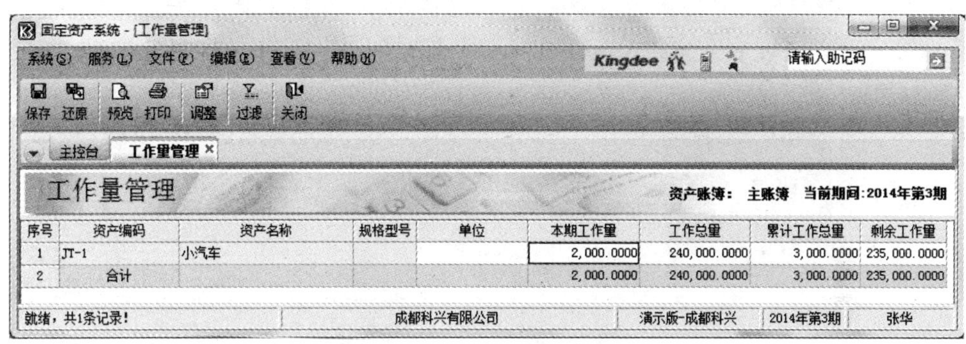


图 7-12　“工作量管理”窗口

### 7.3.5.2　计提折旧

单击“财务会计”→“固定资产管理”→“期末处理”，展开“期末处理”的明细功能项目。双击“计提折旧”，打开“计提折旧”向导，如图 7-13（a）~（d）所示。

单击“计提折旧”按钮，系统按照设置好的参数计提所有固定资产本期应该计提的折旧费用，并生成一张记账凭证，自动传到总账系统中。

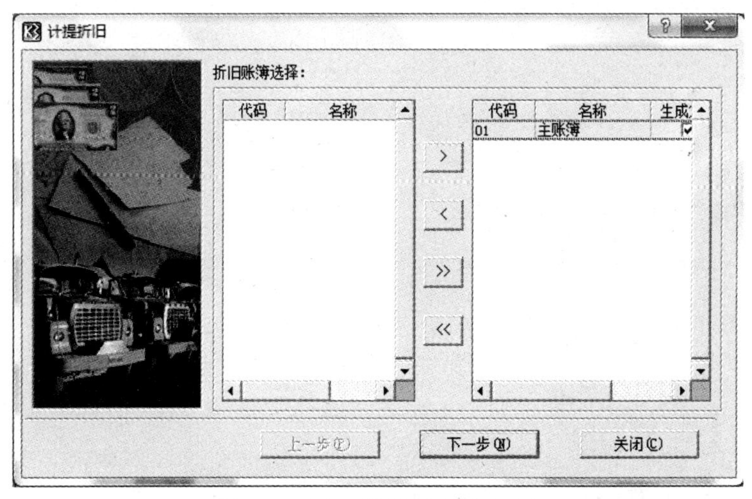


图 7-13（a）　“计提折旧”向导

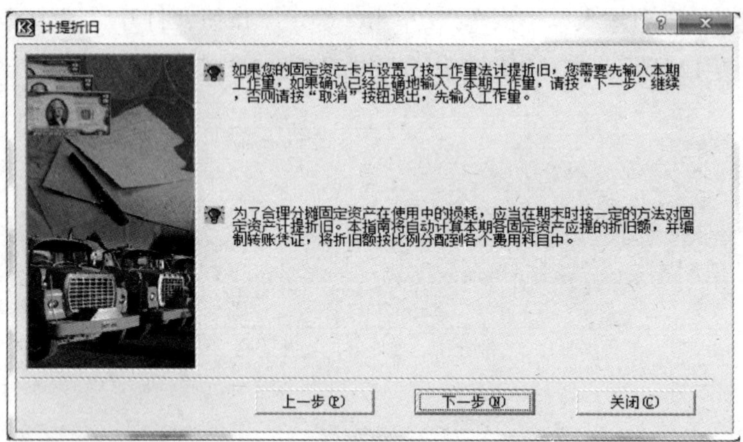


图 7-13（b） "计提折旧"向导

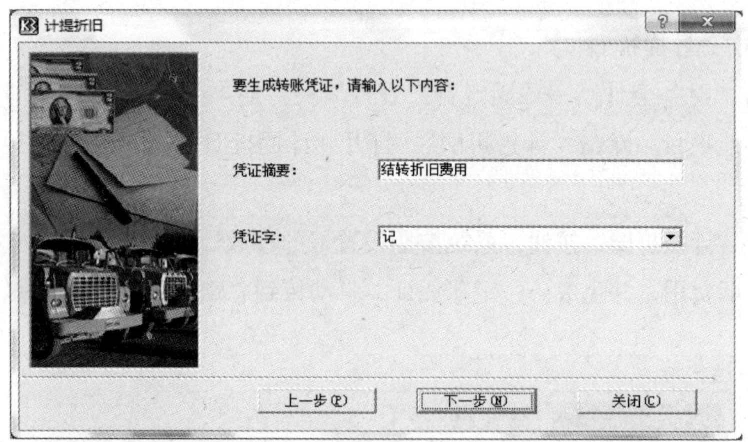


图 7-13（c） "计提折旧"向导

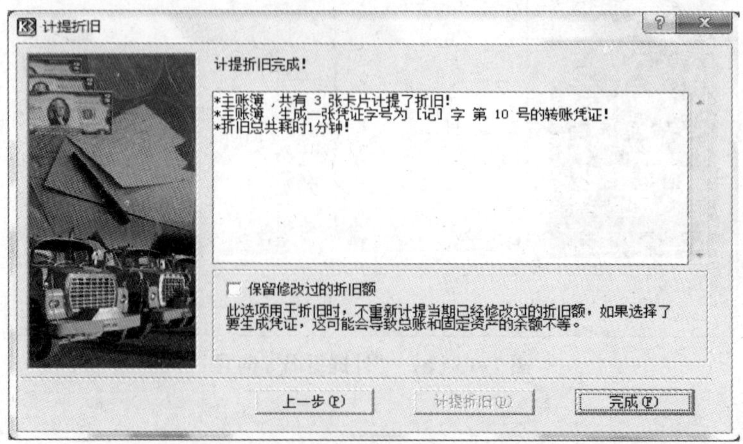


图 7-13（d） "计提折旧"向导

#### 7.3.5.3 折旧管理

在完成计提折旧后，可以在“折旧管理”中，对已提折旧进行查看和修正。

单击“财务会计”→“固定资产管理”→“期末处理”，展开“期末处理”的明细功能项目。双击“折旧管理”，打开“折旧管理过滤”对话框，如图 7–14 所示。

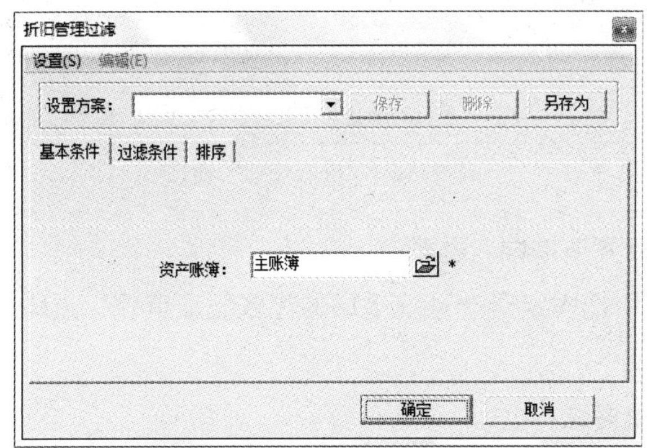


图 7–14 “折旧管理过滤”对话框

单击“确定”按钮，打开“方案名称”对话框，如图 7–15 所示。

图 7–15 “方案名称”对话框

在“名称”项输入“折旧管理”，单击“确定”按钮，打开“折旧管理”窗口，如图 7–16 所示。系统列出本期办公楼、小汽车和车床计提折旧的金额，用户可以根据实际调整本期折旧额。

［提示］对已提折旧进行修正后，相应的折旧凭证也随之更新，不用再进行单独处理；如果想取消对折旧的修正，单击“还原”按钮，即可恢复到上一次保存后的数据状态。

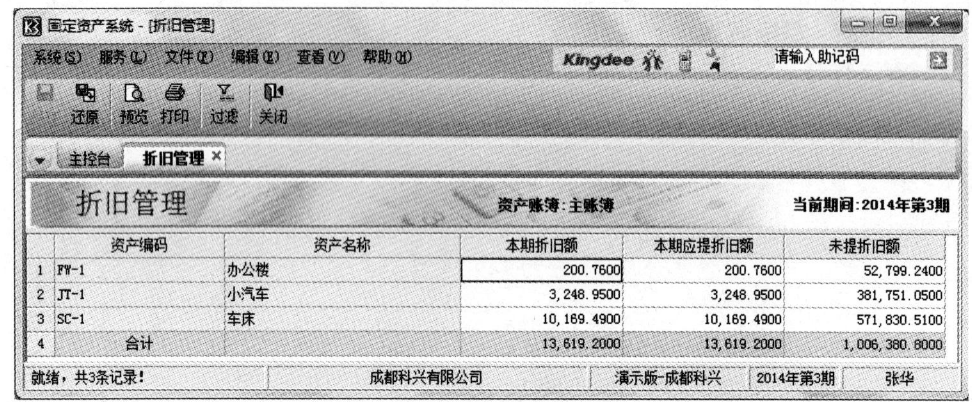


图 7–16 “折旧管理”窗口

#### 7.3.5.4 记账凭证审核、过账

在总账系统中把固定资产系统生成的记账凭证审核、过账，具体操作方法，请参照实训 4。

#### 7.3.5.5 自动对账

固定资产管理系统实现了固定资产业务处理和总账财务核算处理的无缝连接，但为了防止用户不通过固定资产系统，直接在总账系统录入固定资产凭证，导致业务与财务数据核对不上，系统提供了自动对账功能，帮助用户将固定资产系统的业务数据与总账系统的财务数据进行核对，及时发现错误。

单击“财务会计”→“固定资产管理”→“期末处理”，展开“期末处理”的明细功能项目。双击“自动对账”，打开“对账方案”对话框，如图 7–17 所示。

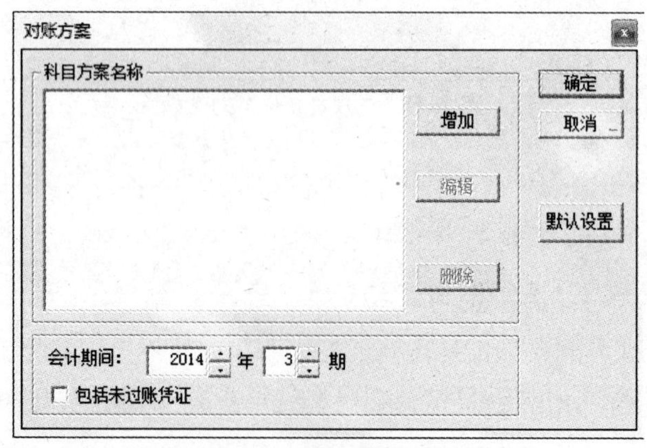


图 7–17 “对账方案”对话框

单击“增加”按钮，打开“固定资产对账”对话框，如图 7-18 所示。分别在“方案名称”项输入“自动对账 1”；“固定资产原值科目”选择“1601——固定资产”；“累计折旧科目”选择“1602——累计折旧”；“减值准备科目”选择“1603——固定资产减值准备”。单击两次“确定”按钮，打开“自动对账”窗口，如图 7-19 所示。

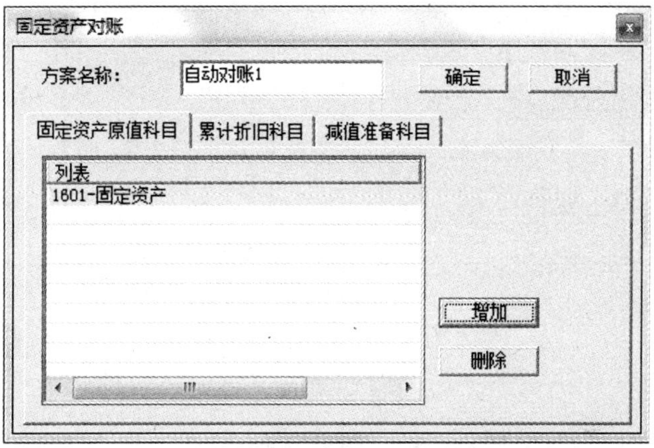

图 7-18　“固定资产对账”对话框

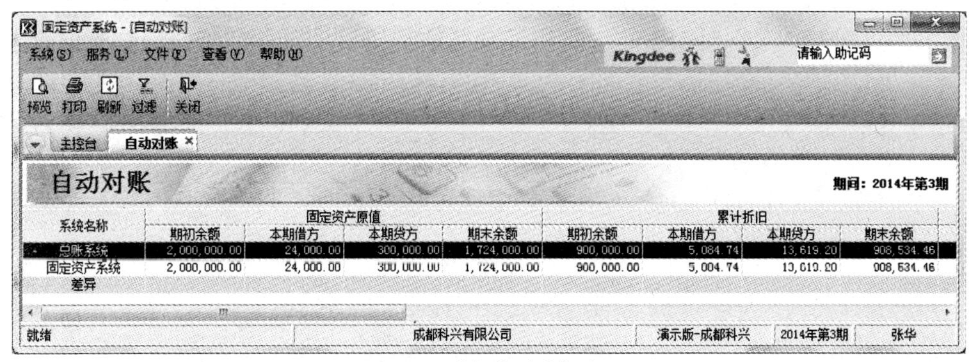


图 7-19　“自动对账”窗口

［提示］如果进行自动对账后发现数据不平，用户应及时对两系统数据进行检查，找出错误及时更正，避免将数据错误累计到以后期间，系统将会控制对前期数据的修改。如果对账平衡了，则可以开始进行结账的处理。如果要严格控制固定资产系统和总账系统数据的一致性，则可以在“系统参数”中选择“期末结账前先进行自动对账”的选项，这样在进行结账处理时，系统会先自动进行对账检查，如果没有设置对账方案或对账不平，则系统会给予提示并不允许结账。

### 7.3.6 查看各种账表

(1) 资产清单查询。

(2) 固定资产价值变动表查询。

(3) 数量统计表查询。

(4) 处理情况表查询。

(5) 固定资产变动及结存表查询。

(6) 折旧费用分配表查询。

(7) 固定资产。

(8) 折旧明细表查询。

(9) 折旧汇总表查询。

(10) 资产构成表查询。

## 7.4 实训操作

(1) 简述固定资产日常业务管理的内容。

(2) 如何新增固定资产?

(3) 如何生成会计凭证? 如何审核会计凭证?

(4) 如何计提折旧?

# 实训 8　工资初始设置

## 8.1　实训目的

通过本实训，使学生充分理解金蝶 K/3 工资系统初始化的原理，掌握工资系统初始化的基本操作方法，重点理解工资类别方案的设置、部门和职员资料的设置、银行资料的设置、工资项目的设置和工资计算公式的设置等。

## 8.2　实训资料

成都科兴有限公司工资基础设置的各项资料如下：

（1）系统维护说明。系统参数设置：要求结账与总账期间同步。

（2）系统基础资料。系统基础资料如表 8–1~表 8–4 所示。

**表 8–1　工资类别方案表**

| 类别名称 | 是否多类别 | 币别 |
|---|---|---|
| 全体员工 | 否 | 人民币 |

**表 8–2　部门资料表**

| 代　码 | 名　称 |
|---|---|
| 01 | 财务部 |
| 02 | 行政部 |

续表

| 代　码 | 名　称 |
|---|---|
| 03 | 销售部（上级组） |
| 03.01 | 销售一部 |
| 03.02 | 销售二部 |
| 04 | 生产部 |

**表 8–3　职员资料表**

| 代　码 | 名　称 | 职员类别 | 部　门 | 个人账号 |
|---|---|---|---|---|
| 001 | 张华 | 管理人员 | 财务部 | 2712356487 |
| 002 | 李萍 | 管理人员 | 行政部 | 2712568435 |
| 003 | 王林 | 销售人员 | 销售一部 | 2713258741 |
| 004 | 赵立 | 销售人员 | 销售二部 | 2713856984 |
| 005 | 刘红 | 生产人员 | 生产部 | 2714521436 |
| 006 | 孙晴 | 生产管理人员 | 生产部 | 2713632541 |

**表 8–4　银行资料表**

| 代　码 | 名　称 | 账号长度 |
|---|---|---|
| 1001 | 建行二仙桥支行 | 10 |

**表 8–5　工资项目表**

| 项目名称 | 数据类型 | 小数位数 | 项目属性 |
|---|---|---|---|
| 职员代码 | 文本 | | 其他 |
| 职员姓名 | 文本 | | 其他 |
| 部门名称 | 文本 | | 其他 |
| 基本工资 | 货币 | 2 | 固定项目 |
| 浮动工资 | 货币 | 2 | 可变项目 |
| 津贴 | 货币 | 2 | 可变项目 |
| 加班 | 货币 | 2 | 可变项目 |
| 独补 | 货币 | 2 | 固定项目 |
| 病假 | 货币 | 2 | 可变项目 |
| 事假 | 货币 | 2 | 可变项目 |
| 应发合计 | 货币 | 2 | 可变项目 |
| 房租水电 | 货币 | 2 | 可变项目 |
| 代扣所得税 | 货币 | 2 | 可变项目 |
| 医疗保险 | 货币 | 2 | 固定项目 |
| 养老保险 | 货币 | 2 | 固定项目 |
| 工会 | 货币 | 2 | 固定项目 |

续表

| 项目名称 | 数据类型 | 小数位数 | 项目属性 |
|---|---|---|---|
| 扣款合计 | 货币 | 2 | 可变项目 |
| 实发合计 | 货币 | 2 | 可变项目 |
| 个人账号 | 文本 |  | 其他 |

**表 8–6　所得税资料表**

| 名　称 | 个人所得税计算 |
|---|---|
| 税率类别 | 含税级距税率 |
| 税率项目 | 应税所得 = 应发合计 – 独补 – 医疗保险 – 养老保险 |
| 所得计算 | 应税所得 = 应发合计 – 独补 – 医疗保险 – 养老保险 |
| 所得期间 | 2008 年 3 月 |
| 外币币别 | 人民币 |
| 基本扣除 | 1600 |

（3）工资计算公式：

1）应发合计 = 基本工资 + 浮动工资 + 津贴 + 加班 + 独补

2）扣款合计 = 病假 + 事假 + 房租水电 + 代扣所得税 + 医疗保险 + 养老保险 + 工会

3）实发合计 = 应发合计 – 扣款合计

# 8.3　实训操作

实训操作任务：建立工资类别方案、导入部门资料、增加银行资料、导入职员资料、设置工资项目、设置所得税。

根据实训资料，完成下列操作。

## 8.3.1　建立工资类别方案

以会计主管“张华”注册登录 K/3 主界面窗口。单击“系统设置”→“系统设置”→“工资管理”，展开“工资管理”的明细功能项目。双击“系统参数”，打开“打开工资类别”对话框，如图 8–1 所示。

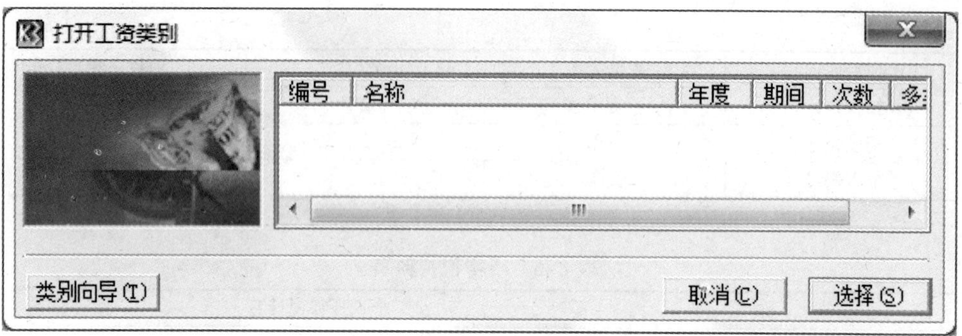


图 8-1 “打开工资类别”对话框

单击“类别向导”按钮，打开“新建工资类别”向导，如图 8-2（a）~（c）所示。

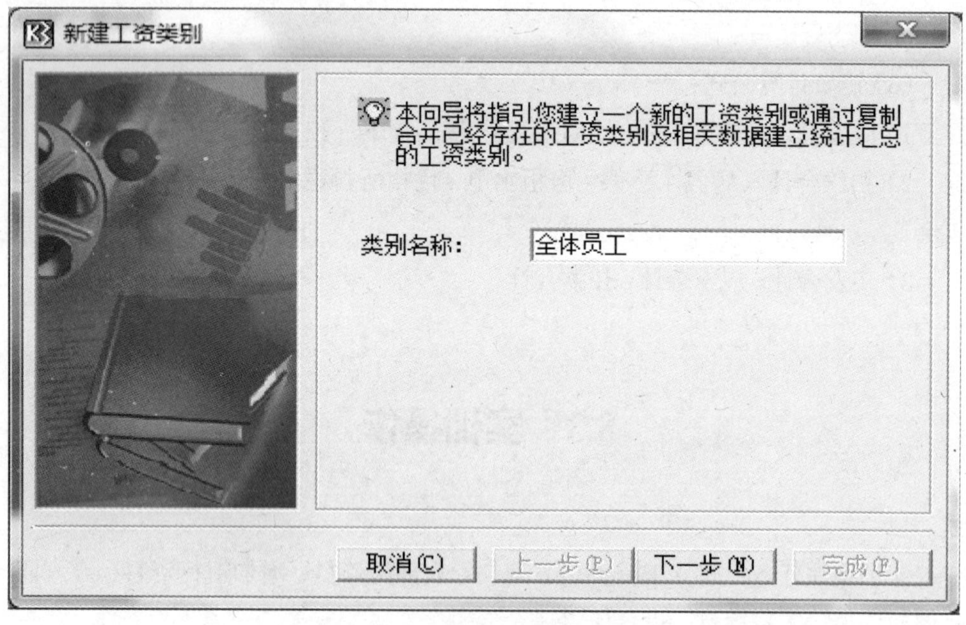


图 8-2（a）“新建工资类别”向导

单击“下一步”按钮，打开图 8-2（b）所示对话框。

根据表 8-1 提供的资料，分别在“类别名称”项录入“全体员工”；不选中“是否多类别”；“币别”选择“人民币”。单击“下一步”按钮，打开图 8-2（c）所示对话框。

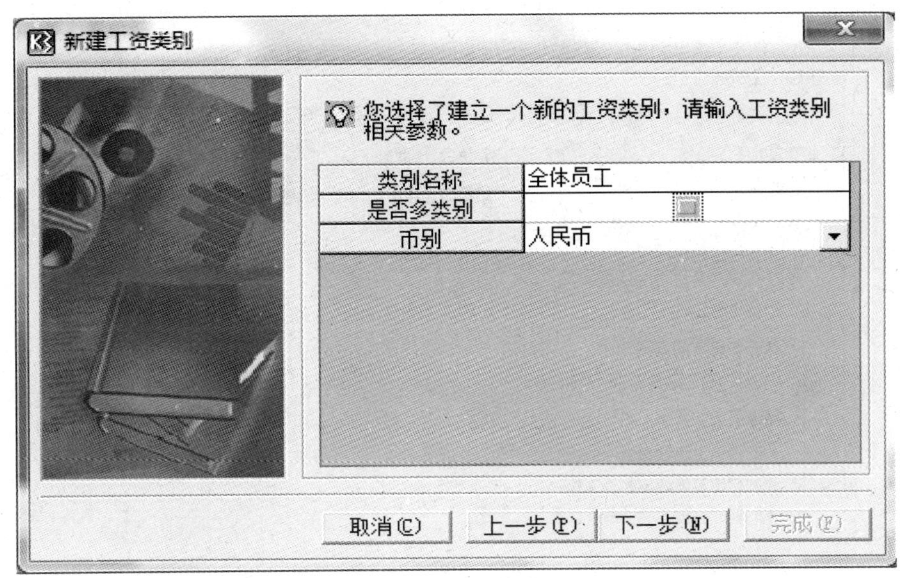


图 8–2（b）“新建工资类别”向导

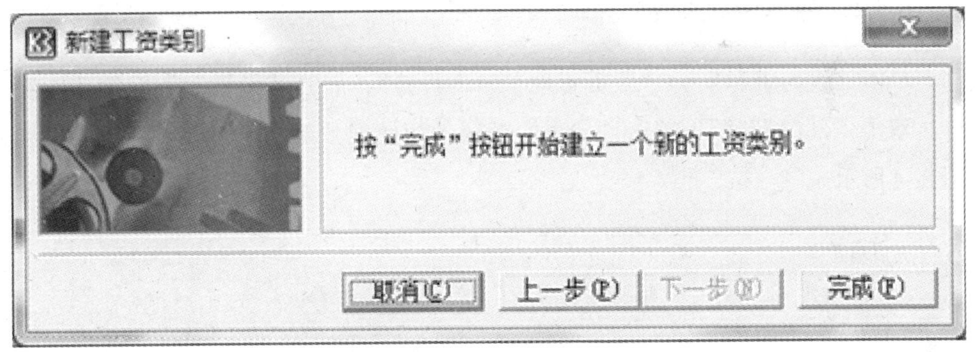


图 8–2（c）“新建工资类别”向导

单击“完成”按钮，系统建立好一个名为“全体员工”的工资类别，并返回到图 8–1 所示的“打开工资类别”对话框。选中刚才建好的工资类别，单击“选择”按钮，打开“系统参数——系统”对话框，单击“工资”选项卡，切换到“系统参数——工资”对话框，如图 8–3 所示。

选中“结账与总账期间同步”；其余项按系统默认设置。单击“保存”按钮。

［提示］设置工资类别时应注意，单类别才能用于核算工资数据，而汇总类别主要用于汇总多个单类别的工资数据，且只能查看，不能进行工资数据的计算工作。因此，在建立独立的工资类别时，不要选择多类别。

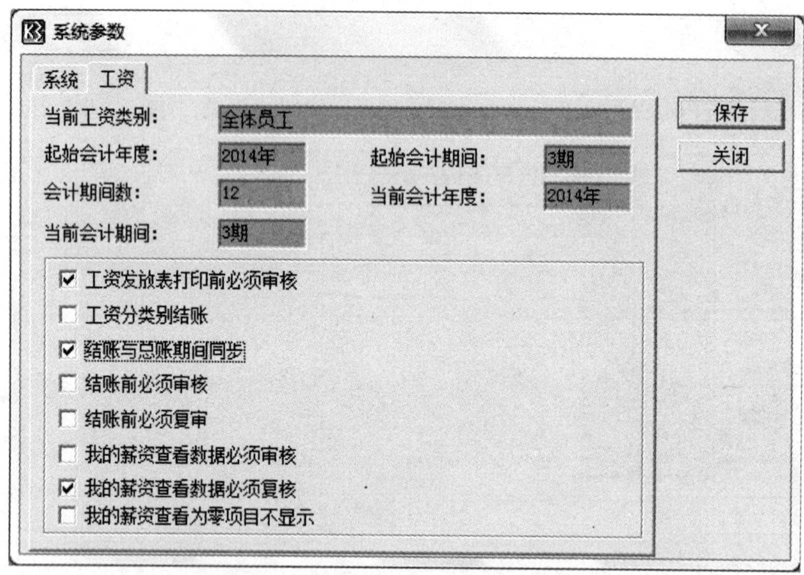


图 8–3 “系统参数——工资”对话框

## 8.3.2 导入部门资料

单击“人力资源”→“工资管理”→“设置”，展开“设置”的明细功能项目。双击“部门管理”，单击“导入”按钮，切换到“部门——导入”窗口，如图 8–4 所示。

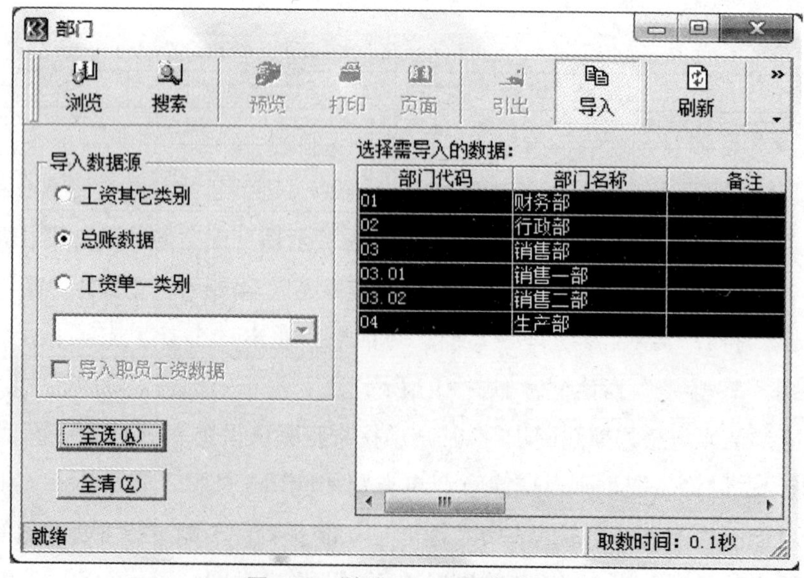


图 8–4 “部门——导入”窗口

根据表 8–2 提供的资料，在“导入数据源”项选中“总账数据”，系统自动在“选择需导入的数据”栏列出总账中所有部门资料。单击“全选”按钮，选中所有部门。单击“导入”按钮（如果看不见“导入”按钮，请将该窗口最大化），将总账中所有部门资料导入到工资系统中。单击“浏览”按钮，切换到“部门——浏览”窗口，如图 8–5 所示，列出了刚才导入的部门资料。在这里可以修改部门资料。

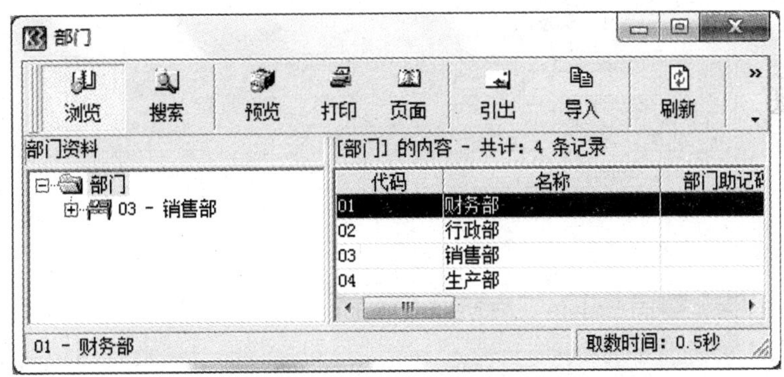


图 8–5　“部门——浏览”窗口

［提示］如果用户已在总账系统中添加了部门资料，可从总账系统导入部门信息；从总账导入部门信息时，相同的部门信息只能引入一次，以后如想再引入相同的部门信息只能通过其他工资类别进行引入；部门信息一旦使用，不能进行修改操作。

### 8.3.3　增加银行资料

单击“人力资源”→“工资管理”→“设置”，展开“设置”的明细功能项目。双击“银行管理”，打开“银行——浏览”窗口，如图 8–6 所示。

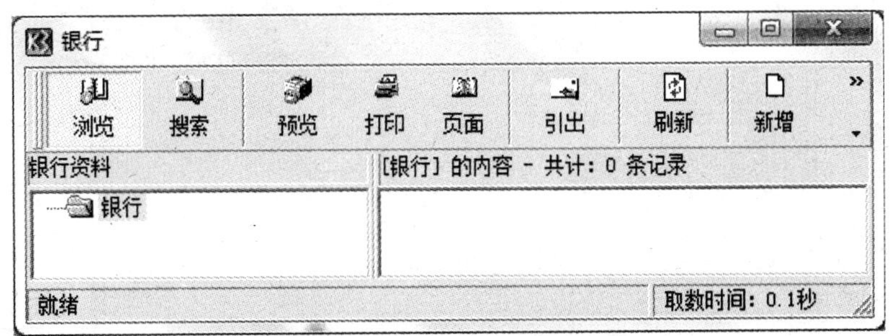


图 8–6　“银行——浏览”窗口

单击“新增”按钮，打开“银行——新增”按钮，如图 8-7 所示。根据表 8-4 提供的资料，分别在“代码”项录入“1001”；“名称”项录入“建行二仙桥支行”；“账号长度”项录入“10”。单击“保存”按钮，保存银行资料。单击“退出”按钮。

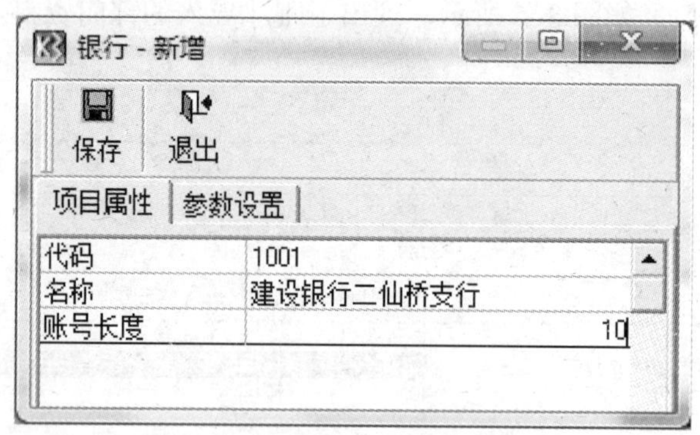


图 8-7 “银行——新增”按钮

### 8.3.4 导入职员资料

单击“人力资源”→“工资管理”→“设置”，展开“设置”的明细功能项目。双击“职员管理”，打开“职员——浏览”窗口，单击“导入”按钮，切换到“职员——导入”窗口，如图 8-8 所示。

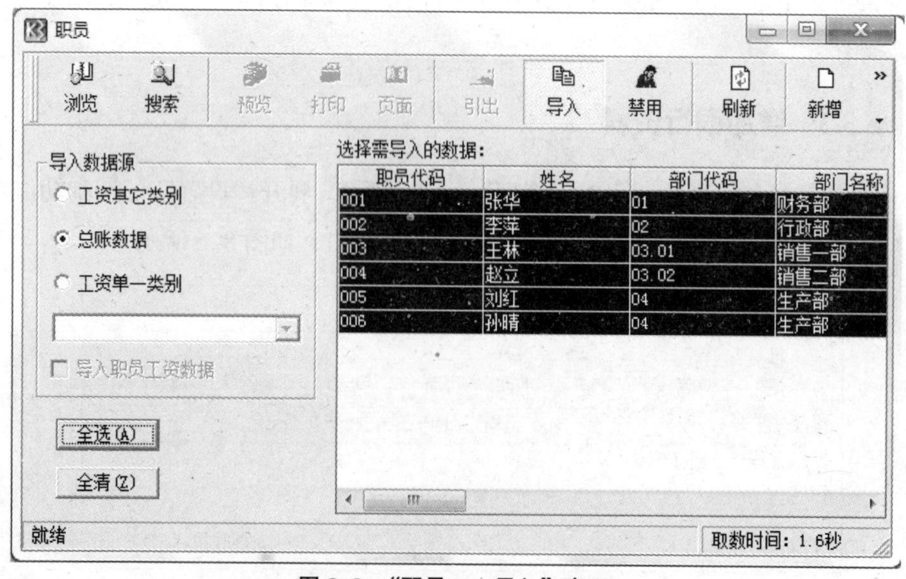


图 8-8 “职员——导入”窗口

根据表 8-3 提供的资料，在“导入数据源”项选中“总账数据”，系统自动在“选择需导入的数据”栏列出总账中所有职员资料。单击“全选”按钮，选中所有职员。单击“导入”按钮（如果看不见“导入”按钮，请将该窗口最大化），将总账中所有职员资料导入到工资系统中。单击“浏览”按钮，切换到“职员——浏览”窗口，如图 8-9 所示，列出了已导入的职员资料。

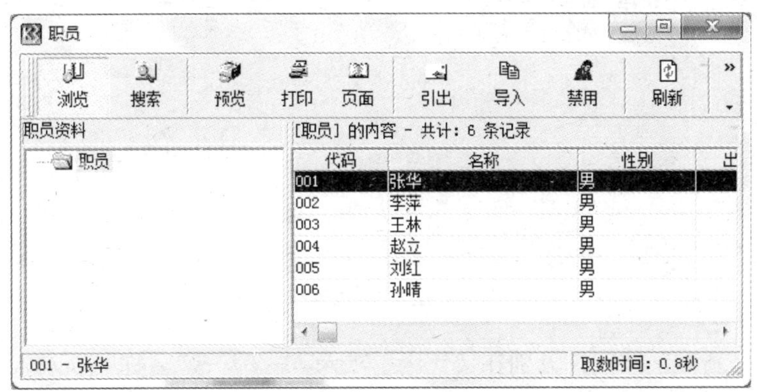


**图 8-9　“职员——浏览”窗口**

双击第一条职员记录“张华”，打开“职员——修改”对话框，如图 8-10 所示。

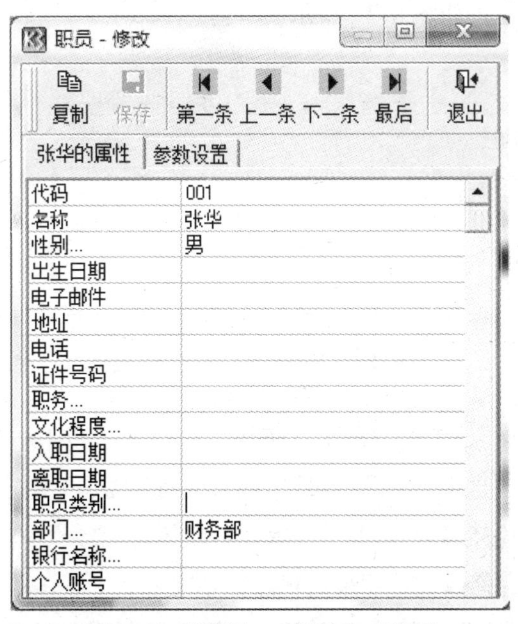


**图 8-10　“职员——修改”对话框**

将光标移至“职员类别”的输入位置，按“F7”键，打开“选择——浏览”对话框，单击“编辑”选项卡，切换到“选择——编辑”对话框，如图 8-11 所示。

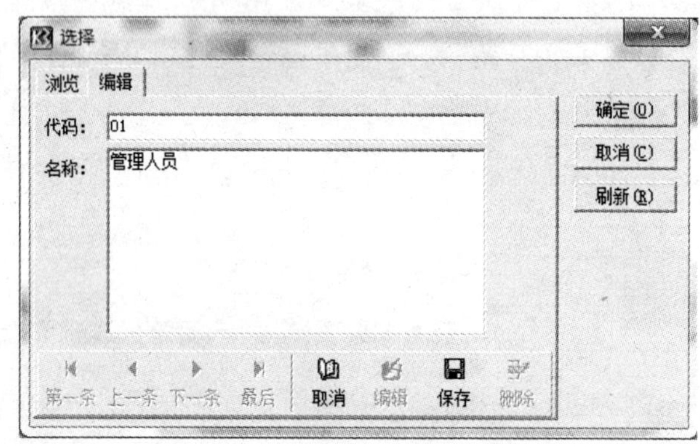


**图 8-11 “选择——编辑”对话框**

单击“新增”按钮，分别在“代码”项录入“01”；“名称”项录入“管理人员”。单击“保存”按钮。用同样操作增加“02——销售人员”、“03——生产人员”和“04——生产管理人员”职员类别。

在图 8-11“选择——编辑”对话框中，单击“浏览”选项卡，切换到“选择——浏览”对话框，如图 8-12 所示。

**图 8-12 “选择——浏览”对话框**

选中“管理人员”，单击“确定”按钮，返回到图 8-10“职员——修改”对话框，“职员类别”项显示“管理人员”；“银行名称”选择“建行二仙桥支行”；“个人账号”录入“2712356487”。单击“保存”按钮。

重复同样操作，修改其他职员资料。

[提示] ①设定职员资料时应注意，必须设定职员的部门、职员类别，否则

无法进行工资费用分配，这两项是分配工资费用的依据；②已离职的职员资料不要直接删除，否则会影响相关历史数据的正确性；③对于此类职员可通过变动处理中的人员变动，选择“禁用离职人员”选项进行变动处理；④禁用后的职员如想恢复使用，可通过职员管理窗口中选择禁用按钮恢复职员的资料。

### 8.3.5　设置工资项目

单击“人力资源”→“工资管理”→“设置”，展开“设置”的明细功能项目。双击“项目设置”，打开“工资核算项目设置”对话框，如图 8–13 所示。

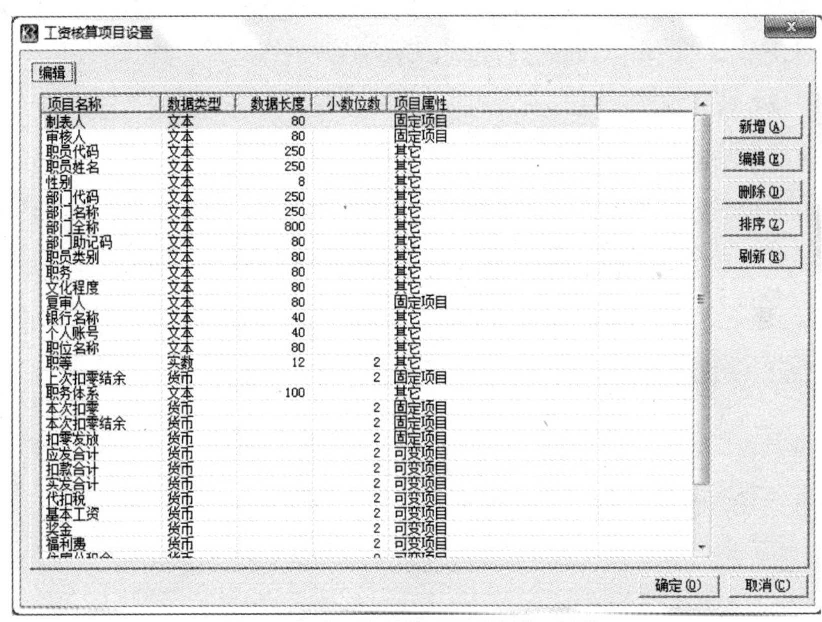

图 8–13　“工资核算项目设置”对话框

系统事先预设置了部分工资核算项目，对照表 8–5 工资项目表，增加或修改工资核算项目。

#### 8.3.5.1　新增工资核算项目

单击“新增”按钮，打开“工资项目——新增”对话框，如图 8–14 所示。分别在“项目名称”项录入“浮动工资”；“数据类型”选择“货币”；“小数位数”设置为“2”；“项目属性”选中“可变项目”。单击“新增”按钮，增加“浮动工资”核算项目。

重复同样操作，增加其他工资核算项目。

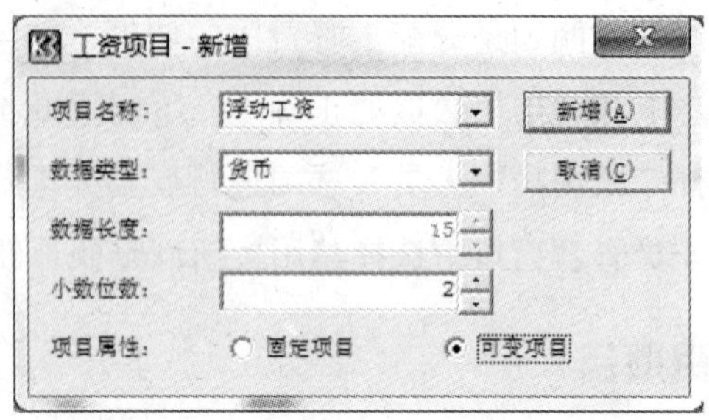


**图 8–14 “工资项目——新增”对话框**

### 8.3.5.2 修改工资核算项目

在图 8–13“工资核算项目设置”对话框中，找到“代扣税”核算项目，选中该项目，单击“编辑”按钮，打开“工资项目——修改”对话框，将“项目名称”为“代扣税”改成“代扣所得税”。单击“确定”按钮。

重复同样操作，修改其他工资核算项目。

[提示] 设定工资计算公式时所需要用的工资项目，都必须预先在此设定，否则无法设置公式；设置工资项目时，必须注意设定工资项目的类型，只有数值型、货币型的工资项目才能参与工资数据的加减运算，文字型的则不能。

## 8.3.6 设置工资计算公式

单击“人力资源”→“工资管理”→“设置”，展开“设置”的明细功能项目。双击“公式设置”，打开“工资公式设置”对话框，如图 8–15 所示。

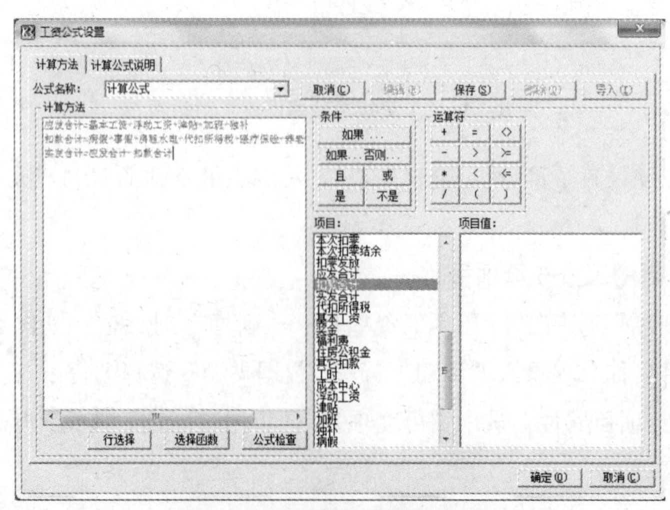


**图 8–15 “工资公式设置”对话框**

单击“新增”按钮，分别在“公式名称”项输入“计算公式”；在“计算方法”区域录入计算公式，录入完一行公式，按“Enter”键转入下一行。

计算公式由项目名、运算符号和条件语句组成。计算公式的录入方法：项目框里的工资项目可通过双击鼠标左键进行选择，运算符号、条件语句只要单击运算符按钮即可。

设置完计算公式后，单击“保存”按钮，保存本次设置。

[提示] ①设定计算公式时先单击“新增”按钮，出错时，可点击“编辑”按钮进行修改，一个计算方法中可设定多个运算公式；②利用条件语句编辑公式时，“如果”、“否则”、“且”、“或”、“是”、“不是”等条件语句前后要注意留空格，否则编辑公式时会出错；③利用条件语句设置公式时，语句间的“…”符号要先删除，然后再设置判断条件。

### 8.3.7　设置所得税

单击“人力资源”→“工资管理”→“设置”，展开“设置”的明细功能项目。双击“所得税设置”，打开“个人所得税初始设置——浏览”对话框，单击“编辑”选项卡，切换到“个人所得税初始设置——编辑”对话框，如图 8-16 所示。

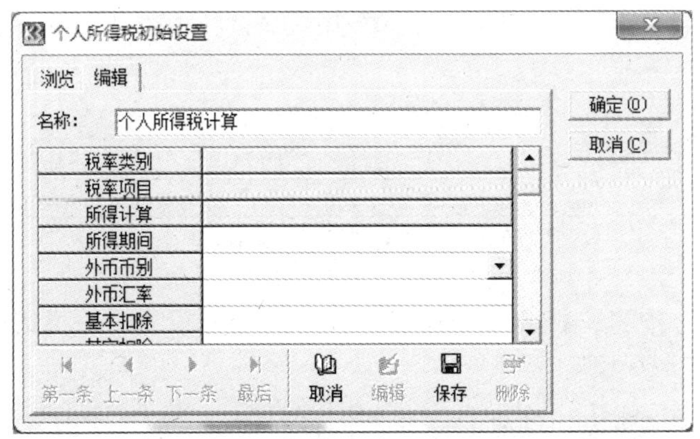


图 8-16　“个人所得税初始设置——编辑”对话框

根据表 8-5 提供的资料，设置图 8-16 “个人所得税初始设置——编辑”对话框中的内容。

#### 8.3.7.1 设置税率类别

在“名称”项录入“个人所得税计算”；单击“税率类别”右边的横条，打开“个人所得税税率初始设置——浏览”对话框，单击“编辑”选项卡，切换到“个人所得税税率初始设置——编辑”对话框，如图 8–17 所示。

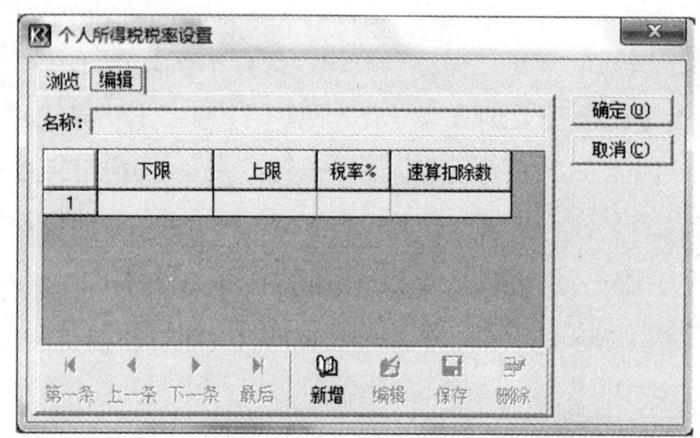


**图 8–17 “个人所得税税率初始设置——编辑”对话框**

单击“新增”按钮，弹出“金蝶提示”对话框，如图 8–18 所示。

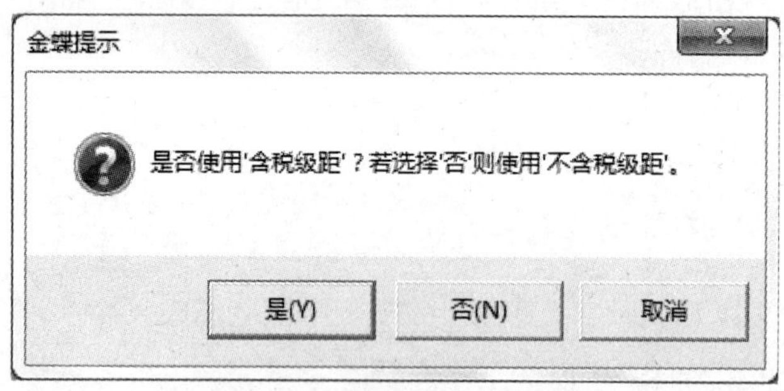


**图 8–18 “金蝶提示”对话框**

单击“是”按钮，打开“个人所得税税率初始设置——税级距”对话框，如图 8–19 所示。

在“名称”项输入“税率 1”；系统设置好相应上限、下限、税率和速算扣除数。单击“保存”按钮。单击“浏览”选项卡，切换到“个人所得税税率初始设置——浏览”对话框。选中“税率 1”，单击“确定”按钮返回到图 8–16“个人所得税初始设置——编辑”对话框。

个人所得税税率设置

浏览　编辑

名称：税率1

| | 下限 | 上限 | 税率% | 速算扣除数 |
|---|---|---|---|---|
| 1 | 0 | 500 | 5.00 | 0 |
| 2 | 500 | 2000 | 10.00 | 25 |
| 3 | 2000 | 5000 | 15.00 | 125 |
| 4 | 5000 | 20000 | 20.00 | 375 |
| 5 | 20000 | 40000 | 25.00 | 1375 |
| 6 | 40000 | 60000 | 30.00 | 3375 |

第一条　上一条　下一条　最后　取消　编辑　保存　删除

确定(O)　取消(C)

图 8-19　“个人所得税税率初始设置——税级距”对话框

#### 8.3.7.2　设置税率项目

单击“税率项目”右边的横条，打开“所得项目计算——浏览”对话框，单击“编辑”选项卡，切换到“所得项目计算——编辑”对话框，如图 8-20 所示。

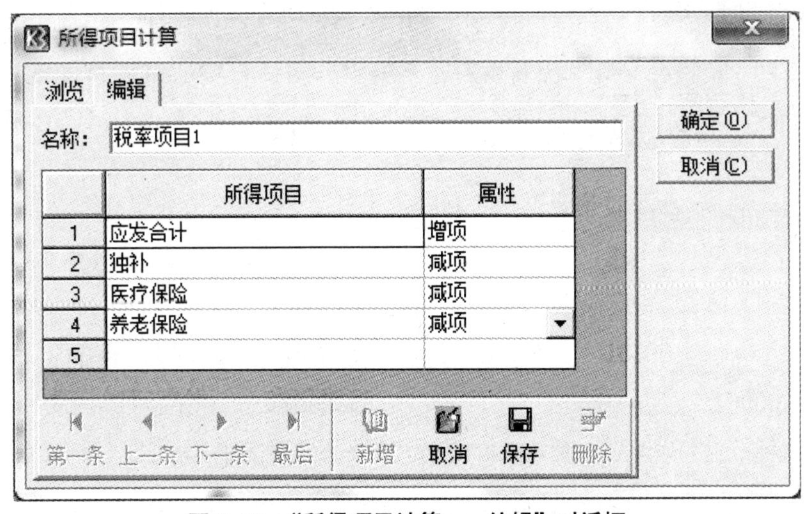


图 8-20　“所得项目计算——编辑”对话框

单击“新增”按钮，在“名称”项录入“税率项目 1”；其他项目按照图 8-20“所得项目计算——编辑”对话框中内容设置。单击“保存”按钮。单击“浏览”选项卡，切换到“所得项目计算——浏览”对话框。选中“税率项目 1”，单击“确定”按钮，返回到图 8-16 “个人所得税初始设置——编辑”对话框。

#### 8.3.7.3 所得税计算设置

单击“所得计算”右边的横条，打开“所得项目计算——浏览”对话框，如图 8-21 所示。

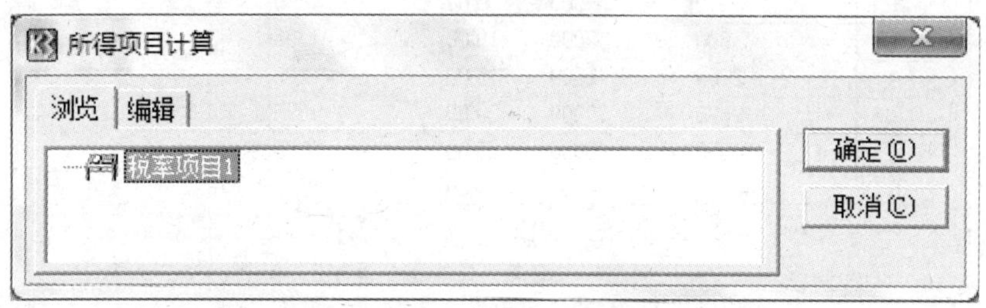


**图 8-21 “所得项目计算——浏览”对话框**

选中“税率项目 1”，单击“确定”按钮，返回到图 8-16 “个人所得税初始设置——编辑”对话框。

#### 8.3.7.4 设置其他项目

“所得期间”录入“2014 年 3 月”；“外币币别”选择“人民币”；“基本扣除”录入“1600.00”；“其他扣除”设置为“0”。单击“保存”按钮。

图 8-16 “个人所得税初始设置——编辑”对话框中所有项目设置完成后，单击“确定”按钮。

［提示］在录入“基本扣除”时，读者也可以根据现行的个人 所得税政策设置“基本扣除”额度。

## 8.4 实训思考

（1）简述工资管理系统初始化设置的内容。

（2）如何从总账系统中导入部门、职员资料？

（3）如何设置工资计算公式？

（4）如何设置所得税？

# 实训9 工资业务处理

## 9.1 实训目的

通过本实训，使学生充分理解金蝶 K/3 工资管理系统日常业务处理和期末业务处理的原理，掌握工资管理系统日常业务处理和期末业务处理的基本操作方法，重点理解工资数据的录入、工资的计算、所得税的计提、工资费用的分配、福利费用的分配等。

## 9.2 实训资料

成都科兴有限公司本月工资的各项资料如下：

（1）本月工资数据。本月工资数据如表 9–1 所示。

**表 9–1 工资数据表**

| 职员姓名 | 基本工资 | 浮动工资 | 津贴 | 加班 | 独补 | 病假 | 事假 | 房租水电 | 医疗保险 | 养老保险 | 工会 |
|---|---|---|---|---|---|---|---|---|---|---|---|
| 张华 | 1800 | 2000 | 600 | 400 | | | | 800 | 36 | 90 | 9 |
| 李萍 | 1400 | 900 | 380 | 320 | 15 | | | 331 | 28 | 67.5 | 7 |
| 王林 | 1200 | 1100 | 360 | 410 | | 90 | | 500 | 24 | 62.5 | 6 |
| 赵立 | 900 | 670 | 240 | 320 | | | 380 | 228 | 18 | 36 | 4 |
| 刘红 | 1250 | 1000 | 250 | 480 | | | | 250 | 30 | 75 | 7 |
| 孙睛 | 1500 | 1600 | 400 | | 15 | | | 327 | 27 | 72.5 | 5 |

（2）工资费用分配。工资费用分配如表 9–2 所示。

**表 9–2　工资费用分配表**

| 分配名称 | 工资分配 | | | |
|---|---|---|---|---|
| 凭证字 | 记 | | | |
| 摘要内容 | 分配工资费用 | | 分配比例 | 100% |
| 部门 | 职员类别 | 工资项目 | 费用科目 | 工资科目 |
| 行政部 | 管理人员 | 应发合计 | 管理费用——工资及福利费 | 应付职工薪酬——工资 |
| 财务部 | 管理人员 | 应发合计 | 管理费用——工资及福利费 | 应付职工薪酬——工资 |
| 销售一部 | 销售人员 | 应发合计 | 销售费用——工资及福利费 | 应付职工薪酬——工资 |
| 销售二部 | 销售人员 | 应发合计 | 销售费用——工资及福利费 | 应付职工薪酬——工资 |
| 生产部 | 生产人员 | 应发合计 | 生产成本——工资及福利费 | 应付职工薪酬——工资 |
| 生产部 | 生产管理人员 | 应发合计 | 制造费用——工资及福利费 | 应付职工薪酬——工资 |

（3）福利费用分配。福利费用分配如表 9–3 所示。

**表 9–3　福利费用分配表**

| 分配名称 | 福利费分配 | | | |
|---|---|---|---|---|
| 凭证字 | 记 | | | |
| 摘要内容 | 计提职工福利费 | | 分配比例 | 14% |
| 部门 | 职员类别 | 工资项目 | 费用科目 | 工资科目 |
| 行政部 | 管理人员 | 应发合计 | 管理费用——工资及福利费 | 应付职工薪酬——福利 |
| 财务部 | 管理人员 | 应发合计 | 管理费用——工资及福利费 | 应付职工薪酬——福利 |
| 销售一部 | 销售人员 | 应发合计 | 销售费用——工资及福利费 | 应付职工薪酬——福利 |
| 销售二部 | 销售人员 | 应发合计 | 销售费用——工资及福利费 | 应付职工薪酬——福利 |
| 生产部 | 生产人员 | 应发合计 | 生产成本——工资及福利费 | 应付职工薪酬——福利 |
| 生产部 | 生产管理人员 | 应发合计 | 制造费用——工资及福利费 | 应付职工薪酬——福利 |

（4）本月人事变动。李萍由行政部转到销售一部。

## 9.3　实训操作

实训操作任务：工资数据录入、计算工资、计算所得税、分配工资费用及福利费用、工资报表处理。

根据实训资料，完成下列操作。

## 9.3.1　工资数据录入

### 9.3.1.1　设置工资数据输入过滤条件

以会计主管“张华”注册登录 K/3 主界面窗口。单击“人力资源”→“工资管理”→“工资业务”，展开“工资业务”的明细功能项目。双击“工资录入”，打开“打开工资类别”对话框。单击“选择”按钮，打开“过滤器”对话框，如图 9–1 所示。

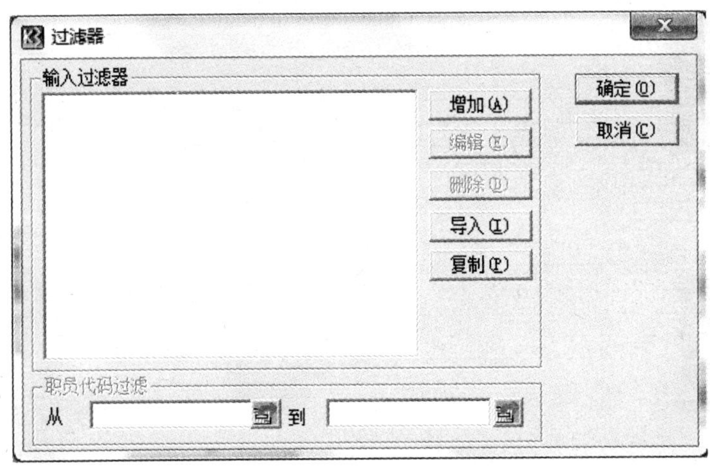


图 9–1　“过滤器”对话框

单击“新增”按钮，打开“定义过滤条件”对话框，如图 9–2 所示。

图 9–2　“定义过滤条件”对话框

在“过滤名称”项输入“全体员工”;“计算公式”选择“计算公式”;“工资项目”选择“职员代码”、“职员姓名”、“部门名称”、“职员类别”、“银行名称”、“个人账号”、“应发合计”、“扣款合计”、“实发合计”、“代扣所得税”、“基本工资”、“浮动工资”、“津贴”、“加班”、“独补”、“病假”、“事假”、“房租水电”、“医疗保险”、“养老保险”、“工会”。单击“确定”按钮，弹出“确定要新增过滤条件［全体员工］数据吗?”的提示。单击“确定”按钮，返回图 9–1“过滤器”对话框。选中“全体员工”，单击“确定”按钮，打开“工资数据录入”窗口，如图 9–3 所示。

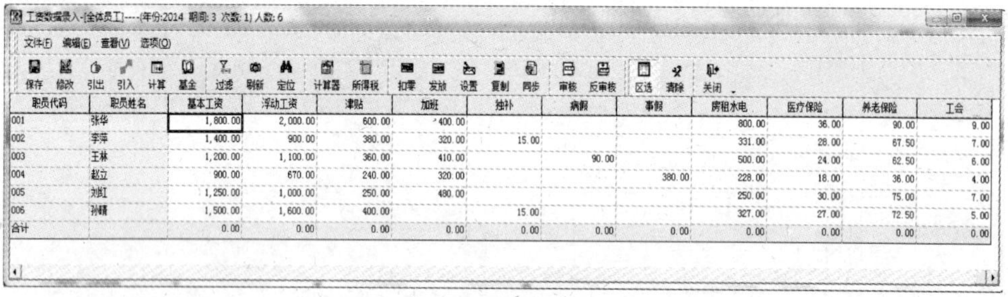

工资数据录入-[全体员工]----(年份:2014 期间:3 次数:1) 人数:6

文件(F) 编辑(E) 查看(V) 选项(O)

保存 修改 引出 引入 计算 基金 过滤 刷新 定位 计算器 所得税 扣零 发放 设置 复制 同步 审核 反审核 区选 清除 关闭

| 职员代码 | 职员姓名 | 基本工资 | 浮动工资 | 津贴 | 加班 | 独补 | 病假 | 事假 | 房租水电 | 医疗保险 | 养老保险 | 工会 |
|---|---|---|---|---|---|---|---|---|---|---|---|---|
| 001 | 张华 | 1,800.00 | 2,000.00 | 600.00 | 400.00 | | | | 800.00 | 36.00 | 90.00 | 9.00 |
| 002 | 李萍 | 1,400.00 | 900.00 | 380.00 | 320.00 | 15.00 | | | 331.00 | 28.00 | 67.50 | 7.00 |
| 003 | 王林 | 1,200.00 | 1,100.00 | 360.00 | 410.00 | | 90.00 | | 500.00 | 24.00 | 62.50 | 6.00 |
| 004 | 赵立 | 900.00 | 670.00 | 240.00 | 320.00 | | | 380.00 | 228.00 | 18.00 | 36.00 | 4.00 |
| 005 | 刘红 | 1,250.00 | 1,000.00 | 250.00 | 480.00 | | | | 250.00 | 30.00 | 75.00 | 7.00 |
| 006 | 孙晴 | 1,500.00 | 1,600.00 | 400.00 | | 15.00 | | | 327.00 | 27.00 | 72.50 | 5.00 |
| 合计 | | 0.00 | 0.00 | 0.00 | 0.00 | 0.00 | 0.00 | 0.00 | 0.00 | 0.00 | 0.00 | 0.00 |

**图 9–3 “工资数据录入”窗口**

#### 9.3.1.2 工资数据录入

根据表 9–1 提供的数据，分别录入“基本工资”、“浮动工资”、“津贴”等项目数据。录入完毕后，单击“保存”按钮。

［提示］①白色的单元格可直接录入，黄色单元格由系统自动计算，无须手工录入，也不允许直接修改数据；②录入整列相同数据时，可利用工具栏中“计算器”帮助录入，无须单个录入；③代扣所得税一项可先空出，不录入数据，待个人所得税计算完成后，可从所得税计算表中引入。

### 9.3.2 计算工资

单击“人力资源”→“工资管理”→“工资业务”，展开“工资业务”的明细功能项目。双击“工资计算”，打开“工资计算”向导，如图 9–4（a）~（c）所示。

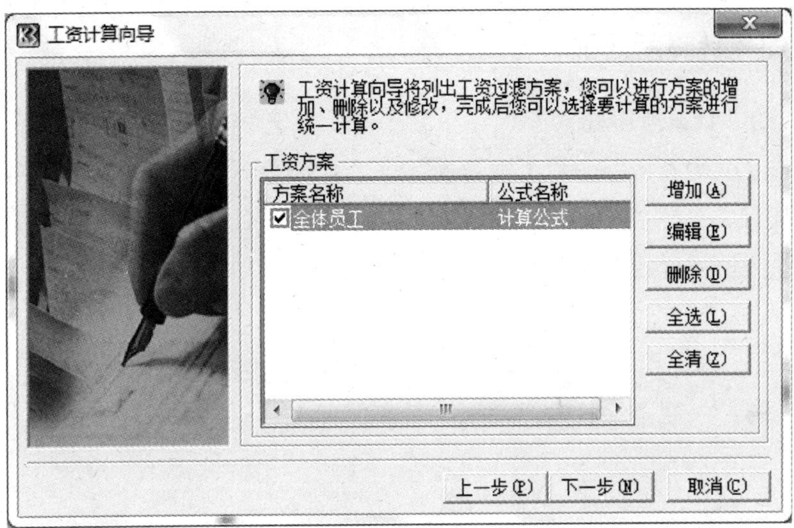


图 9-4（a） “工资计算”向导

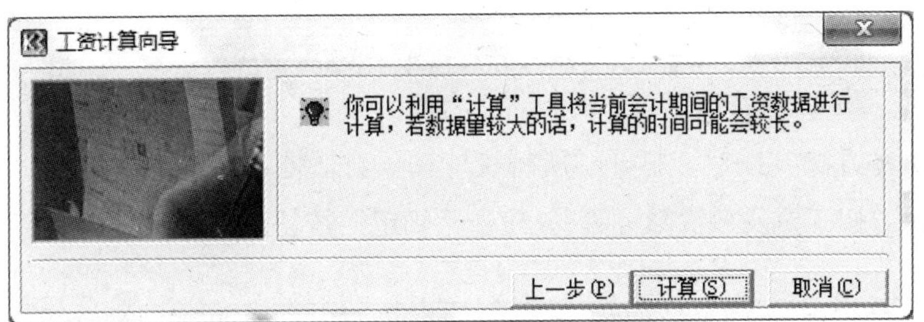


图 9-4（b） “工资计算”向导

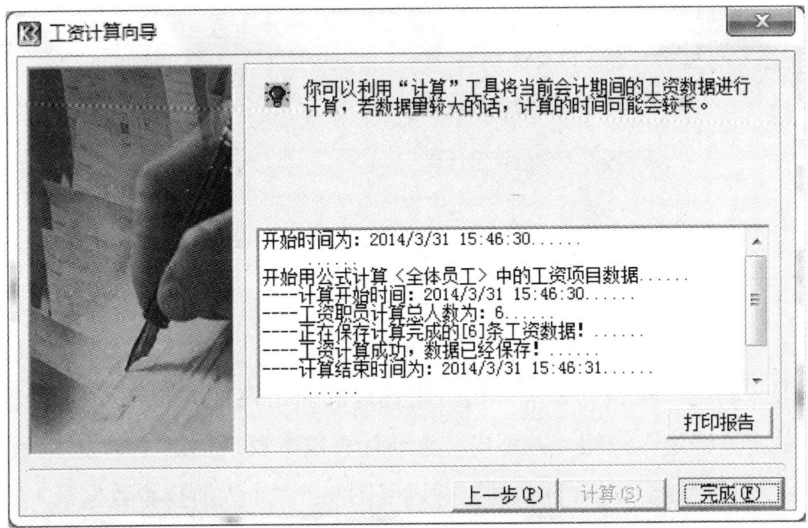


图 9-4（c） “工资计算”向导

## 9.3.3 计算所得税

### 9.3.3.1 计算所得税

单击“人力资源”→“工资管理”→“工资业务”，展开“工资业务”的明细功能项目。双击“所得税计算”，打开“过滤器”对话框。单击“确定”按钮，打开“个人所得税数据录入”窗口，如图 9–5 所示。

个人所得税数据录入-[标准格式] [方法 - 本次]

文件 查看

引出 保存 计税 所得项 税率 设置 方法 过滤 刷新 定位 计算器 锁定列 关闭

| 纳税义务人 | 人民币合计 | 减费用额 | 应纳税所得额 | 税率项目 | 税率项目合计 | 税率计算值 | 税率 | 速算扣除数 | 扣缴所得税额 | 批准 |
|---|---|---|---|---|---|---|---|---|---|---|
| 张华 | 4674.00 | 1600.00 | 3074.00 | 4674.00 | 4674.00 | 3074.00 | 0.15 | 125.00 | 336.10 | |
| 李萍 | 2904.50 | 1600.00 | 1304.50 | 2904.50 | 2904.50 | 1304.50 | 0.10 | 25.00 | 105.45 | |
| 王林 | 2983.50 | 1600.00 | 1383.50 | 2983.50 | 2983.50 | 1383.50 | 0.10 | 25.00 | 113.35 | |
| 赵立 | 2076.00 | 1600.00 | 476.00 | 2076.00 | 2076.00 | 476.00 | 0.05 | 0.00 | 23.80 | |
| 刘红 | 2875.00 | 1600.00 | 1275.00 | 2875.00 | 2875.00 | 1275.00 | 0.10 | 25.00 | 102.50 | |
| 孙晴 | 3400.50 | 1600.00 | 1800.50 | 3400.50 | 3400.50 | 1800.50 | 0.10 | 25.00 | 155.05 | |

图 9–5 “个人所得税数据录入”窗口

单击“方法”按钮，打开“所得税计算”对话框，如图 9–6 所示。“计算方法”选择“按工资发放次数计算”，单击“确定”按钮。

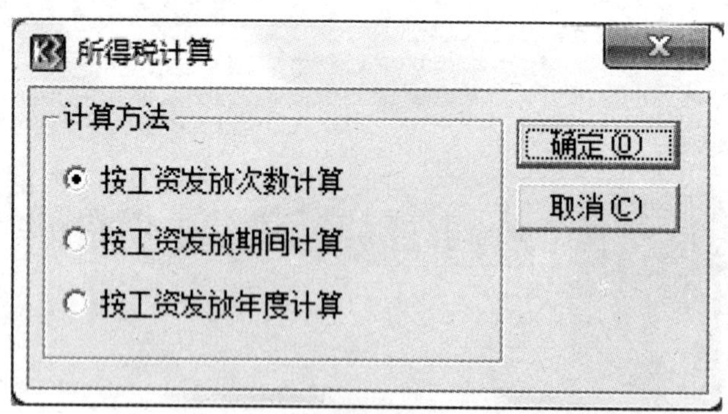


图 9–6 “所得税计算”对话框

单击“设置”按钮，打开“个人所得税初始设置”对话框，如图 9–7 所示。

单击“确定”按钮，系统弹出“用选定的初始设置重新计算工资数据吗？”提示。单击“确定”按钮，并弹出“重新计算税率及纳税额吗？”的提示。单击“确定”按钮，系统开始计算数据，并返回图 9–5“个人所得税数据录入”窗口。单击“保存”按钮，保存当前数据。

图 9-7 “个人所得税初始设置”对话框

#### 9.3.3.2 个人所得税数据引入

单击“人力资源”→“工资管理”→“工资业务”，展开“工资业务”的明细功能项目。双击“工资录入”，打开图 9-3“工资数据录入”窗口。单击“代扣所得税”标题栏，选中“代扣所得税”整列。单击“所得税”按钮，弹出“金蝶提示”，如图 9-8 所示。

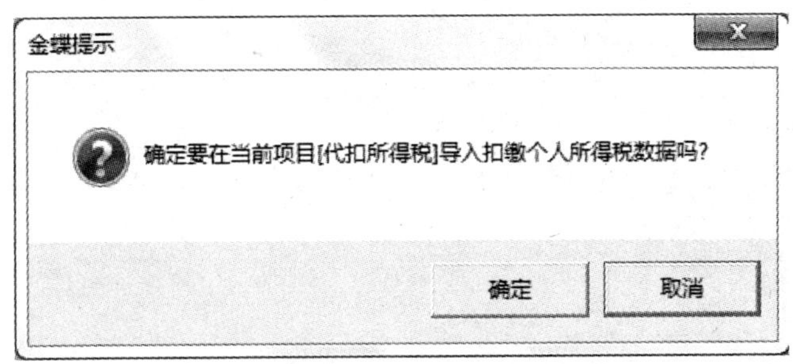


图 9-8 “金蝶提示”

单击“确定”按钮，打开“引入所得税”对话框，如图 9-9 所示。在“引入方式”选中“引入本次所得税”。单击“确定”按钮，引入所得税数据。

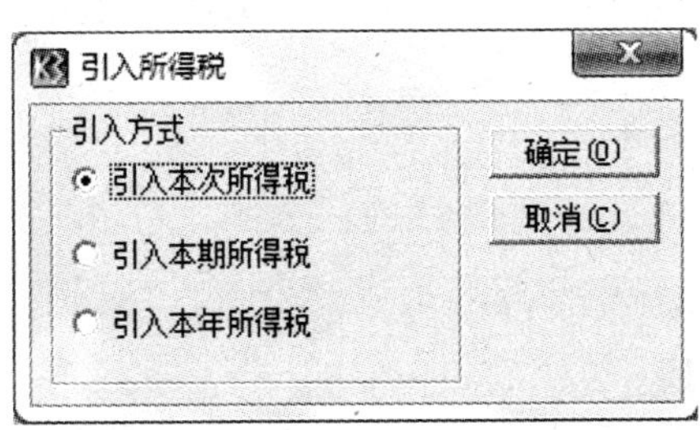


图 9-9 “引入所得税”对话框

### 9.3.4 分配工资费用及福利费用

先增加“销售费用”的二级科目“6601.02——工资及福利费”，增加“应付职工薪酬”的二级科目“2211.01——工资”和“2211.02——福利”。

#### 9.3.4.1 分配工资费用

单击“人力资源”→“工资管理”→“工资业务”，展开“工资业务”的明细功能项目。双击“费用分配”，打开 “费用分配——浏览”对话框。单击“编辑”选项卡，切换到“费用分配——编辑”对话框，如图 9–10 所示。单击“新增”按钮，进入编辑状态。根据表 9–2 福利费用分配表提供的资料，填制如图 9–10 所示 “费用分配——编辑”对话框内容。

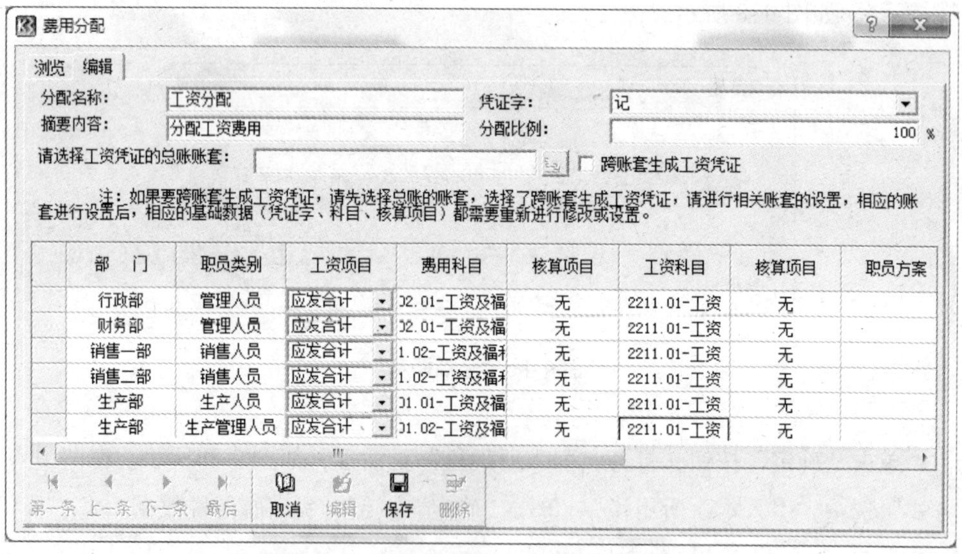


图 9–10 “费用分配——编辑”对话框

#### 9.3.4.2 分配福利费用

在图 9–10“费用分配——编辑”对话框中，单击“新增”按钮，进入编辑状态。根据表 9–3 福利费用分配表提供的资料，填制如图 9–11 所示“费用分配——编辑”对话框内容。

所有内容填制完成后，单击“保存”按钮。

[注意] 福利费用分配的比例为 14%。

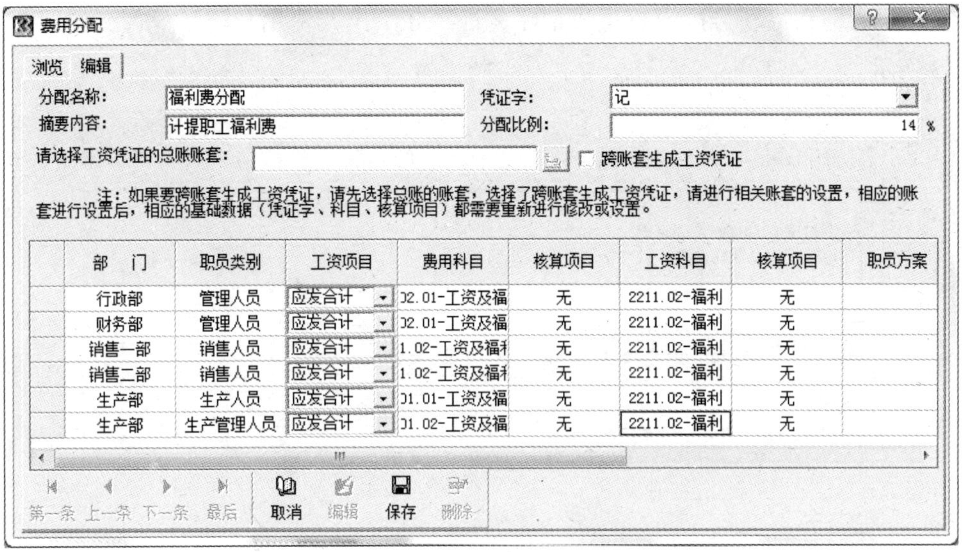

图 9-11　“费用分配——编辑”

### 9.3.4.3　生成记账凭证

工资系统提供了与总账系统的接口，即工资费用分配并生成凭证传到总账系统，而且提供了跨账套生成凭证的功能，即可在一个账套中进行工资核算及发放，而进行费用分配生成凭证时，可生成凭证至其他 K/3 账套中。

在图 9-11“费用分配——编辑”对话框中，单击“浏览”选项卡，切换到“费用分配——浏览”对话框，如图 9-12 所示。

图 9-12　“费用分配——浏览”对话框

“费用分配名称”选中“工资分配”和“福利分配”；其余项按系统默认设置。单击“生成凭证”，系统提示“立即建立凭证吗?”。单击“确定”按钮，系统按照工资和福利分配设置生成记账凭证，并给出“费用分配”报告，如图 9-13 所示。

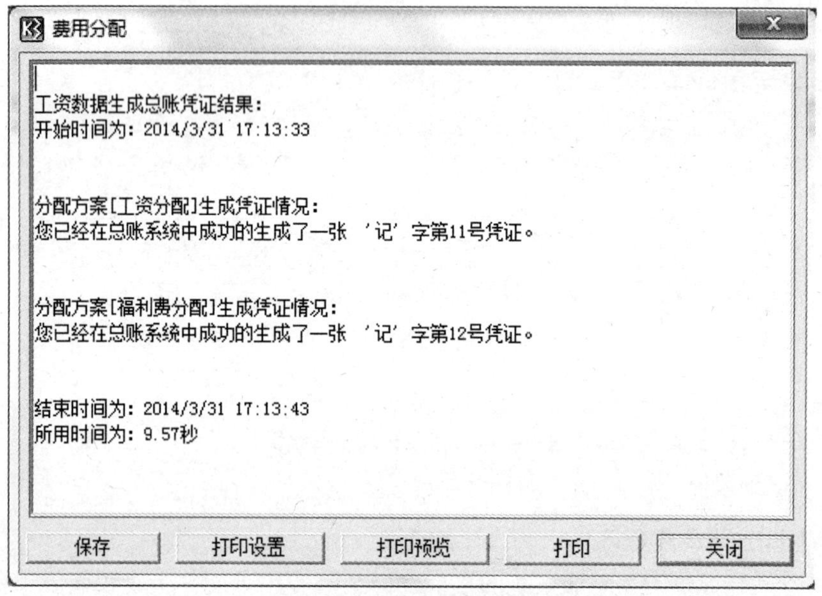


图 9–13 “费用分配”报告

新生成的记账凭证在“工资凭证管理”中可以查看。

#### 9.3.4.4 记账凭证审核、过账

在总账系统中把工资系统生成的记账凭证审核、过账，具体操作方法，请参照实训 4。

### 9.3.5 人事变动

单击“人力资源”→“工资管理”→“人员变动”，展开“人员变动”的明细功能项目。双击“人员变动处理”，打开“职员变动”向导，如图 9–14（a）所示。

单击“新增”按钮，打开“职员”窗口。选中职员“李萍”，单击“选择”按钮，打开“职员变动”向导，如图 9–14（b）所示。

单击“下一步”按钮，打开“职员变动”向导，如图 9–14（c）所示。“变动日期”设置成“2014 年 3 月 31 日”；“职员项目”选择“部门”；“变动参数”选择“销售一部”。单击“完成”按钮，弹出“金蝶提示”对话框，提示“职员变动成功完成!”单击“确定”按钮。

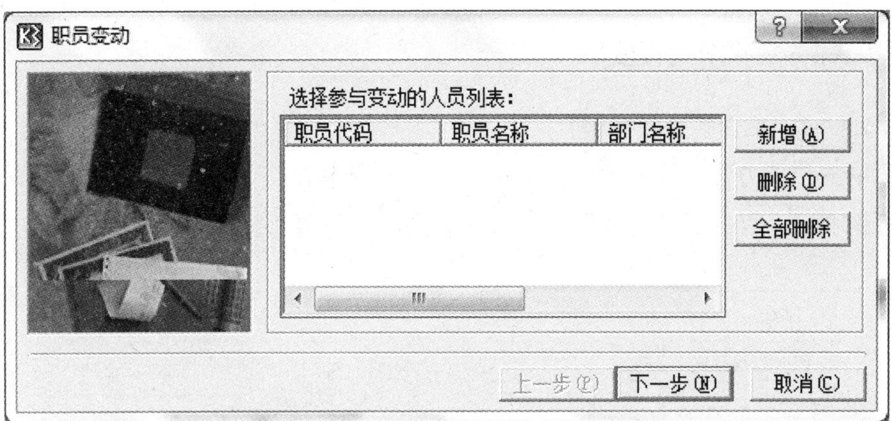


图 9–14（a）“职员变动”对话框

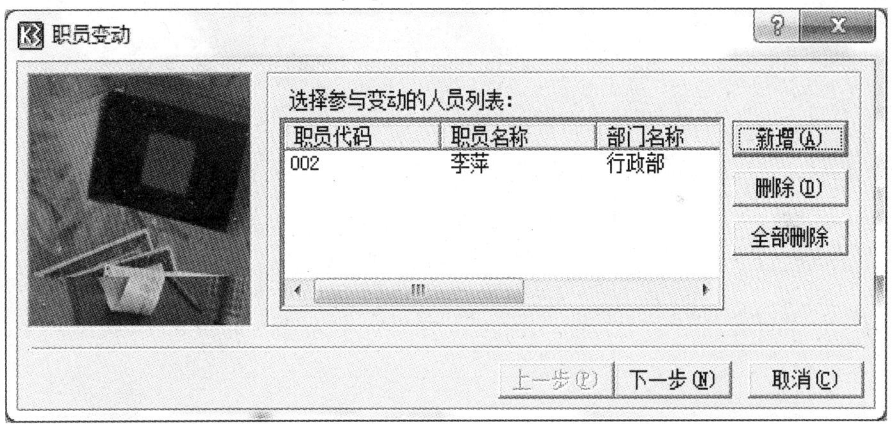


图 9–14（b）“职员变动”向导

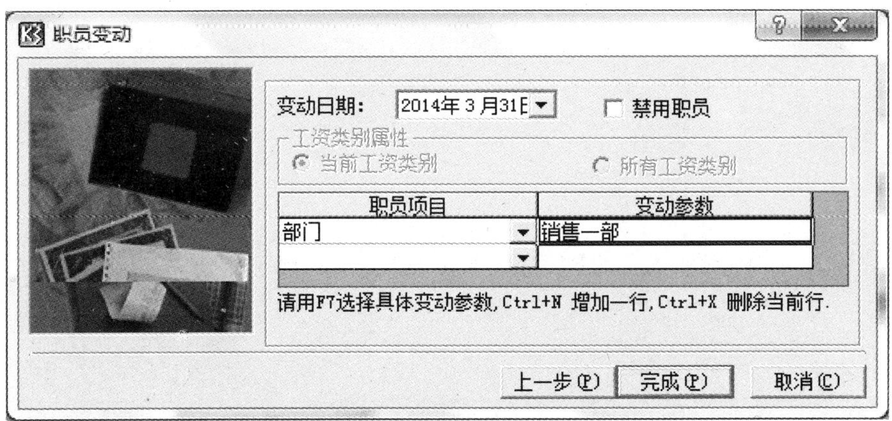


图 9–14（c）“职员变动”向导

## 9.3.6 工资报表处理

### 9.3.6.1 工资条生成打印

单击“人力资源”→“工资管理”→“工资报表”，展开“工资报表”的明细功能项目。双击“工资条”，打开 “过滤器”对话框，如图 9–15 所示。

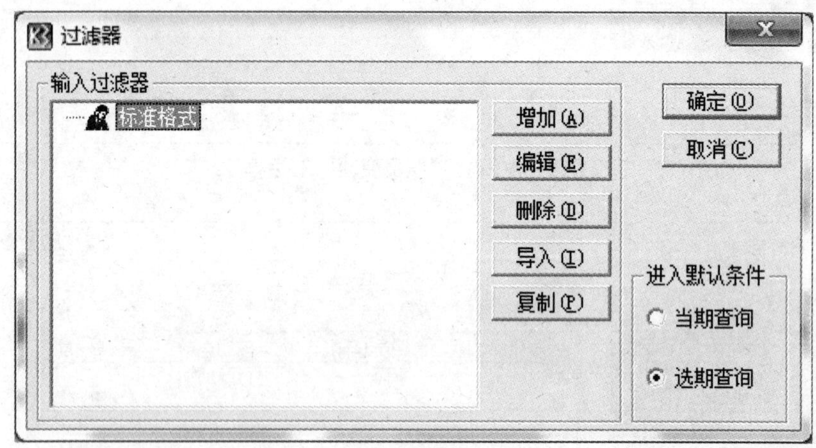


**图 9–15 “过滤器”对话框**

单击“增加”按钮，打开“定义过滤条件”对话框，如图 9–16 所示。

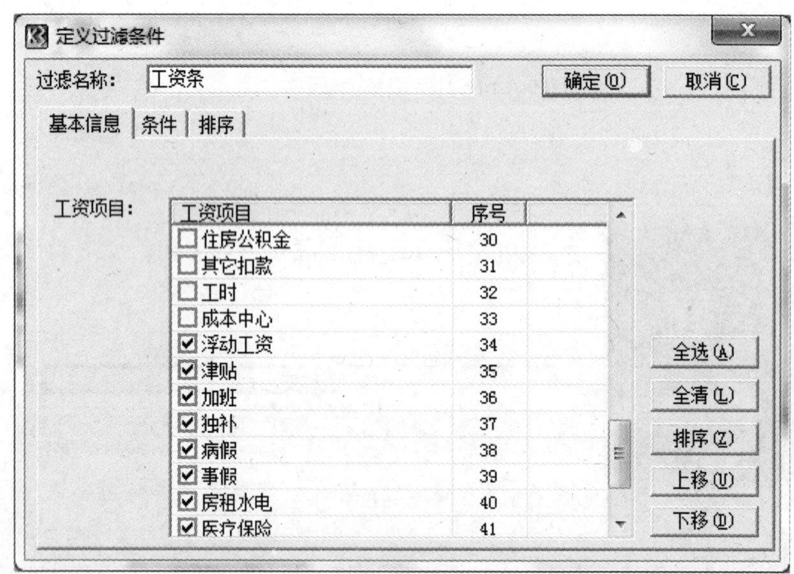


**图 9–16 “定义过滤条件”对话框**

在“过滤名称”项输入“工资条”；“基本信息”选项卡中的“工资项目”选中“职员代码”、“职员姓名”、“部门名称”、“职员类别”、“应发合计”、“扣款合计”、“实发合计”、“代扣所得税”、“基本工资”、“浮动工资”、“津贴”、“加班”、“独补”、“病假”、“事假”、“房租水电”、“医疗保险”、“养老保险”、“工会”。单击“确定”按钮，弹出“确定要新增过滤条件［工资条］数据吗?”提示。单击“确定”按钮，返回图 9–15“过滤器”对话框。选中“工资条”过滤条件，单击“确定”按钮，打开“工资条打印”对话框，如图 9–17 所示。在“工资条打印”对话框中，用户可以自定义设置字体、显示、打印数据等，设置完成后可以单击“打印预览”查看设置效果。

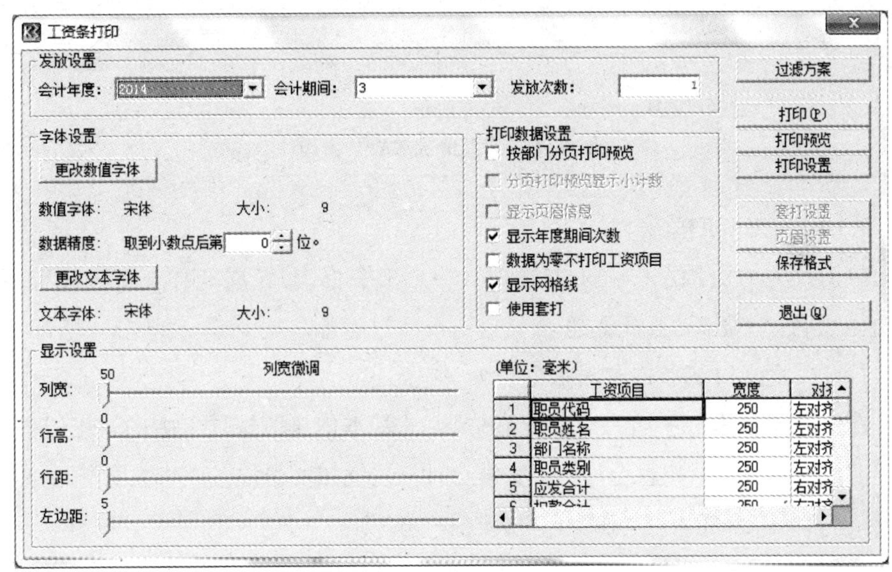


图 9–17　“工资条打印”对话框

### 9.3.6.2　工资发放表

单击“人力资源”→“工资管理”→“工资报表”，展开“工资报表”的明细功能项目。双击“工资发放表”，打开“过滤器”对话框，单击“增加”按钮，打开“定义过滤条件”对话框。

在“过滤名称”项输入“工资发放”；“基本信息”选项卡中的“工资项目”选中“职员代码”、“职员姓名”、“部门名称”、“职员类别”、“应发合计”、“扣款合计”、“实发合计”、“代扣所得税”、“基本工资”、“浮动工资”、“津贴”、“加班”、“独补”、“病假”、“事假”、“房租水电”、“医疗保险”、“养老保险”、“工会”。单击“确定”按钮，弹出“确定要新增过滤条件［工资发放］数据吗?”提示。单击“确定”按钮，返回“过滤器”对话框。选中“工资发放”过滤条件，单击“确定”按钮，再单击“刷新”按钮，显示数据，如图 9–18 所示。

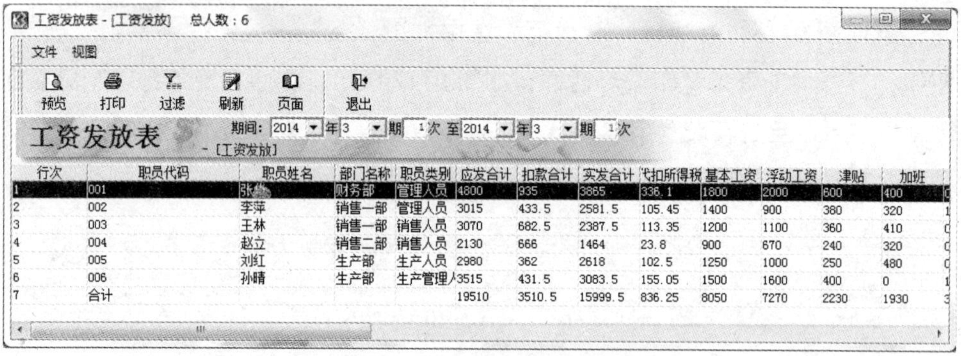

工资发放表 - [工资发放]　总人数：6

文件　视图

预览　打印　过滤　刷新　页面　退出

工资发放表 - [工资发放]　期间：2014 年 3 期 1 次 至 2014 年 3 期 1 次

| 行次 | 职员代码 | 职员姓名 | 部门名称 | 职员类别 | 应发合计 | 扣款合计 | 实发合计 | 代扣所得税 | 基本工资 | 浮动工资 | 津贴 | 加班 |
|---|---|---|---|---|---|---|---|---|---|---|---|---|
| 1 | 001 | 张[illegible] | 财务部 | 管理人员 | 4800 | 935 | 3865 | 336.1 | 1800 | 2000 | 600 | 400 |
| 2 | 002 | 李萍 | 销售一部 | 管理人员 | 3015 | 433.5 | 2581.5 | 105.45 | 1400 | 900 | 380 | 320 |
| 3 | 003 | 王林 | 销售一部 | 销售人员 | 3070 | 682.5 | 2387.5 | 113.35 | 1200 | 1100 | 360 | 410 |
| 4 | 004 | 赵立 | 销售二部 | 销售人员 | 2130 | 666 | 1464 | 23.8 | 900 | 670 | 240 | 320 |
| 5 | 005 | 刘红 | 生产部 | 生产人员 | 2980 | 362 | 2618 | 102.5 | 1250 | 1000 | 250 | 480 |
| 6 | 006 | 孙晴 | 生产部 | 生产管理人 | 3515 | 431.5 | 3083.5 | 155.05 | 1500 | 1600 | 400 | 0 |
| 7 | 合计 | | | | 19510 | 3510.5 | 15999.5 | 836.25 | 8050 | 7270 | 2230 | 1930 |

**图 9–18 “工资发放表”窗口**

#### 9.3.6.3 工资汇总表

单击“人力资源”→“工资管理”→“工资报表”，展开“工资报表”的明细功能项目。双击“工资汇总表”，打开 “过滤器”对话框，单击“增加”按钮，打开“定义过滤条件”对话框。

在“过滤名称”项输入“工资汇总”；“基本信息”选项卡中的“工资项目”选中“应发合计”、“扣款合计”、“实发合计”、“代扣所得税”、“基本工资”、“浮动工资”、“津贴”、“加班”、“独补”、“病假”、“事假”、“房租水电”、“医疗保险”、“养老保险”、“工会”。单击“确定”按钮，弹出“确定要新增过滤条件［工资汇总］数据吗?”提示。单击“确定”按钮，返回 “过滤器”对话框。选中“工资汇总”过滤条件，单击“确定”按钮，打开“工资汇总表”窗口，单击“刷新”按钮，再单击“部门分级”按钮，显示数据，如图 9–19 所示。

另外，还可以按成本中心分级、汇总、职员、人均等项目汇总统计。

#### 9.3.6.4 银行代发表

单击“人力资源”→“工资管理”→“工资报表”，展开“工资报表”的明细功能项目。双击“银行代发表”，打开“过滤器”对话框，单击“增加”按钮，打开“定义过滤条件”对话框。

| 部门代码 | 部门 | 人数 | 应发合计 | 扣款合计 | 实发合计 | 代扣所得税 | 基本工资 | 浮动工资 | 津贴 | 加班 | 独补 |
|---|---|---|---|---|---|---|---|---|---|---|---|
| 01 | 财务部 | 1 | 4800 | 935 | 3865 | 336.1 | 1800 | 2000 | 600 | 400 | 0 |
| 03 | 销售部 | 3 | 8215 | 1782 | 6433 | 242.6 | 3500 | 2670 | 980 | 1050 | 15 |
| 03.01 | 销售一部 | 2 | 6085 | 1116 | 4969 | 218.8 | 2600 | 2000 | 740 | 730 | 15 |
| 03.02 | 销售二部 | 1 | 2130 | 666 | 1464 | 23.8 | 900 | 670 | 240 | 320 | 0 |
| 04 | 生产部 | 2 | 6495 | 793.5 | 5701.5 | 257.55 | 2750 | 2600 | 650 | 480 | 15 |
|  | 合计 | 6 | 19510 | 3510.5 | 15999.5 | 836.25 | 8050 | 7270 | 2230 | 1930 | 30 |

图 9–19　“工资汇总表”窗口

在“过滤名称”项输入“银行代发表”；“基本信息”选项卡中的“工资项目”选中“职员代码”、“职员姓名”、“部门名称”、“职员类别”、“银行名称”、“个人账号”、“应发合计”、“扣款合计”、“实发合计”、“代扣所得税”、“基本工资”、“浮动工资”、“津贴”、“加班”、“独补”、“病假”、“事假”、“房租水电”、“医疗保险”、“养老保险”、“工会”。单击“确定”按钮，弹出“确定要新增过滤条件［银行代发表］数据吗？”提示。单击“确定”按钮，返回“过滤器”对话框。选中“银行代发表”过滤条件，单击“确定”按钮，打开“银行代发表”窗口，单击“刷新”按钮，显示数据，如图 9–20 所示。

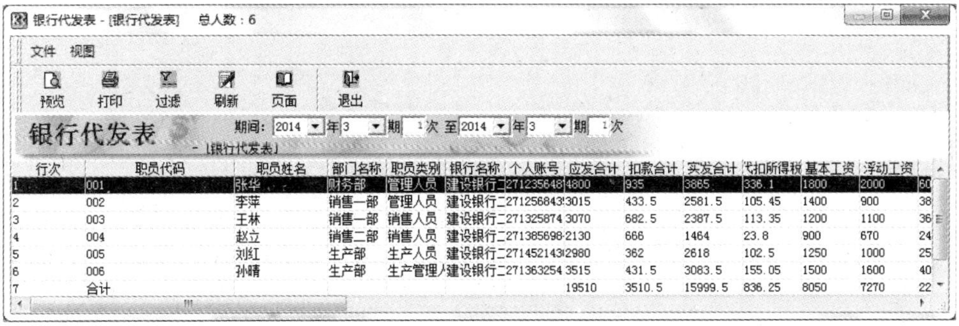

| 行次 | 职员代码 | 职员姓名 | 部门名称 | 职员类别 | 银行名称 | 个人账号 | 应发合计 | 扣款合计 | 实发合计 | 代扣所得税 | 基本工资 | 浮动工资 |
|---|---|---|---|---|---|---|---|---|---|---|---|---|
| 1 | 001 | 张华 | 财务部 | 管理人员 | 建设银行二 | 271235648 | 4800 | 935 | 3865 | 336.1 | 1800 | 2000 |
| 2 | 002 | 李萍 | 销售一部 | 管理人员 | 建设银行二 | 271256843 | 3015 | 433.5 | 2581.5 | 105.45 | 1400 | 900 |
| 3 | 003 | 王林 | 销售一部 | 销售人员 | 建设银行二 | 271325874 | 3070 | 682.5 | 2387.5 | 113.35 | 1200 | 1100 |
| 4 | 004 | 赵立 | 销售二部 | 销售人员 | 建设银行二 | 271385698 | 2130 | 666 | 1464 | 23.8 | 900 | 670 |
| 5 | 005 | 刘红 | 生产部 | 生产人员 | 建设银行二 | 271452143 | 2980 | 362 | 2618 | 102.5 | 1250 | 1000 |
| 6 | 006 | 孙晴 | 生产部 | 生产管理人 | 建设银行二 | 271363254 | 3515 | 431.5 | 3083.5 | 155.05 | 1500 | 1600 |
| 7 | 合计 |  |  |  |  |  | 19510 | 3510.5 | 15999.5 | 836.25 | 8050 | 7270 |

图 9–20　“银行代发表”窗口

#### 9.3.6.5　其他表

自行练习“工资统计表”、“职员台账表”、“个人所得税报表”等报表的生成查询。

# 9.4 实训思考

（1）简述企业工资核算、发放、记账的过程。

（2）简述企业员工工资的构成，哪些是固定工资，哪些是变动工资？

（3）如何计算员工工资和个人所得税？

（4）如何进行工资费用及福利费用的分配？

（5）如何生成工资表和工资条？

# 实训 10　应收款初始设置

## 10.1　实训目的

通过本实训，使学生充分理解金蝶 K/3 应收款系统初始化的原理，掌握应收款系统初始化的基本操作方法，重点理解应收款系统初始设置、期初余额录入等。

## 10.2　实训资料

成都科兴有限公司工资基础设置的各项资料如下：

（1）系统参数。系统参数如表 10–1 所示。

**表 10–1　系统参数表**

| 坏账计提方法 | 坏账损失科目 | 坏账准备科目 | 计提坏账科目 | 计提比例 | 其他参数 |
| --- | --- | --- | --- | --- | --- |
| 备抵法当中的应收账款百分比法 | 管理费用——坏账损失 | 坏账准备 | 应收账款 | 0.5% | 单据审核人与制单人可同为一人 |

（2）应收账款期初余额。应收账款期初余额如表 10–2 所示。

表 10–2　应收账款期初余额表

| 客户职员 | 单据类型 | 日期 | 部门 | 业务员 | 事由 | 往来科目 | 发生额 | 商品 | 数量 | 单价 | 应收日期 |
|---|---|---|---|---|---|---|---|---|---|---|---|
| 长城公司 | 增值发票 | 2014.1.23 | 销售一部 | 王林 | 销售 | 应收账款 | 52650 | A 产品<br>B 产品 | 50<br>100 | 500<br>200 | 2014.3.5 |
| | 应收单 | 2014.2.12 | 销售二部 | 赵立 | 借款 | 应收账款 | 35000 | | | | 2014.3.12 |
| 宏基公司 | 销售发票 | 2014.2.25 | 销售二部 | 赵立 | 赊销 | 应收账款 | 50000 | A 产品 | 100 | 500 | 2014.5.15 |
| | 商业承兑汇票 | 2014.2.9 | 销售一部 | 王林 | 销售 | 应收票据 | 20000 | A 产品 | | | 2014.6.9 |
| 张华 | 应收单 | 2014.1.8 | | | 职员借款 | 其他应收款 | 5000 | | | | 2014.3.8 |
| 天达公司 | 期初坏账 | 2014.7.2 | 销售一部 | 王林 | 逾期未还 | | 5000 | | | | |

# 10.3　实训操作

实训操作任务：初始设置、录入期初余额、结束初始设置。

根据实训资料，完成下列操作。

## 10.3.1　初始设置

以会计主管“张华”注册登录 K/3 主界面窗口。单击“系统设置”→“系统设置”→“应收款管理”，展开“应收款管理”的明细功能项目。双击“系统参数”，打开“系统参数——基本信息”对话框，单击“坏账计提方法”选项卡，切换到“系统参数——坏账计提方法”对话框，如图 10–1 所示。

根据表 10–1 提供的资料设置“系统参数——坏账计提方法”对话框的内容。“计提方法”选中“备抵法”；“备抵法选项”选中“应收账款百分比法”；“坏账损失科目代码”选择“6602.04（管理费用——坏账损失）”（如果没有该科目，先增加该科目）；“坏账准备科目代码”选择“1231（坏账准备）”；“计提坏账科目”选择“应收账款”，“借贷方向”选择“借”，“计提比例”设置为“0.50”。单击“科目设置”选项卡，切换到“系统参数——科目设置”对话框，如图 10–2 所示。

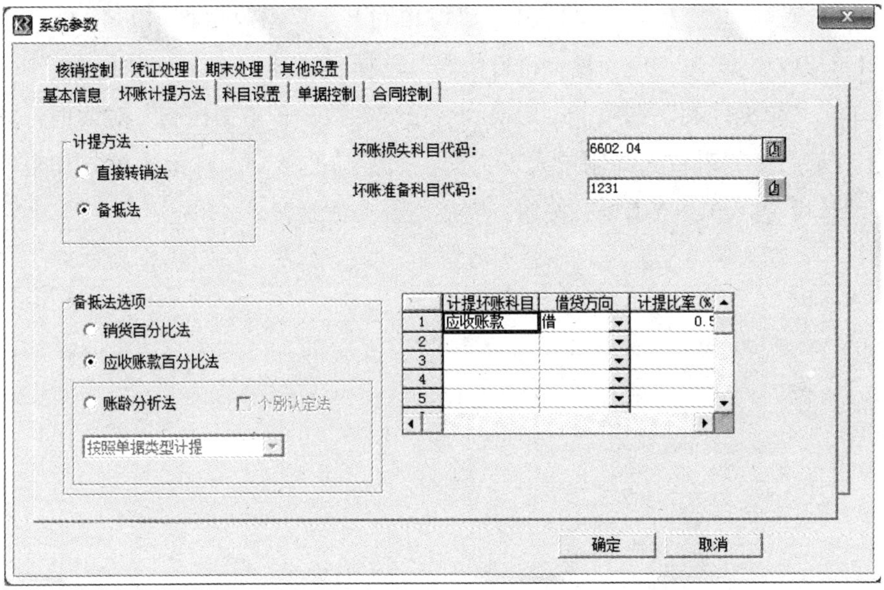

图 10-1 “系统参数——坏账计提方法”对话框

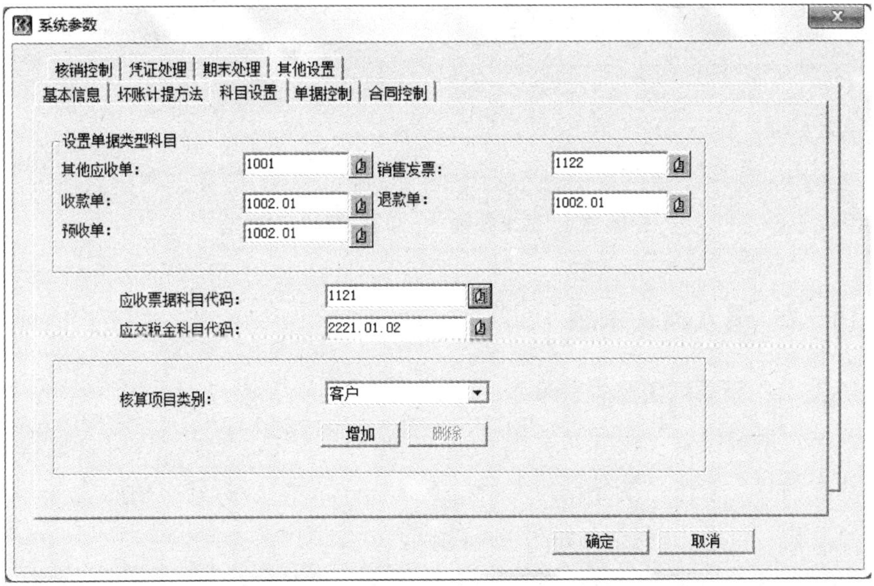

图 10-2 “系统参数——科目设置”对话框

“其他应收单”选择“1001（库存现金）”，并在修改项中设置“库存现金”科目的受控系统为“应收应付”；“销售发票”选择“1122（应收账款）”，并设置“应收账款”和“其他应收款”科目的受控系统为“应收应付”；“收款单”、“预售单”和“退款单”选择“1002.01（建设银行）”；“应收票据科目代码”选择“1121（应收票据）”；“应交税金科目代码”选择“2221.01.02（销项税额）”。

单击“单据控制”选项卡，切换到“系统参数——单据控制”对话框，如图10–3所示。将“审核人与制单人不为同一人”前的“√”标记去掉，其余项按系统默认设置。单击“确定”按钮，完成系统参数设置。

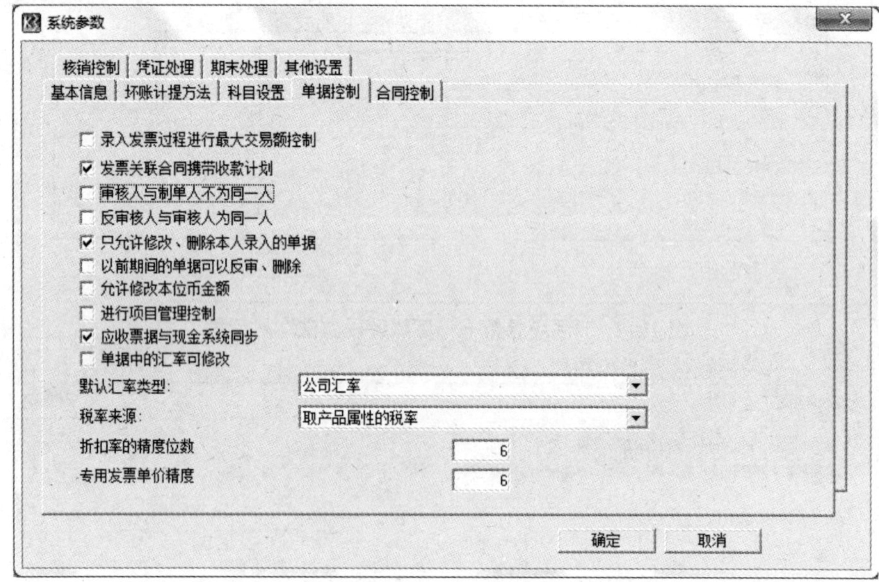


图 10–3 “系统参数——单据控制”对话框

## 10.3.2 录入期初余额

### 10.3.2.1 销售增值税发票录入

单击“系统设置”→“初始化”→“应收款管理”，展开“应收款管理”的明细功能项目。双击“初始销售增值税发票——新增”，打开“初始化——销售增值税发票［新增］”窗口，如图10–4所示。

根据表10–2提供的资料，填制“初始化——销售增值税发票［新增］”窗口的内容。将“录入产品明细”打上“√”标记；“单据日期”和“财务日期”设置成“2014–01–23”；“核算项目”选择“长城公司”；“往来科目”选择“应收账款”；“摘要”录入“销售商品”；在商品明细表里，只需录入“产品代码”、“数量”和“单价”即可，系统自动计算税金及总价；“应收日期”设置成“2014–03–

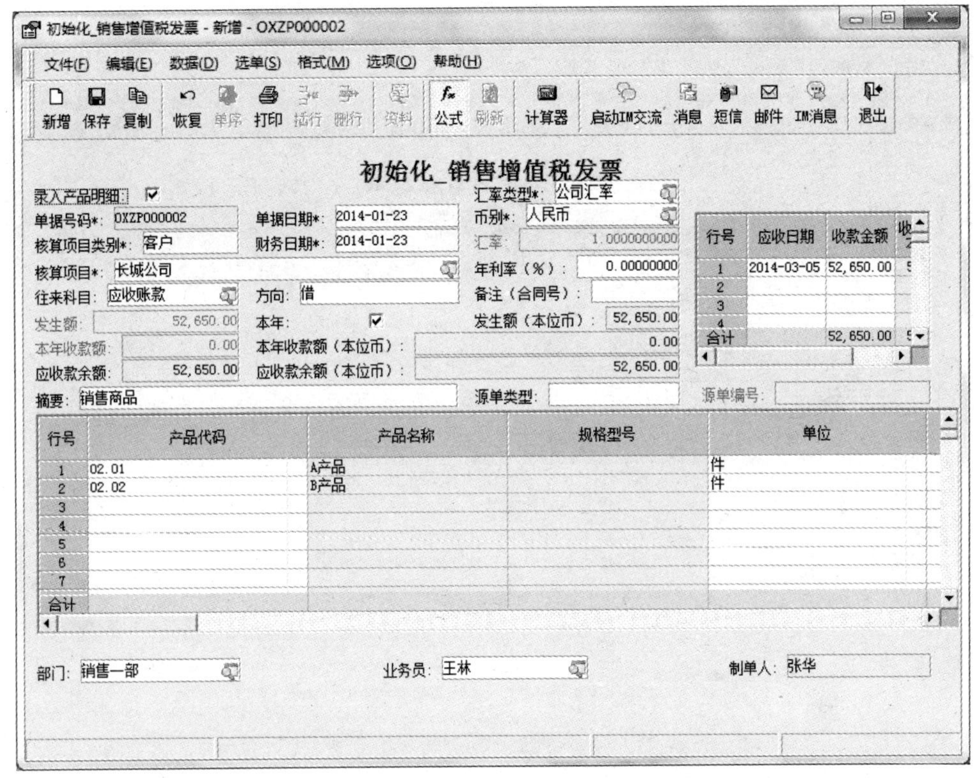

图 10-4　“初始化——销售增值税发票——新增”窗口

05”;“部门”选择“销售一部”;“业务员”选择“王林”；其余项按系统默认设置。单击“保存”按钮。

#### 10.3.2.2　销售普通发票录入

单击“系统设置”→“初始化”→“应收款管理”，展开“应收款管理”的明细功能项目。双击“初始销售普通发票——新增”，打开“初始化——销售普通发票［新增］”窗口，如图 10-5 所示。

根据表 10-2 提供的资料，填制“初始化——销售增值税发票［新增］”窗口的内容。将“录入产品明细”打上“√”标记;“单据日期”和“财务日期”设置成“2014-02-25”；“核算项目”选择“宏基公司”；“往来科目”选择“应收账款”;“摘要”录入“销售商品”；在商品明细表里，只需录入“产品代码”、“数量”和“单价”即可，系统自动计算税金及总价；“应收日期”设置成“2014-05-15”；“部门”选择“销售二部”；“业务员”选择“赵立”；其余项按系统默认设置。单击“保存”按钮。

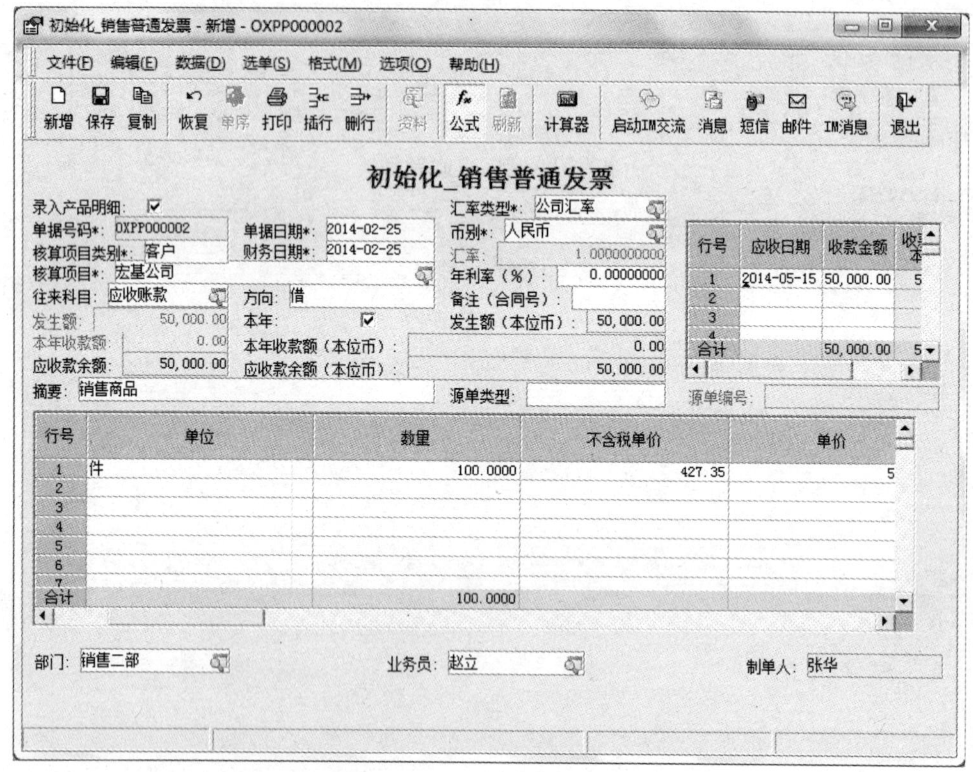

图 10–5 “初始化——销售普通发票 [新增]” 窗口

### 10.3.2.3 其他收款单录入

单击“系统设置”→“初始化”→“应收款管理”，展开“应收款管理”的明细功能项目。双击“初始其他应收单——新增”，打开“初始化——其他应收单［新增］”窗口，如图 10–6 所示。

根据表 10–2 提供的资料，填制“初始化——其他应收单［新增］”窗口的内容。“单据日期”和“财务日期”设置成“2014–02–12”；“核算项目”选择“长城公司”；“往来科目”选择“应收账款”；“摘要”录入“借款”；在业务明细表里，只需录入“发生额”和“应收款余额”金额“35000.00”；系统自动计算其他项；“应收日期”设置成“2014–03–12”；“部门”选择“销售二部”；“业务员”选择“赵立”；其余项按系统默认设置。单击“保存”按钮。

［提示］在录入职员借款时，“核算项目类别”选择“职员”，“往来科目”选择“其他应收款——职员”。

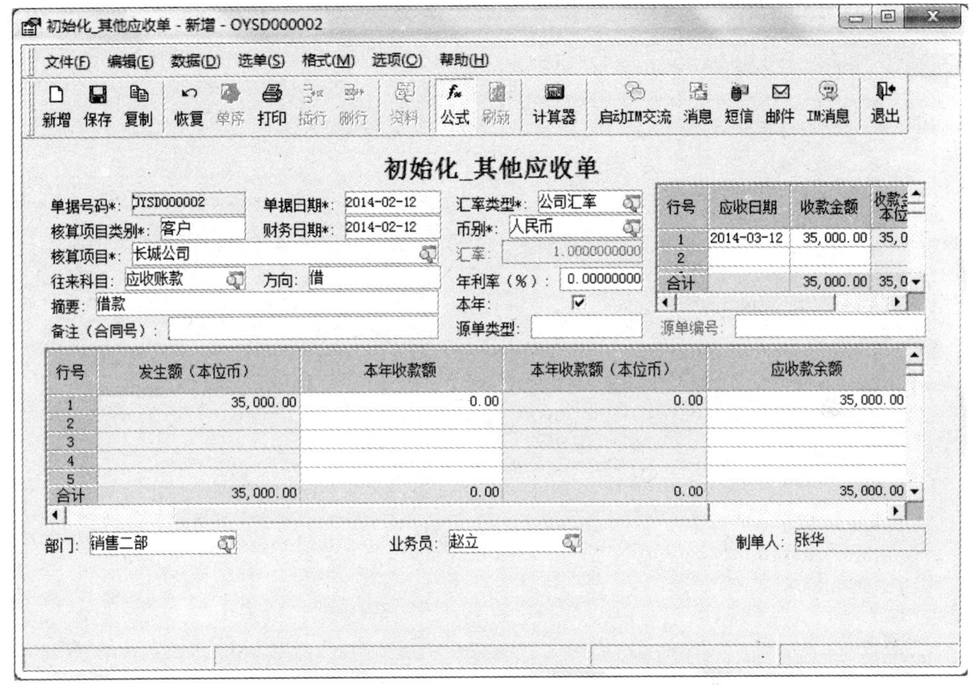


图 10–6　“初始化——其他应收单［新增］”窗口

#### 10.3.2.4　应收票据录入

单击“系统设置”→“初始化”→“应收款管理”，展开“应收款管理”的明细功能项目。双击“初始应收票据——新增”，打开“初始化——应收票据［新增］”窗口，如图 10–7 所示。

根据表 10 2 提供的资料，填制“初始化——应收票据［新增］”窗口的内容。“票据类型”选择“商业承兑汇票”；“核算项目类型”选择“客户”；“核算项目”选择“宏基公司”；“签发日期”和“财务日期”设置成“2014–02–09”；“到期日期”设置成“2014–06–09”；“票面金额”录入“20000.00”；“摘要”录入“销售 A 产品”；“部门”选择“销售一部”；“业务员”选择“王林”；其余项按系统默认设置。单击“保存”按钮。

#### 10.3.2.5　期初坏账录入

单击“系统设置”→“初始化”→“应收款管理”，展开“应收款管理”的明细功能项目。双击“初始数据录入——期初坏账”，打开“过滤条件”对话框，单击“确定”按钮，进入“期初坏账”窗口，单击“新增”按钮，打开“期初坏

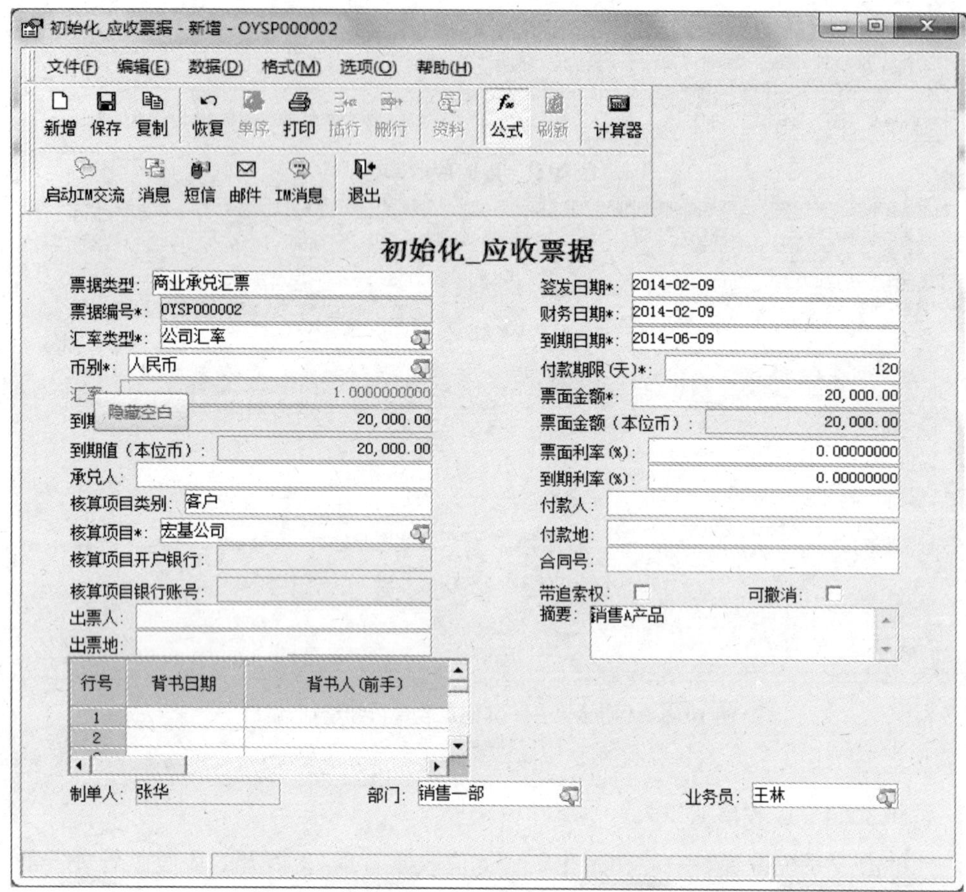


图 10–7 “初始化——应收票据——新增”窗口

账录入”对话框，如图 10–8 所示。

期初坏账录入

期初坏账

核算项目类别: 客户
核算项目名称: 天达公司
部门: 销售一部
业务员: 王林
坏账原因: 逾期未还
坏账日期: 2012年7月2日
汇率类型: 公司汇率
币别: 人民币
汇率: 1
金额: 5000.00
存盘 关闭

图 10–8 “期初坏账录入”对话框

根据表 10–2 提供的资料，填制“期初坏账录入”对话框的内容。“核算项目类别”选择“客户”；“坏账日期”设置成“2012-07-02”；“核算项目名称”选择“天达公司”；“部门”选择“销售一部”；“业务员”选择“王林”；“金额”录入“5000.00”；“坏账原因”录入“逾期未还”；其余项按系统默认设置。单击“存盘”按钮。

### 10.3.3　结束初始设置

单击“财务会计”→“应收款管理”→“初始化”，展开“初始化”的明细功能项目。双击“结束初始化”，弹出“金蝶提示”对话框，提示“结束初始化之前，是否查看初始化检查的结果吗?”，单击“是”按钮，系统提示“初始化检查已通过”，单击“确定”按钮，系统提示“是否需要初始化对账?”，单击“否”按钮，系统提示“系统成功启用”，单击“确定”按钮，开始启用应收款管理系统。

[提示] 结束初始化工作后，系统基础资料不能修改。若要修改，必须先进行反初始化操作。反初始化操作方法和结束初始化操作方法相似。

## 10.4　实训思考

(1) 如何启用应收款系统?

(2) 简述应收款系统初始设置的内容。

(3) 如何录入期初余额? 如何和总账系统中的应收账款科目对账?

# 实训 11　应收款业务处理

## 11.1　实训目的

通过本实训，使学生充分理解金蝶 K/3 应收款管理系统日常业务处理和期末业务处理的原理，掌握应收款管理系统日常业务处理和期末业务处理的基本操作方法，重点掌握各种单据的新增、坏账的处理、坏账准备的计提、往来款项的核销等。

## 11.2　实训资料

### 11.2.1　背景资料

成都科兴有限公司 2014 年 3 月发生的部分经济业务如下：

（1）5 日，销售一部王林赊销一批 A 产品给天达公司，数量 100 件，含税单价 200 元/件，增值税率 17%，预计收款日期 4 月 5 日。部门是销售一部，业务员是王林。

（2）5 日，收到长城实业签发并承兑的不带息商业承兑汇票一张，抵销本年 1 月 23 日的应收账款，到期日是 4 月 20 日，票面金额为 52650 元。

（3）8 日，职员张华还来本年 1 月 8 日的个人借款 5000 元，结算方式为现金。

(4) 9 日，将本年 2 月 9 日宏基公司签发并承兑的商业汇票拿到建设银行贴现，贴现率 3%，手续费 10 元。结算科目为“银行存款——建设银行”。

(5) 10 日，销售二部赵立赊销一批产品给长海公司，其中 A 产品数量 50 件，不含税单价 250 元/件，B 产品数量 100 件，不含税单价 500 元/件，增值税率 17%。价税合计为 73125 元，发票号 325641，计划本月 20 日收回货款。

(6) 15 日，职员李萍因私向公司借款 5000 元，预计 5 月 15 日归还。

(7) 15 日，收到天达公司本月 5 日所欠货款，结算方式为支票，部门是销售一部，业务员是王林。

(8) 20 日，收到长海公司还来前欠货款 73125 元，结算方式为电汇，部门是销售二部，业务员为赵立。

### 11.2.2 坏账情况

(1) 26 日，销售一部王林收回天达公司初始坏账 5000 元当中的 3000 元。结算方式为现金。

(2) 31 日，将长城公司逾期未还，且明显无法收回的欠款 35000 元中的 10000 元列为坏账。

## 11.3 实训操作

实训操作内容：各种单据的编制、坏账处理、核销往来业务、分析账表。

根据实训资料，完成下列操作。

### 11.3.1 各种单据的制作

以会计主管“张华”注册登录 K/3 主界面窗口。单击“财务会计”→“应收款管理”→“发票处理”，展开“发票处理”的明细功能项目。

#### 11.3.1.1 新增增值税发票

双击“销售增值税发票——新增”，打开“销售增值税发票——新增”窗口，如图 11-1 所示。

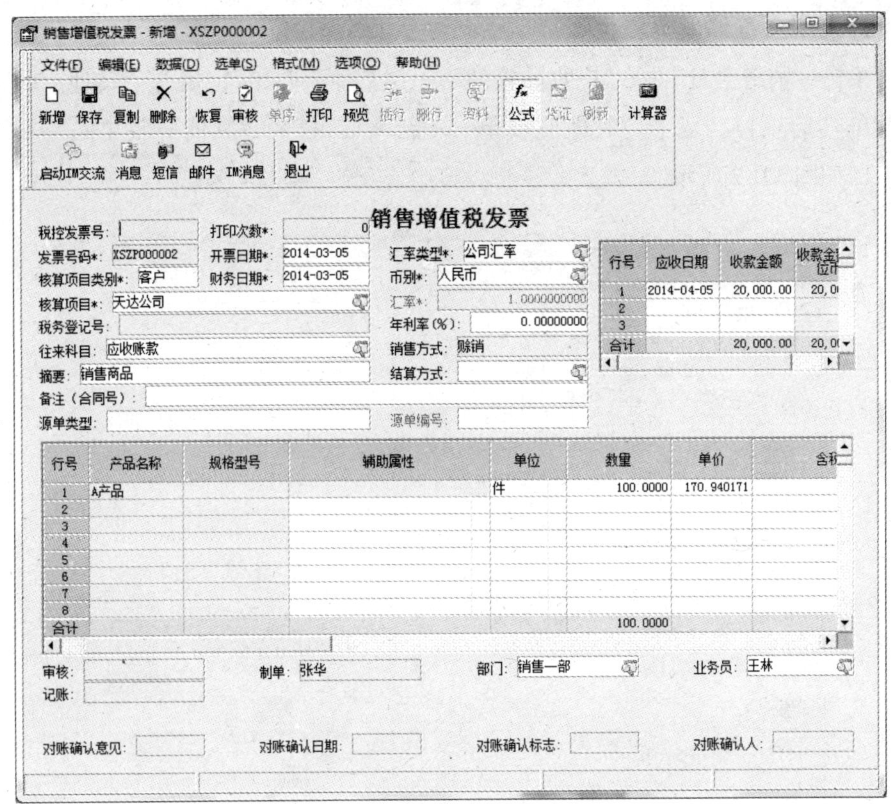

图 11-1　“销售增值税发票——新增”窗口

根据 11.2.1 实训资料业务（1），填制“销售增值税发票——新增”窗口的内容。“单据日期”和“财务日期”设置成“2014-03-05”；“核算项目”选择“天达公司”；“往来科目”选择“应收账款”；“摘要”录入“销售商品”；在商品明细表里，“产品代码”栏选择“02.01”，系统自动填制“产品名称”、“规格”、“单位”等商品信息；“数量”栏录入“100”，“含税单价”栏录入“200.00”，系统自动计算税金及总价等栏目的金额；“应收日期”设置成“2014-04-05”；“部门”选择“销售一部”；“业务员”选择“王林”；其余项按系统默认设置。单击“保存”按钮，再单击“审核”按钮，生成业务 11.2.1（1）的销售增值税发票。

单击“新增”按钮，用同样方法制作业务（5）的销售增值税发票。

［提示］①“发票号码”由系统自动编号；②商品的单价分为“单价”和“含税单价”，若业务给的是不含税单价，则在“单价”栏录入金额。

### 11.3.1.2 新增其他应收单

单击“财务会计”→“应收款管理”→“其他应收单”，展开“其他应收单”的明细功能项目。双击“其他应收单——新增”，打开“其他应收单——新增”窗口，如图 11–2 所示。

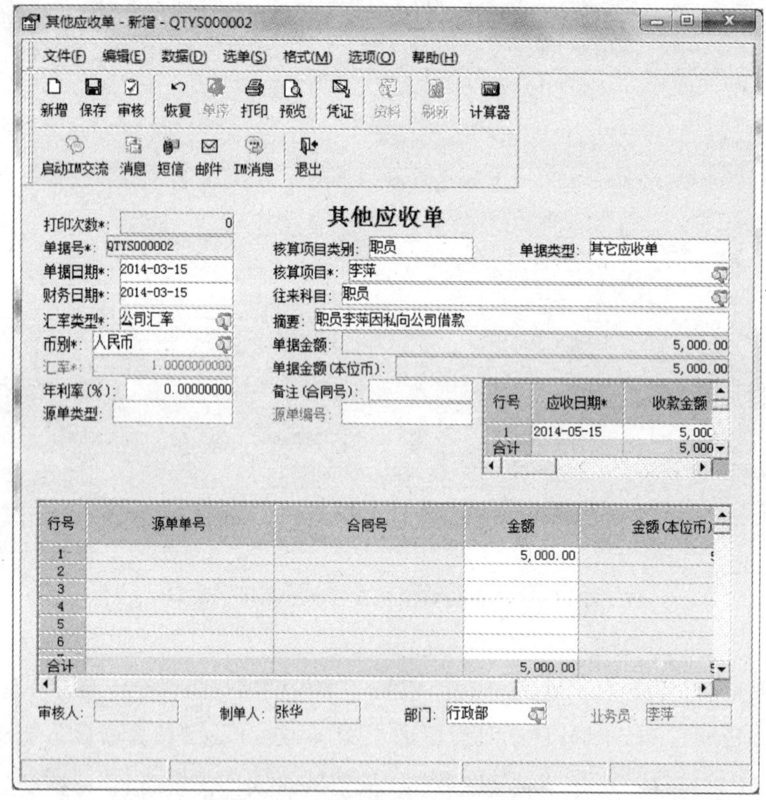


**图 11–2 “其他应收单——新增”窗口**

根据 11.2.1 实训资料业务（6），填制“其他应收单——新增”窗口的内容。“单据日期”和“财务日期”设置成“2014–03–15”；“核算项目类别”选择“职员”；“核算项目”选择“李萍”；“往来科目”选择“其他应收款——职员”；“摘要”录入“职员李萍因私向公司借款”；在金额明细表里，“金额”栏录入“5000.00”，其余项按系统默认设置。单击“保存”按钮，再单击“审核”按钮，生成 11.2.1 实训资料业务（6）的其他应收单。

### 11.3.1.3 应收票据处理

（1）新增应收票据。单击“财务会计”→“应收款管理”→“应收票据”，展开“应收票据”的明细功能项目。双击“应收票据——新增”，打开“应收票据——新增”窗口，如图 11-3 所示。

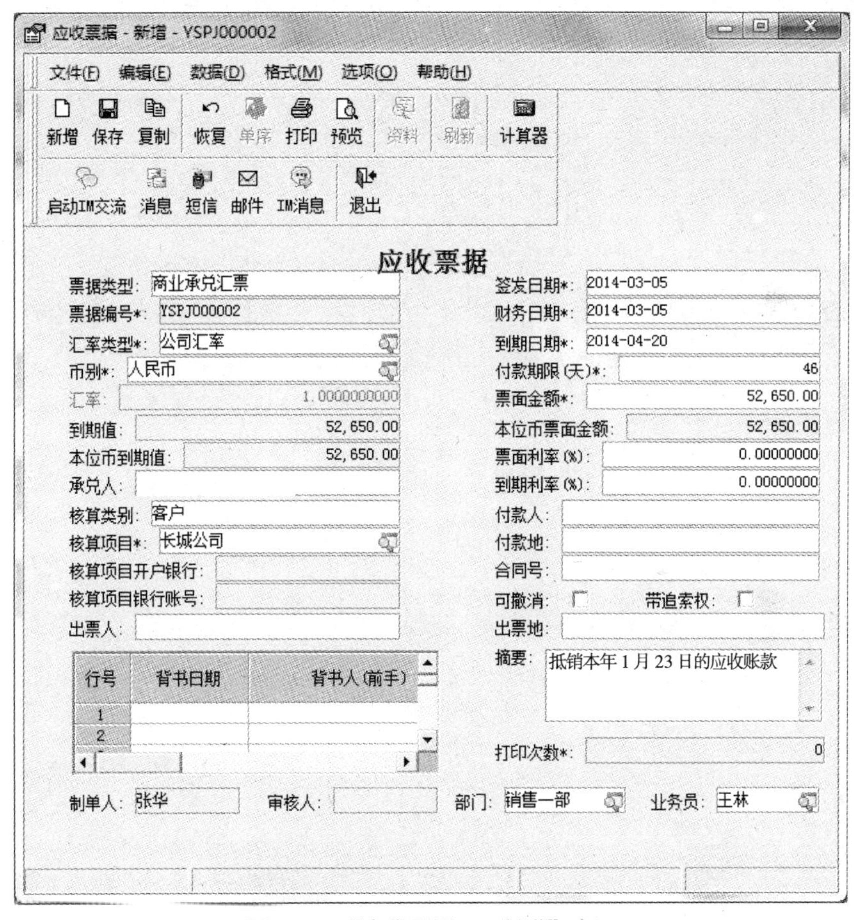


**图 11-3　“应收票据——新增”窗口**

根据实训资料业务(2)，填制“应收票据——新增”窗口的内容。“票据类型”选择“商业承兑汇票”；“签发日期”和“财务日期”设置成“2014-03-05”；“到期日期”设置成“2014-04-20”；“票面金额”录入“52650.00”；“摘要”录入“抵销本年 1 月 23 日的应收账款”；“部门”选择“销售一部”；“业务员”选择“王林”；其余项按系统默认设置。单击“保存”按钮，生成业务（2）的单据。

（2）应收票据贴现。单击“财务会计”→“应收款管理”→“应收票据”，展开“应收票据”的明细功能项目。双击“应收票据——维护”，打开“过滤”对话框，如图 11-4 所示。

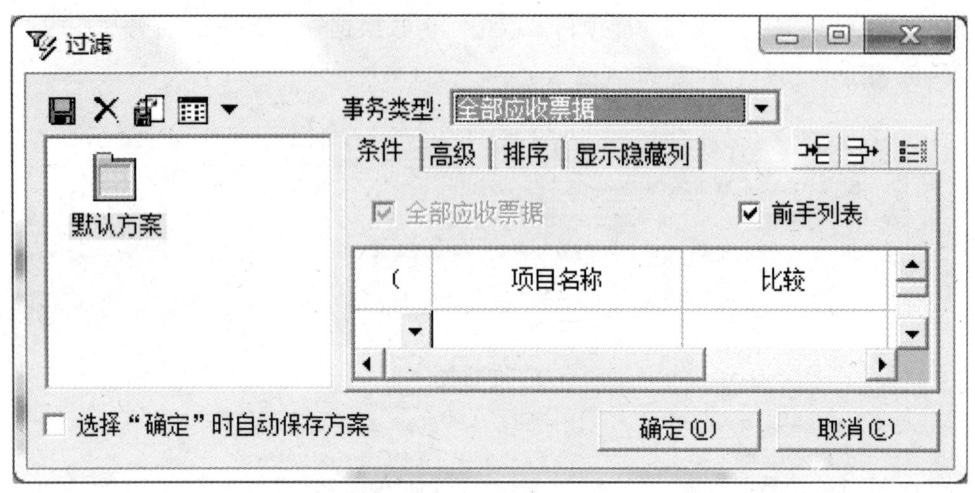

图 11-4 “过滤”对话框

“事务类型”选择“全部应收票据”，单击“确定”按钮，打开“全部应收票据”窗口，如图 11-5 所示。

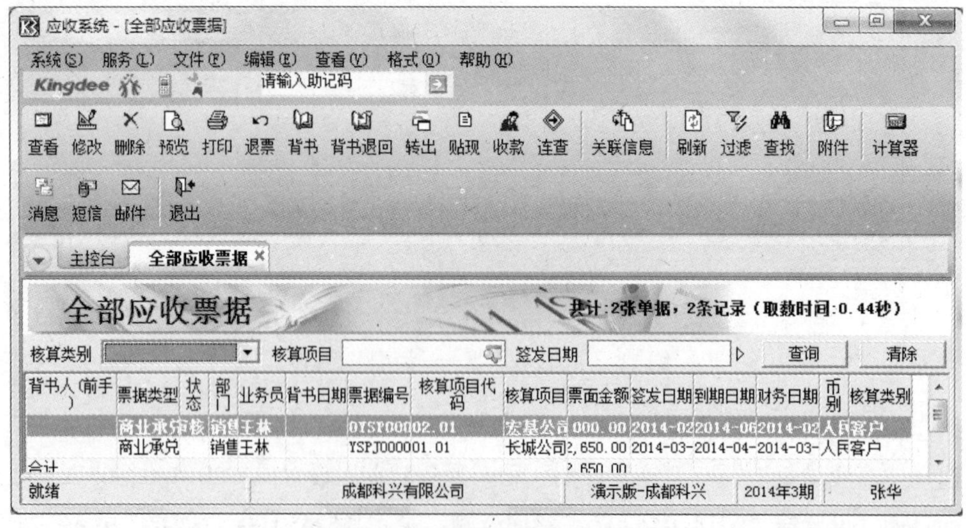

图 11-5 “全部应收票据”窗口

选中第一条记录，单击“贴现”按钮，打开“应收票据贴现”对话框，如图 11-6 所示。

根据实训资料业务（4），填制“应收票据贴现”对话框的内容。“票据类型”选择“商业承兑汇票”；“贴现日期”设置成“2014-03-09”；“贴现银行”录入

图 11-6 “应收票据贴现”对话框

“建设银行”；“贴现率%”录入“3.0000”；“费用”录入“10.00”；“结算科目”选择“银行存款——建设银行”；其余项由系统自动设置。单击“确定”按钮，生成业务（4）的单据。

［提示］应收票据贴现处理后不在应收款管理系统产生任何单据，只是应收票据的状态变为“贴现”。如果需要取消贴现处理，只要在应收票据序时簿的编辑菜单选择“取消处理”即可，且应收票据的状态变为“审核”。应收票据贴现凭证只能在凭证处理模块生成。

#### 11.3.1.4 新增收款单

单击“财务会计”→“应收款管理”→“收款”，展开“收款”的明细功能项目。双击“收款单——新增”，打开“收款单——新增”窗口，如图 11–7 所示。

单击菜单“选项”→“销售发票”（若是对职员操作，在执行该操作前，先将“核算项目类别”设置成“职员”），打开“销售发票”窗口，如图 11–8 所示，系统列出所有的销售发票信息。找到并选中“2014 年 3 月 5 日，天达公司……”记录（如果同时销售两种以上的产品，需要将所有销售产品都选中），单击“返回”按钮，返回“收款单——新增”窗口，如图 11–9 所示，系统自动把销售发票中的相关信息填制到收款单中。

根据实训资料业务（7），填制“收款单——新增”窗口的内容。“单据日期”和“财务日期”设置成“2014 年 3 月 15 日”；“结算方式”选择“支票”；“摘要”录入“收到货款”；其余项目按照系统默认设置。单击“保存”按钮，保存此张收款单，再单击“审核”按钮，审核此张收款单。

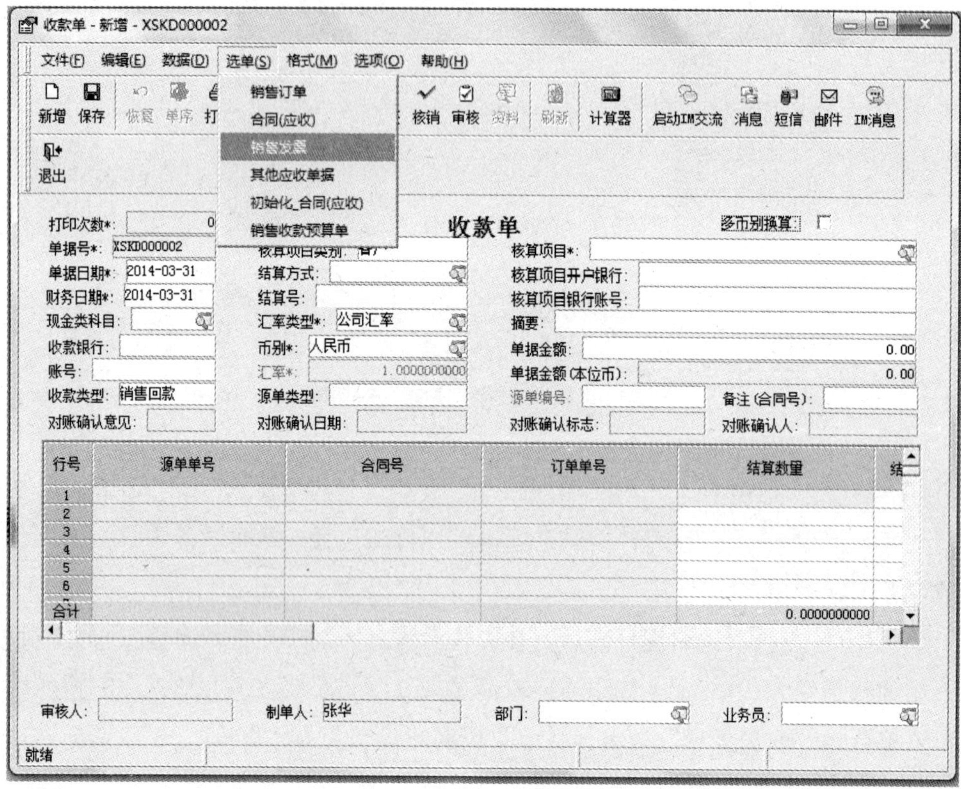

图 11–7 “收款单——新增”窗口

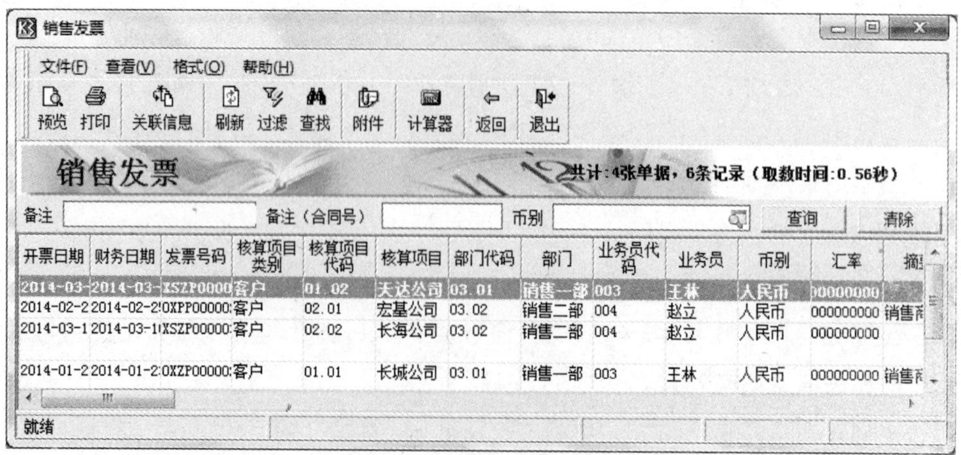

图 11–8 “销售发票”窗口

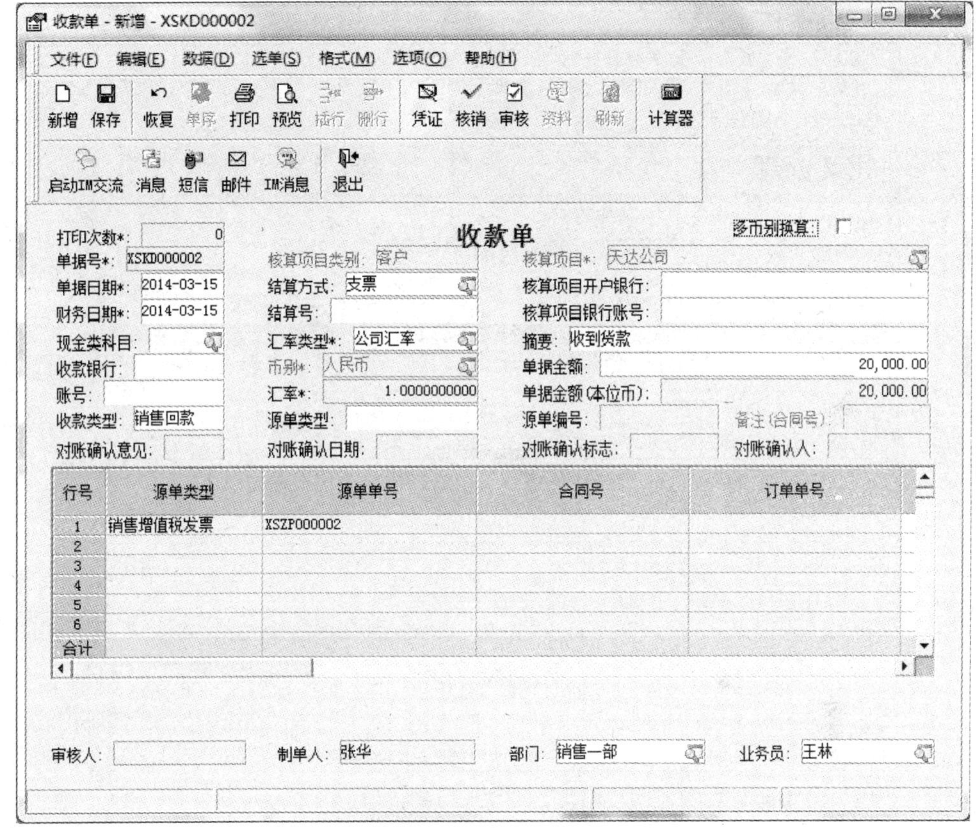


图 11–9　“收款单——新增”窗口

重复同样的操作，处理实训业务（3）、（8）。

#### 11.3.1.5　凭证处理

单击“财务会计”→“应收款管理”→“凭证处理”，展开“凭证处理”的明细功能项目。双击“凭证——生成”，打开“凭证处理”窗口。

（1）销售凭证生成。在“凭证处理”窗口中，“单据类型”选择“销售增值税发票”，系统弹出“过滤”对话框，单击“确定”按钮，切换到“凭证处理——销售增值税发票”窗口，如图 11–10 所示。

“税金科目”选择“应交税费——应交增值税——销项税额”；然后选中第一条记录，单击“按单”按钮，系统生成记账凭证，如图 11–11 所示。

单击“保存”按钮，保存凭证。重复同样操作，生成其余销售的凭证。

［提示］在保存凭证前，需要补充完整“主营业务收入”科目的核算项目内容及部门、职员和产品。

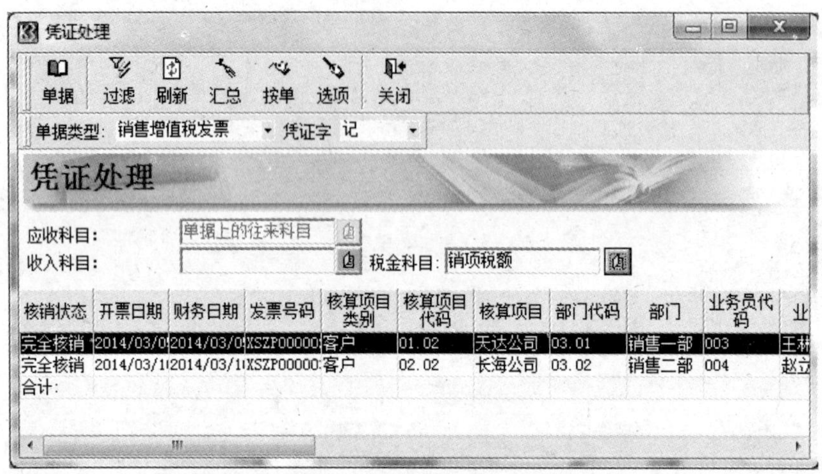


图 11–10 “凭证处理——销售增值税发票”窗口

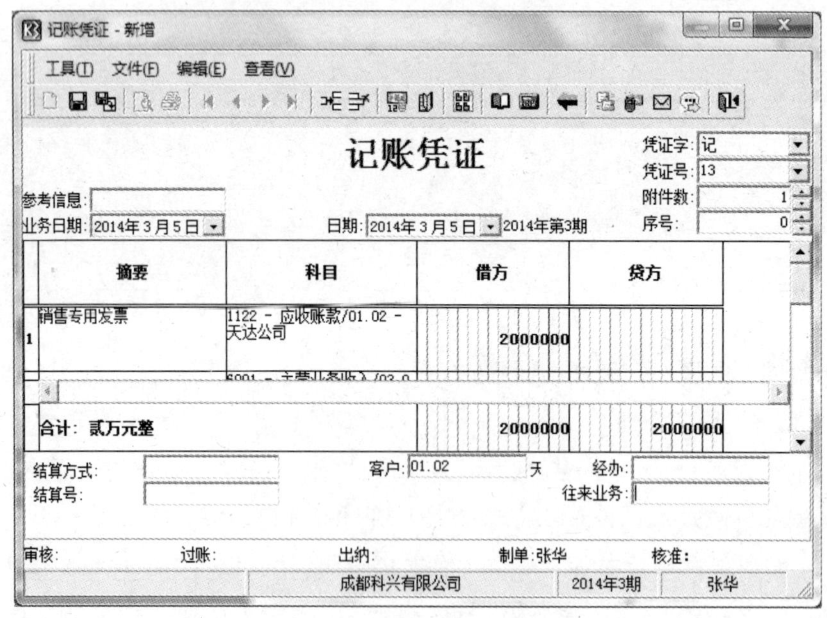


图 11–11 记账凭证——新增

（2）其他应收单凭证生成。在“凭证处理”窗口中，“单据类型”选择“其他应收单”，系统弹出“过滤”对话框，单击“确定”按钮，切换到“凭证处理——其他应收单”窗口，如图 11–12 所示。

“贷方科目”选择“库存现金”；然后选中第一条记录，单击“按单”按钮，系统生成记账凭证。单击“保存”按钮，保存凭证。

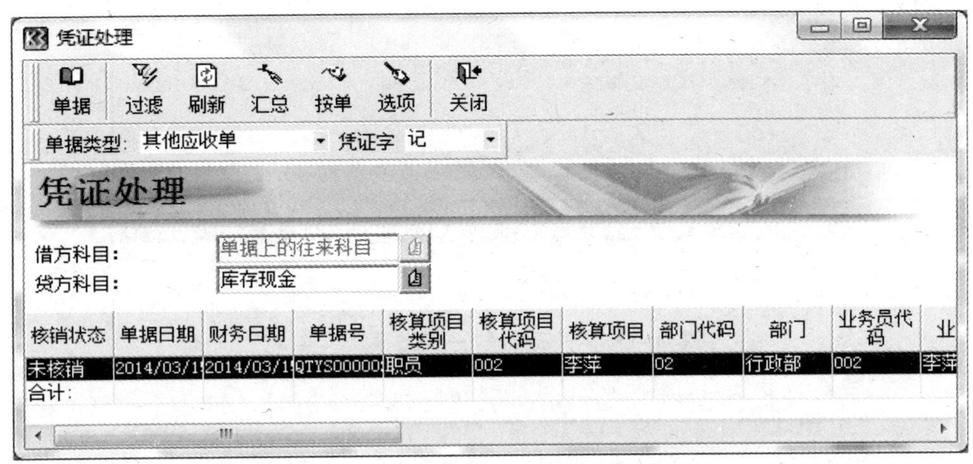


图 11-12　“凭证处理——其他应收单”窗口

（3）应收票据凭证生成。单击“财务会计”→“应收款管理”→“应收票据”，展开“应收票据”的明细功能项目。双击“应收票据——维护”，打开“过滤”对话框，单击“确定”按钮，进入“应收系统——应收票据序事簿”窗口，选中“签发日期为 2014-03-05；票面金额为 52650.00；核算项目为长城公司……”的记录，单击“审核”按钮，系统提示“生成收款单”，单击“确定”按钮，生成一张收款单。

单击“收款”→“收款单——维护”，审核该张收款单。

单击“财务会计”→“应收款管理”→“凭证处理”，展开“凭证处理”的明细功能项目。双击“凭证——生成”，打开“凭证处理”窗口。在“凭证处理”窗口中，“单据类型”选择“应收票据”，系统弹出“过滤”对话框，单击“确定”按钮，切换到“凭证处理——应收票据”窗口，如图 11-13 所示。

选中“签发日期为 2014-03-05；票面金额为 52650.00；核算项目为长城公司……”的记录，单击“按单”按钮，系统生成记账凭证。单击“保存”按钮，保存凭证。

［提示］该张凭证的借方科目为“应收票据——长城公司”，贷方科目为“应收账款——长城公司”，金额为“52650.00”。

（4）应收票据贴现凭证生成。在“凭证处理”窗口中，“单据类型”选择“应收票据贴现”，系统弹出“过滤条件”对话框，单击“确定”按钮，切换到“凭证处理——应收票据贴现”窗口，如图 11-14 所示。

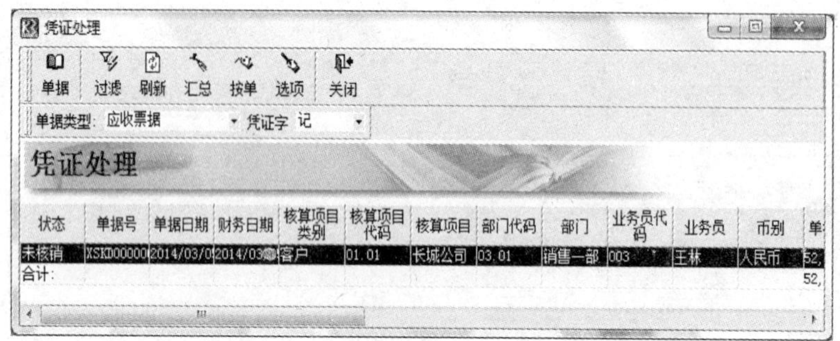


图 11-13 “凭证处理——应收票据”窗口

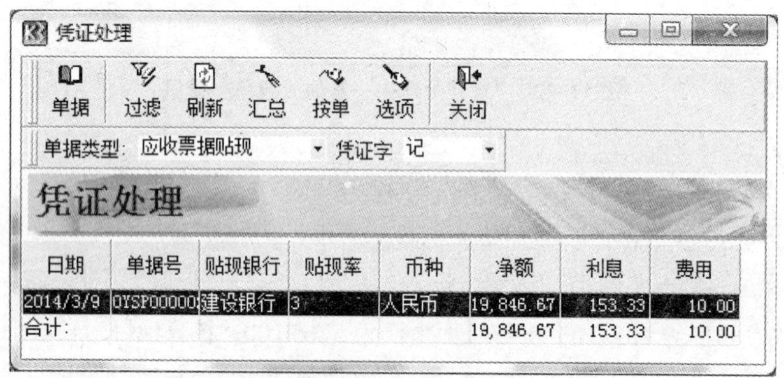


图 11-14 “凭证处理——应收票据贴现”窗口

选中“日期为 2014 年 3 月 9 日；净额为 19846.67……”的记录，单击“按单”按钮，系统生成记账凭证。单击“保存”按钮，保存凭证。

［提示］该张凭证的借方科目分别为“银行存款——建设银行 19846.67”，“财务费用——利息 153.33”，“销售费用——其他 10.00”；贷方科目分别为“应收票据——宏基公司 20000.00”，“库存现金 10.00”。

（5）收款单凭证生成。在“凭证处理”窗口中，“单据类型”选择“收款”，系统弹出“过滤”对话框，单击“确定”按钮，切换到“凭证处理——收款”窗口，如图 11-15 所示。

“借方科目”选择“银行存款——建设银行”，选中第一条记录，单击“按单”按钮，系统生成记账凭证。单击“保存”按钮，保存凭证。

重复同样操作，生成其余收款单的凭证。

［提示］收回职员张华的借款的凭证的借方科目为“库存现金”，贷方科目为“其他应收款——职员”。

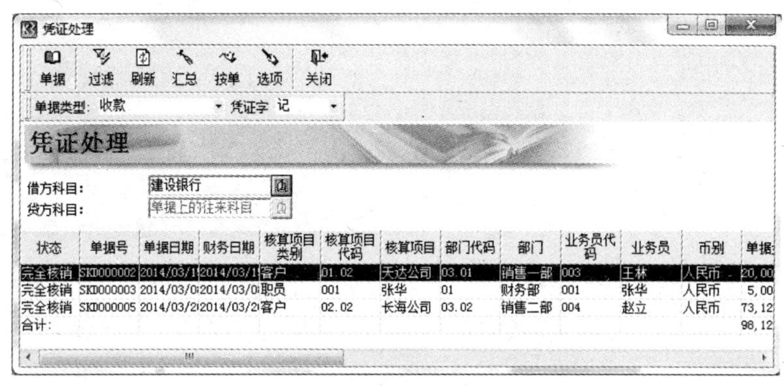

图 11–15　“凭证处理——收款”窗口

（6）凭证审核、过账。在总账系统中把应收款管理系统生成的记账凭证审核、过账，具体操作方法，请参照实训 4。

## 11.3.2　坏账处理

### 11.3.2.1　坏账收回

（1）填制收款单。单击“财务会计”→“应收款管理”→“收款”，展开“收款”的明细功能项目。双击“收款单——新增”，打开“收款单——新增”窗口，如图 11–16 所示。

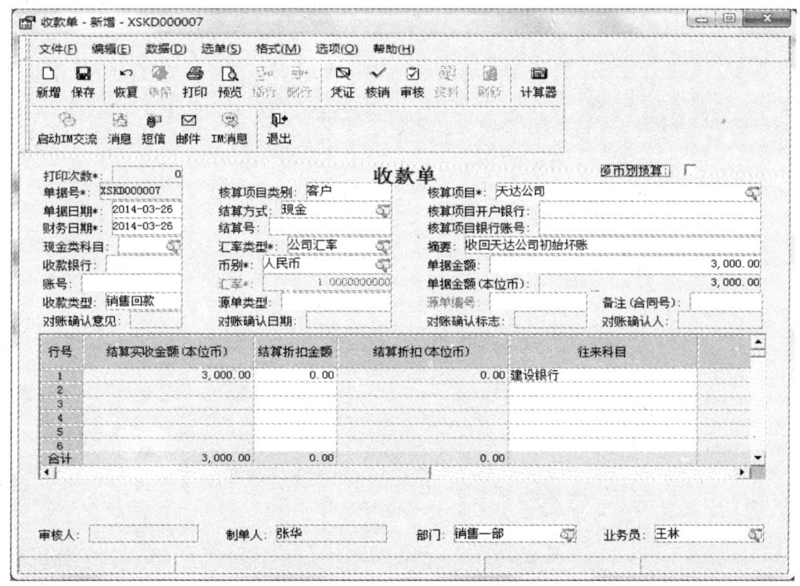

图 11–16　“收款单——新增”窗口

根据实训资料坏账业务（1），填制“收款单——新增”窗口的内容。“单据日期”和“财务日期”设置成“2014-03-06”；“结算方式”选择“现金”；“核算项目”选择“天达公司”；“摘要”录入“收回天达公司初始坏账”；在表格中，“结算实收金额”录入“3000.00”，“往来科目”选择“银行存款——建设银行”；“部门”选择“销售一部”；“业务员”选择“王林”；其余项目按照系统默认设置。单击“保存”按钮，保存此张收款单，再单击“审核”按钮，审核此张收款单。

（2）坏账收回。单击“财务会计”→“应收款管理”→“坏账处理”，展开“坏账处理”的明细功能项目。双击“坏账收回”，打开“过滤条件”对话框，如图 11–17 所示。

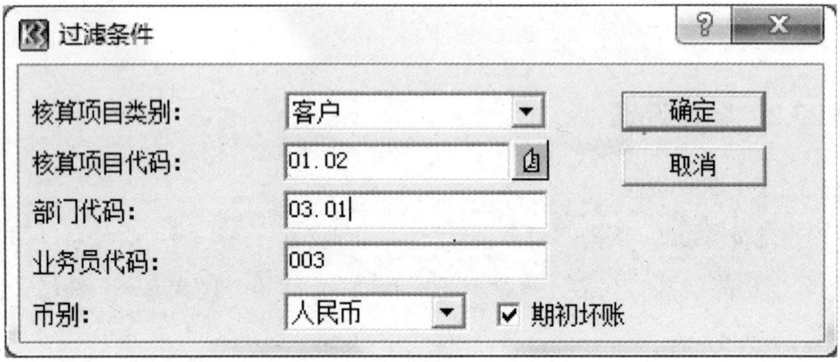

**图 11–17 “过滤条件”对话框**

在“期初坏账”前打上“√”标记，“核算项目代码”选择“01.02”；“部门代码”选择“03.01”；“业务员代码”选择“003”。单击“确定”按钮，打开“坏账收回”对话框，如图 11–18 所示。

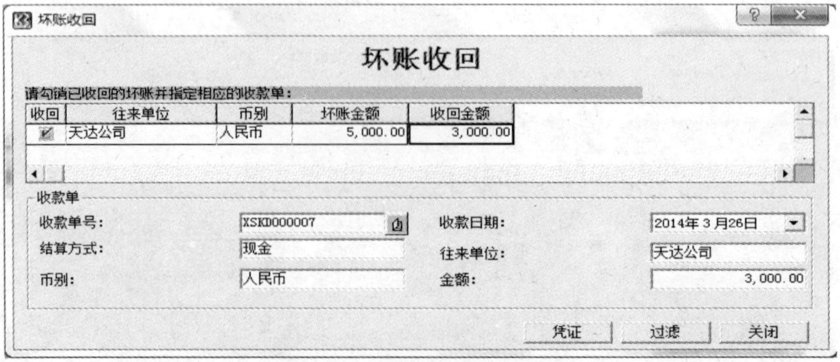

**图 11–18 “坏账收回”对话框**

在“收回”栏打上“√”标记；“收回金额”栏录入“3000.00”；“收款单号”项单击 按钮，选择刚才制作的收款单，单击“确定”按钮，系统自动填制“收款日期”、“往来单位”等信息。单击“凭证”按钮，系统自动生成记账凭证。单击“保存”按钮，保存凭证。

［提示］坏账收回时凭证的分录如下：

借：库存现金　　　　　　　　3000

　　贷：应收账款——天达公司　　　　　3000

借：应收账款——天达公司　　3000

　　贷：坏账准备　　　　　　　　　　3000

### 11.3.2.2　坏账损失处理

单击“财务会计”→“应收款管理”→“坏账处理”，展开“坏账处理”的明细功能项目。双击“坏账损失”，打开“过滤条件”对话框，如图 11–19 所示。

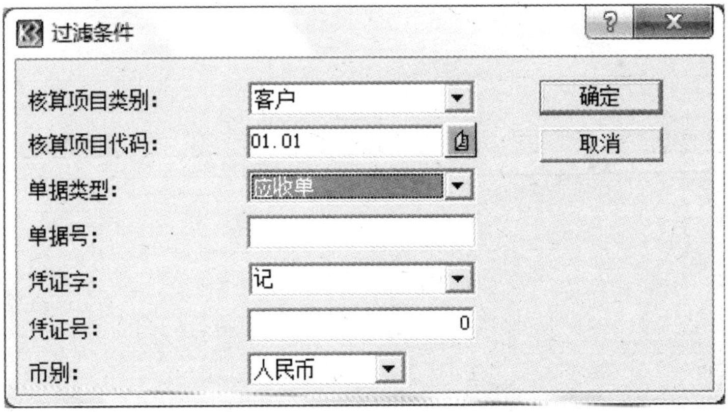

过滤条件

核算项目类别：客户

核算项目代码：01.01

单据类型：应收单

单据号：

凭证字：记

凭证号：0

币别：人民币

确定

取消

图 11–19　“过滤条件”对话框

在“核算项目类别”选择“客户”；“核算项目代码”选择“01.01”；“单据类型”选择“应收单”；其余项按系统默认设置。单击“确定”按钮，打开“坏账收回”对话框，如图 11–20 所示。

在“坏账”栏打上“√”标记；“坏账原因”栏选择“逾期未还，并明显无法收回”；“坏账日期”设置为“2014 年 3 月 31 日”；“本次坏账金额”录入“10000.00”。单击“凭证”按钮，系统自动生成记账凭证。单击“保存”按钮，保存凭证。

［提示］坏账损失时凭证的分录如下：

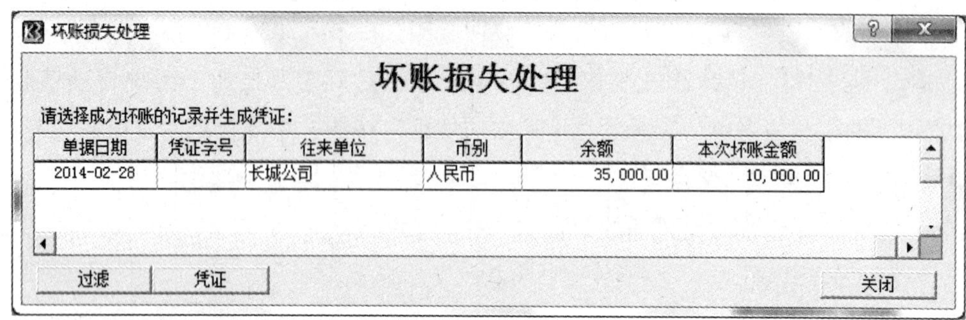


图 11-20 “坏账收回”对话框

借：坏账准备　　　　　　　　　　　10000

　　贷：应收账款——长城公司　　　　　　　10000

#### 11.3.2.3 计提坏账准备

单击“财务会计”→“应收款管理”→“坏账处理”，展开“坏账处理”的明细功能项目。双击“坏账准备”，打开“计提坏账准备”对话框，如图 11-21 所示。

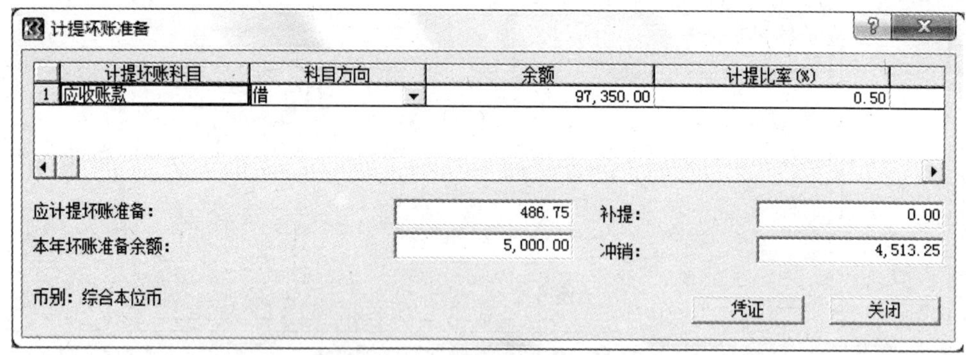


图 11-21 “计提坏账准备”对话框

当前应收账款的余额为 96350.00 元，应该计提坏账准备金额为 481.75 元；当前坏账准备的余额为 5000.00 元，所以应该冲销 4518.25 元。

单击“凭证”按钮，系统自动生成记账凭证。单击“保存”按钮，保存凭证。

#### 11.3.2.4 凭证审核、过账

在总账系统中，把应收款管理系统生成的记账凭证审核、过账，具体操作方法，请参照实训 4。

### 11.3.3　核销往来业务

该功能主要是用来对往来账款进行各种形式的核销处理，虽然通过单据的录入可以及时获悉往来款的余额资料，如应收款汇总表、应收款明细表，但由于收款到账的时间差异性等特点，要正确计算账龄分析表、到期债权列表、应收计息表等，不能简单地按时间先后顺序以收款日期为基础来进行计算，必须通过核销进行处理。只有经过核销的应收单据才能真正作为收款处理，同时核销日期也作为计算账龄分析的重要依据。

单击“财务会计”→“应收款管理”→“结算”，展开“结算”的明细功能项目。双击“应收款核销——到款结算”，打开“单据核销”对话框，单击“确定”按钮，打开“核销（应收）”窗口，如图 11–22 所示。

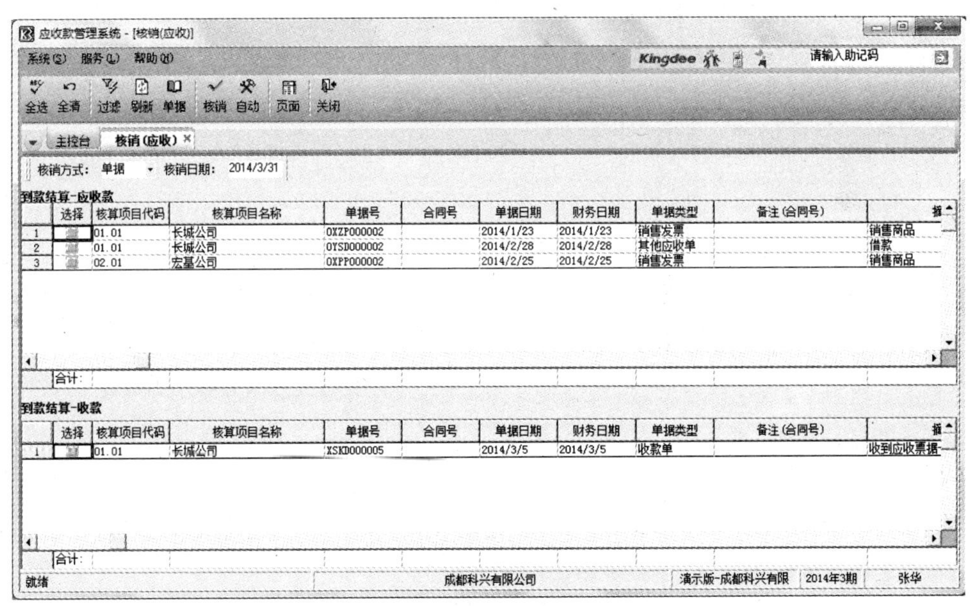


图 11–22　“核销（应收）”窗口

“核销（应收）”窗口由上下两部分组成，上面列显出到期应收的款项，下面列显出到期已经收到的款项。单击“自动”按钮，核销相符业务。

［提示］核销的方法有两种，即手工核销和自动核销。手工核销是由操作员逐笔核对，业务相符的予以核销；自动核销是由计算机根据设定的条件予以核销。

### 11.3.4 账表分析

自行练习“账龄分析”、“周转分析”、“欠款分析”、“坏账分析”、“回款分析”、“销售分析”、“应收账款明细账”、“应收账款明细表”、“到期债权列表”等。

## 11.4 实训思考

（1）如何新增应收款？

（2）如何进行坏账处理？

（3）如何进行往来业务核销处理？

（4）如何进行应收款的账龄分析？

# 实训 12　现金管理

## 12.1　实训目的

现金管理系统是基于三层结构体系开发的管理子系统，是 K/3 系统的组成部分之一。它既可同总账系统联合起来使用，也可单独提供给出纳人员使用。

通过本实训，使学生掌握在现金管理系统中处理企业日常出纳业务操作，包括现金业务、银行业务、票据管理及其相关报表、系统维护等内容。

## 12.2　实训资料

（1）银行资料。银行资料如表 12–1 所示。

**表 12–1　银行资料**

| 代　码 | 银行名称 | 银行接口类型 | 银行账号 | 账户名称 | 开户行 |
|---|---|---|---|---|---|
| 001 | 建设银行 | 建设银行 | 234134567 | 成都科兴 | 建设支行 |
| 002 | 中国银行 | 中国银行 | 3455676234 | 成都科兴 | 二仙支行 |
| 003 | 工商银行 | 工商银行 | 658568343 | 成都科兴 | 万年支行 |

（2）建设银行银行对账单记录。建设银行银行对账单记录如表 12–2 所示。

表 12–2 银行对账单记录

| 日 期 | 摘 要 | 借 方 | 贷 方 |
|---|---|---|---|
| 03–05 | 提现 | 10000 | |
| 03–10 | 偿还欠款 | 120000 | |
| 03–15 | 购买办公设备 | 24000 | |
| 03–15 | 收回欠款 | | 70000 |
| 03–20 | 清理固定资产收入 | | 4500 |
| 03–26 | 收回坏账 | | 3000 |
| 03–20 | 购料 | 70000 | |

## 12.3 实训操作

实训操作任务：初始数据录入、现金处理、银行存款处理。

根据实训资料，完成下列操作。

### 12.3.1 初始数据录入

以会计主管“张华”注册登录 K/3 主界面窗口。

#### 12.3.1.1 新增银行资料

单击“系统设置”→“基础资料”→“公共资料”，展开“公共资料”的明细功能项目。双击“银行账号”，打开“银行账号”窗口。

单击“新增”按钮，打开“新增银行账号”对话框，对照表 12–1 提供的资料，填制“新增银行账号”对话框的内容。

#### 12.3.1.2 引入现金、银行存款科目及余额

单击“系统设置”→“初始化”→“现金管理”，展开“现金管理”的明细功能项目。双击“初始数据录入”，打开“初始数据录入”窗口，如图 12–1 所示。

单击“引入”按钮，打开“从总账引入科目”对话框，如图 12–2 所示。

“期间”设置为“2014 年 3 月”，在“从总账引入期初余额和发生额”前打上“√”标记。单击“确定”按钮，系统从总账中取得现金和银行存款账户的初余额和发生额，如图 12–3 所示。

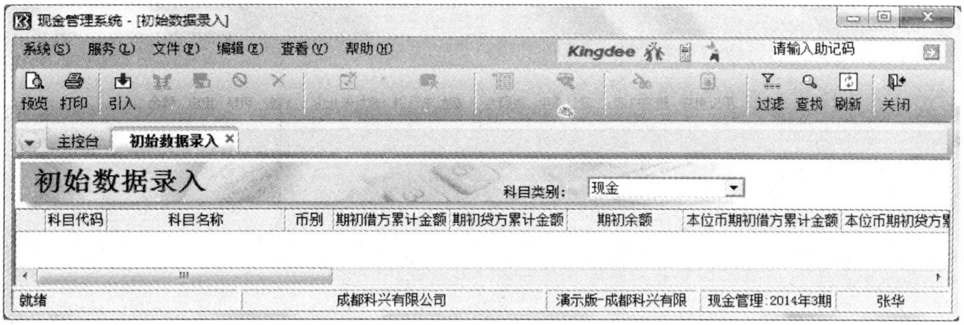

图 12–1　“初始数据录入”窗口

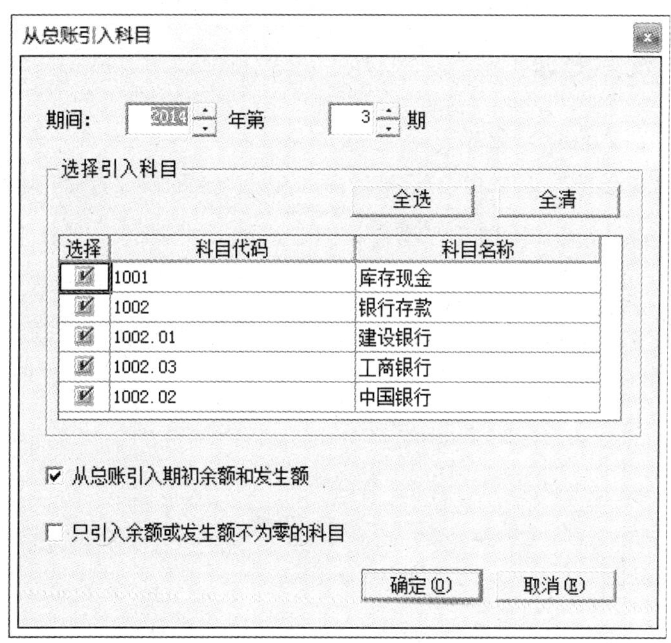


图 12–2　“从总账引入科目”对话框

对照图 12–3“初始数据录入”窗口，选择设置“银行账号”栏内容。

#### 12.3.1.3　试算平衡检查

单击“平衡检查”按钮，系统自动检查银行余额调节表，并给出“所有银行存款科目的余额调节表都平衡”的提示，单击“确定”按钮，退出平衡检查。

单击菜单“编辑”→“结束初始化”命令，弹出“启用会计期间”对话框，设置“期间”为“2014 年 3 月”。单击“确定”按钮，系统提示是否结束初始化工作，单击“确定”按钮，结束初始化工作。

现金管理系统 - [初始数据录入]

系统(S) 服务(L) 文件(F) 编辑(E) 查看(V) 帮助(H)

预览 打印 引入 余额 删除 企业未达账 银行未达账 余额表 平衡检查 过滤 查找 刷新 关闭

主控台 初始数据录入

初始数据录入　科目类别：银行存款

| | 科目代码 | 科目名称 | 币别 | 银行名称 | 银行账号 | 对账单期初余额 | 日记账期初借方累计金额 | 日记账 |
|---|---|---|---|---|---|---|---|---|
| 1 | 1002.01 | 建设银行 | 人民币 | 建设支行 | 234134567 | 500,000.00 | 0.00 | |
| 2 | 1002.02 | 中国银行 | 美元 | 建设支行 | 234134567 | 200,000.00 | 0.00 | |
| 3 | 1002.03 | 工商银行 | 港币 | 万年支行 | 658568343 | 100,000.00 | 0.00 | |

就绪　成都科兴有限公司　演示版-成都科兴有限　现金管理：2014年3期　张华

图 12-3 “初始数据录入”窗口

## 12.3.2 现金处理

### 12.3.2.1 引入现金日记账

单击“财务会计”→“现金管理”→“现金”，展开“现金”的明细功能项目。双击“现金日记账”，打开“现金日记账过滤”对话框，单击“确定”按钮，进入“现金日记账”窗口。单击“引入”按钮，打开“引入日记账”对话框，如图 12-4 所示。“期间模式”项选中“引入本期所有凭证”，其余项按系统默认设

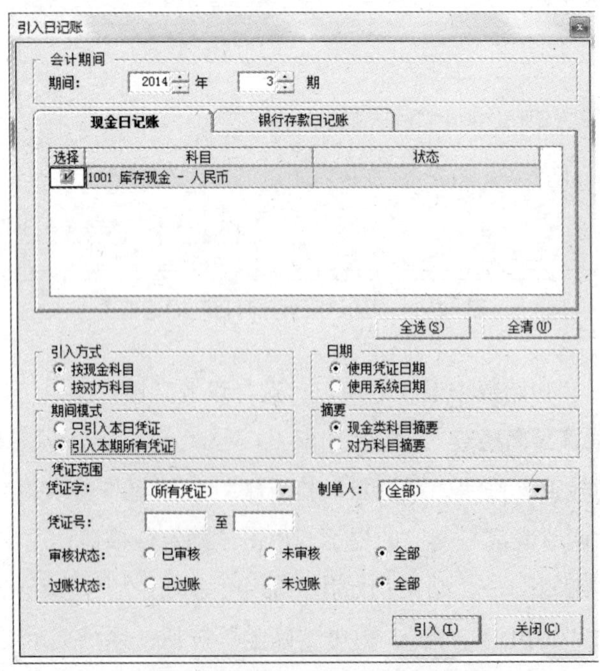


图 12-4 “引入日记账”对话框

置。单击“引入”按钮，系统从总账中引入现金日记账资料。

单击“关闭”按钮，返回“现金日记账”窗口，如图 12–5 所示。

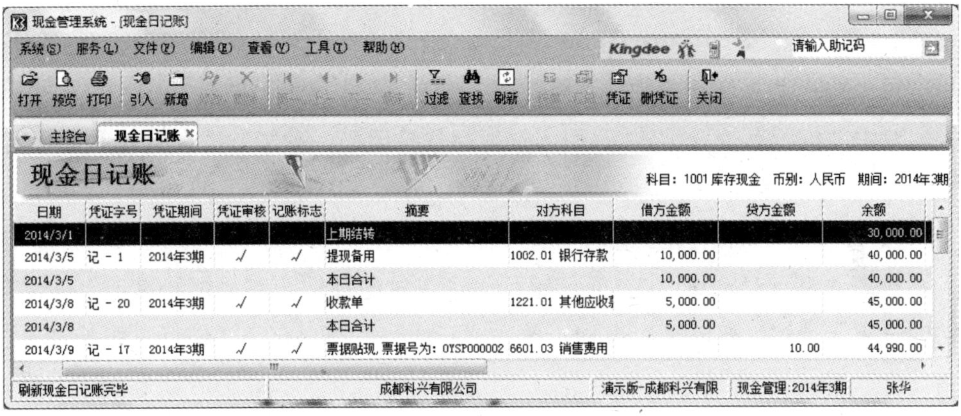

现金日记账

科目：1001 库存现金 币别：人民币 期间：2014年3期

| 日期 | 凭证字号 | 凭证期间 | 凭证审核 | 记账标志 | 摘要 | 对方科目 | 借方金额 | 贷方金额 | 余额 |
|---|---|---|---|---|---|---|---|---|---|
| 2014/3/1 | | | | | 上期结转 | | | | 30,000.00 |
| 2014/3/5 | 记 - 1 | 2014年3期 | √ | √ | 提现备用 | 1002.01 银行存款 | 10,000.00 | | 40,000.00 |
| 2014/3/5 | | | | | 本日合计 | | 10,000.00 | | 40,000.00 |
| 2014/3/8 | 记 - 20 | 2014年3期 | √ | √ | 收款单 | 1221.01 其他应收款 | 5,000.00 | | 45,000.00 |
| 2014/3/8 | | | | | 本日合计 | | 5,000.00 | | 45,000.00 |
| 2014/3/9 | 记 - 17 | 2014年3期 | √ | √ | 票据贴现，票据号为：OYSP000002 | 6601.03 销售费用 | | 10.00 | 44,990.00 |

图 12–5 “现金日记账”窗口

### 12.3.2.2 库存现金对账

单击“财务会计”→“现金管理”→“现金”，展开“现金”的明细功能项目。双击“现金对账”，打开“现金对账过滤条件”对话框，单击“确定”按钮，打开“现金对账”窗口，如图 12–6 所示。

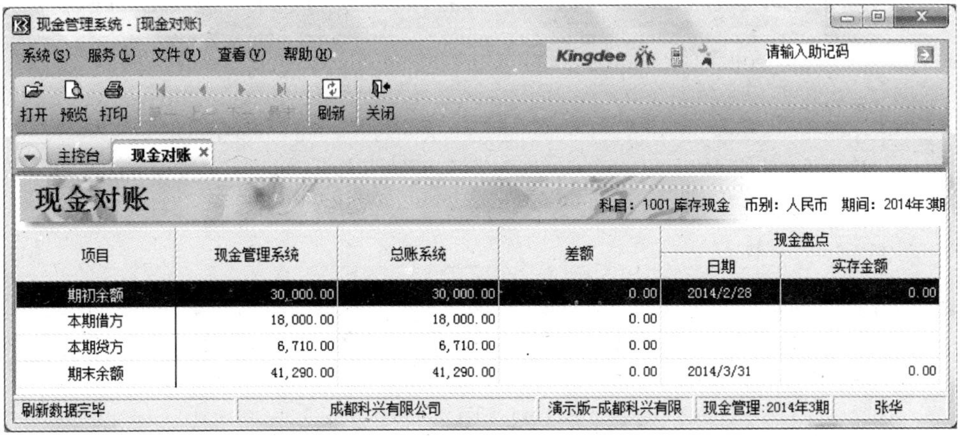

现金对账

科目：1001 库存现金 币别：人民币 期间：2014年3期

| 项目 | 现金管理系统 | 总账系统 | 差额 | 现金盘点 | |
|---|---|---|---|---|---|
| | | | | 日期 | 实存金额 |
| 期初余额 | 30,000.00 | 30,000.00 | 0.00 | 2014/2/28 | 0.00 |
| 本期借方 | 18,000.00 | 18,000.00 | 0.00 | | |
| 本期贷方 | 6,710.00 | 6,710.00 | 0.00 | | |
| 期末余额 | 41,290.00 | 41,290.00 | 0.00 | 2014/3/31 | 0.00 |

图 12–6 “现金对账”窗口

［提示］在进行库存现金对账前，先利用“现金盘点单”功能，录入企业当日所有实存现金。

## 12.3.3 银行存款处理

单击“财务会计”→“现金管理”→“银行存款”，展开“银行存款”的明细功能项目。

### 12.3.3.1 引入银行存款日记账

双击“银行存款日记账”，引入银行存款日记账，操作方法与引入现金日记账类似。

### 12.3.3.2 录入银行对账单

双击“银行对账单”，打开“银行对账单过滤条件”对话框，单击“确定”按钮，进入“银行对账单”窗口。单击“新增”按钮，打开“银行对账单录入”窗口，如图 12-7 所示。

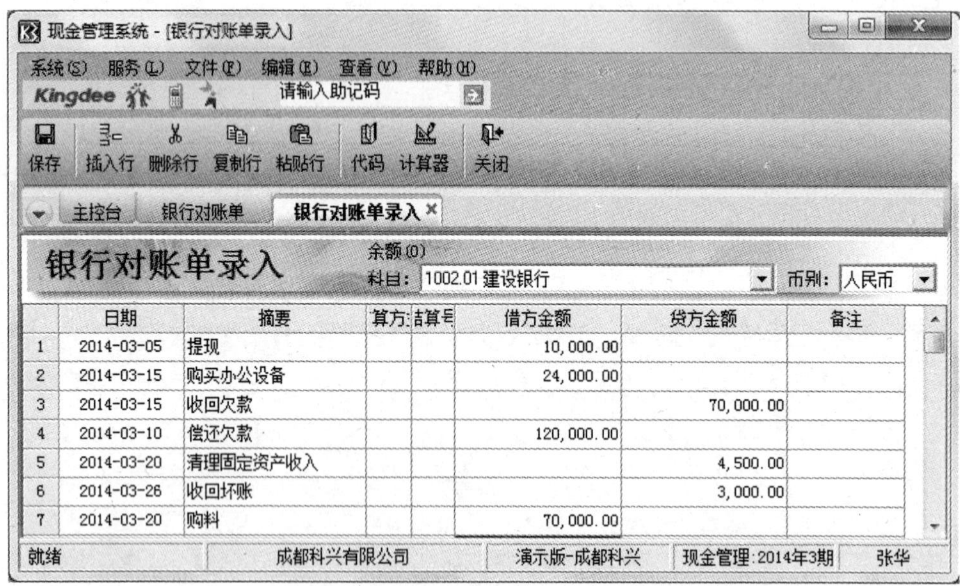


图 12-7 “银行对账单录入”窗口

根据表 12-2 提供的资料，录入到“银行对账单录入”窗口中。单击“保存”按钮，再单击“关闭”按钮，退出“银行对账单录入”窗口，返回“银行对账单”窗口，如图 12-8 所示。

### 12.3.3.3 银行对账

双击“银行存款对账”，系统弹出“到期预警表提示信息”提示，单击“确

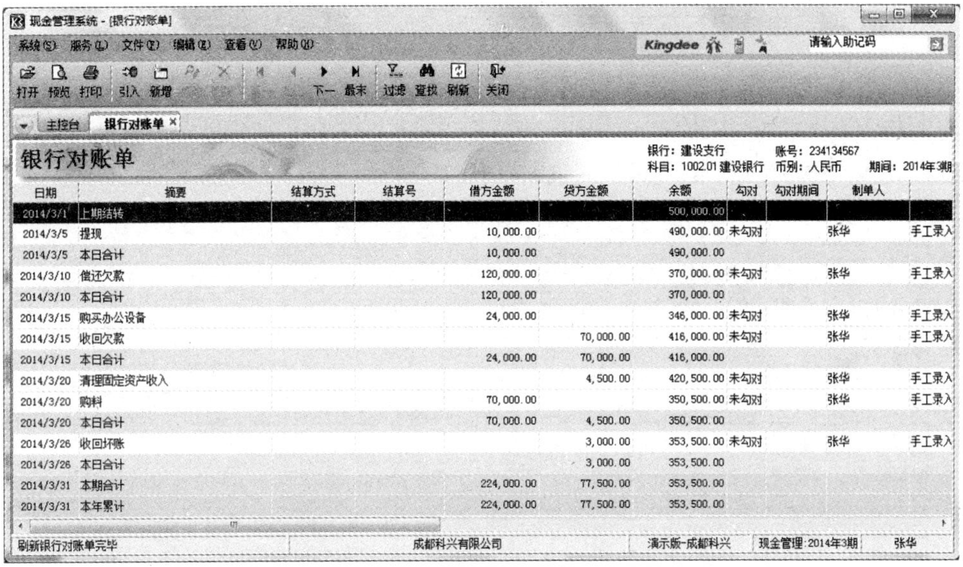

图 12–8 “银行对账单”窗口

定”按钮，打开“银行存款对账过滤条件”对话框，设置“科目”为“1002.01——建设银行”，单击“确定”按钮，进入“银行对账”窗口，如图 12–9 所示。

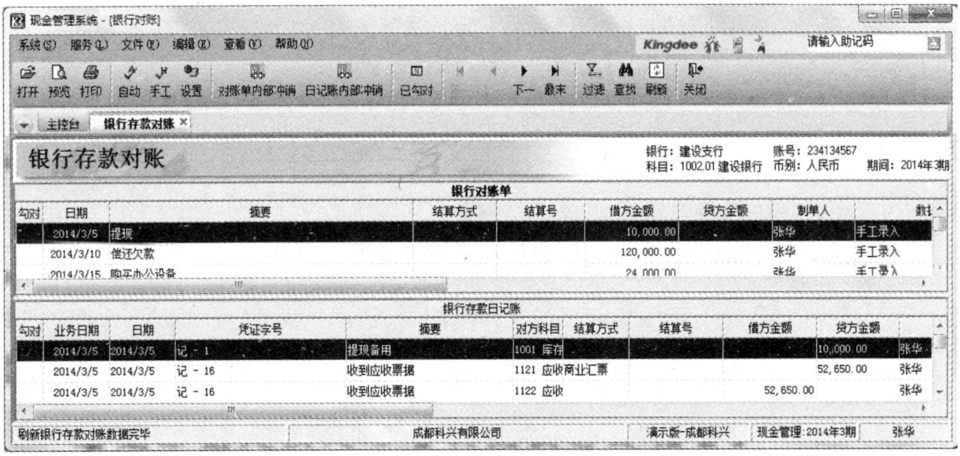

图 12–9 “银行对账”窗口

在“银行对账”窗口中，窗口上半部分列出银行对账单的记录，窗口下半部分列出企业银行存款日记账的记录。采用手工方式逐笔勾对，具体操作为：先选中上面窗口中的一条记录，再在下面窗口中选中业务相同的记录，再单击“手工”按钮进行勾对。

#### 12.3.3.4 生成银行存款余额调节表

双击“余额调节表”，打开“余额调节表过滤条件”对话框，设置“科目”为“1002.01——建设银行”，单击“确定”按钮，进入“余额调节表”窗口，系统自动生成余额调节表，如图 12-10 所示。

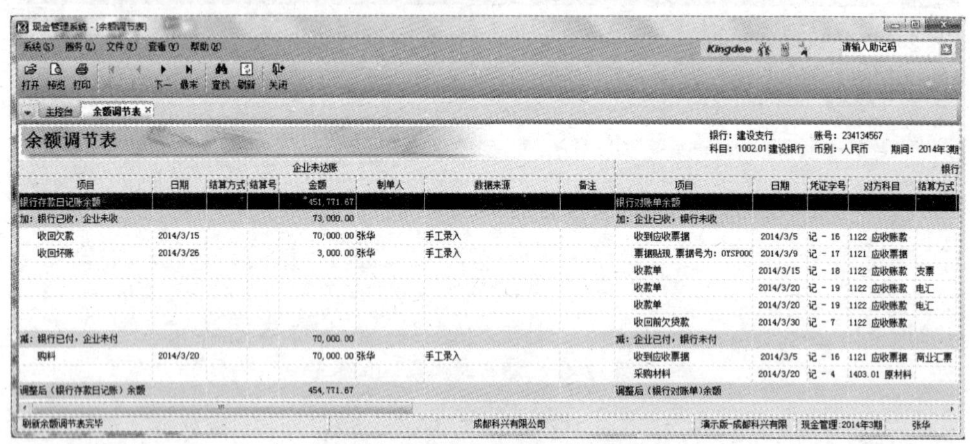


**图 12-10 “余额调节表”窗口**

# 12.4 实训思考

(1) 简述现金管理系统初始设置的内容。

(2) 如何从总账系统中引入期初余额和发生额?

(3) 如何引入现金日记账和银行存款日记账?

(4) 如何编制银行存款余额调节表?

# 实训 13　编制现金流量表

## 13.1　实训目的

现金流量表的编制采用了拆分所有的有现金类科目的凭证的方法，将所有的有现金类科目的凭证拆分为一对一的关系，从现金类科目的 T 型账户中可按照核算项目、下级科目展开，可以查看所有的此类凭证，直接判断现金的流动所属的类别，在确定了现金流动所属的类别之后就可以产生报表。

通过本实训，使学生了解金蝶 K/3 的现金流量表管理，学会现金流量表的编制方法。

## 13.2　实训资料

实训 2~实训 12 生成的财务数据。

## 13.3　实训操作

实训操作任务：设置 T 型账户、编制现金流量表。

根据实训资料，完成下列操作。

### 13.3.1 设置 T 型账户

T 型账户以利润表和资产负债表为基础，结合有关科目记录，对现金流量表的每一个项目进行分析并编制调整分录，通过现金类科目的 T 型账户的对方科目，来确定现金流入和流出的分类，编制现金流量表。

以会计主管“张华”注册登录 K/3 主界面窗口。单击“财务会计”→“现金流量表”，展开“现金流量表”的明细功能项目。双击“T 型账户”，打开“过滤条件”对话框，单击“确定”按钮，进入“T 型账户”窗口，如图 13–1 所示。

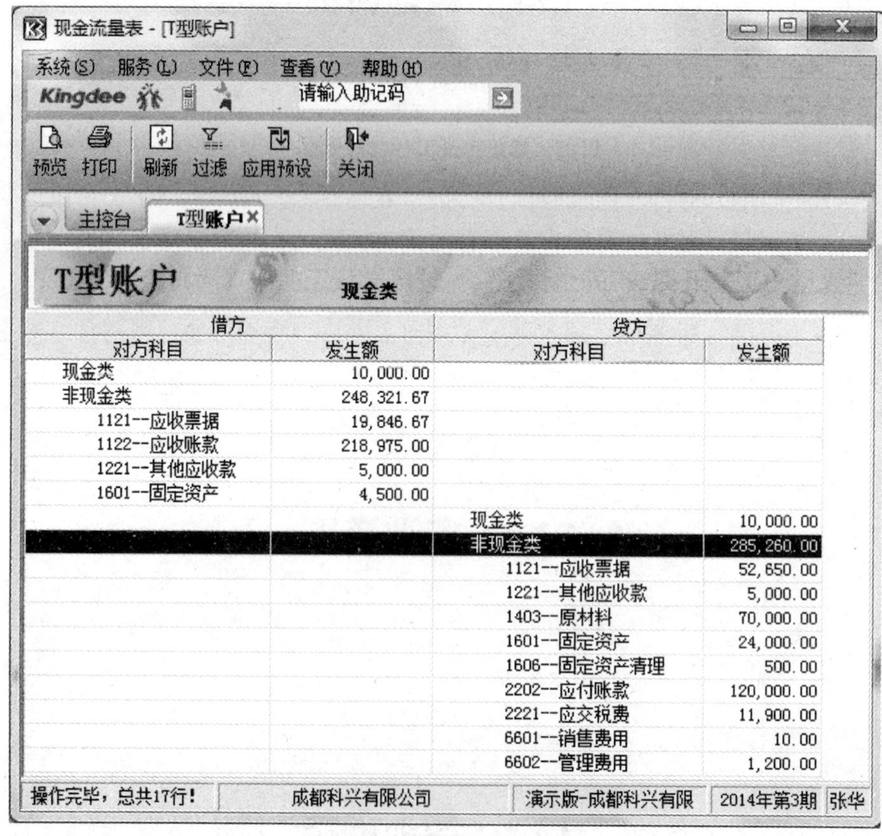


图 13–1 “T 型账户”窗口

选中借方“非现金类”行，单击鼠标右键，在弹出菜单中，点击“按下级科目展开”，或者双击，系统列出借方“非现金类”的所有明细项目；用类似操作列出贷方“非现金类”的所有明细项目。

应收账款、管理费用等非现金类科目所对应的现金项目如表 13-1 所示。

表 13-1　现金项目表

| 科　目 | 现金流向 |
|---|---|
| 借方的应收票据 | 现金流入/经营活动/销售商品、提供劳务收到的现金 |
| 借方的应收账款 | 现金流入/经营活动/销售商品、提供劳务收到的现金 |
| 借方的其他应收款 | 现金流入/经营活动/附表项目收到其他与经营活动有关的现金 |
| 借方的固定资产 | 现金流入/投资活动/处置固定资产、无形资产和其他长期资产收回的现金净额 |
| 贷方的应收票据 | 现金流出/经营活动/购买商品、接受劳务支付的现金 |
| 贷方的销售费用 | 现金流出/经营活动/支付的其他与经营活动有关的现金 |
| 贷方的管理费用 | 现金流出/经营活动/支付给职工以及为职工支付的现金 |
| 贷方的其他应收款 | 现金流出/经营活动/支付其他与经营活动有关的现金 |
| 贷方的原材料 | 现金流出/经营活动/支付其他与经营活动有关的现金 |
| 贷方的固定资产 | 现金流出/投资活动/购建固定资产、无形资产和其他长期资产支付的现金 |
| 贷方的固定资产清理 | 现金流出/投资活动/支付其他与投资活动有关的现金 |
| 贷方的应付账款 | 现金流出/经营活动/购买商品、接受劳务支付的现金 |
| 贷方的应交税费 | 现金流出/经营活动/支付的各项税费 |

将非现金类科目“借方的应收票据”进行分类的方法：选中借方的“应收票据”行，单击鼠标右键，在弹出菜单中，点击“选择现金项目”，弹出“此操作将会用所选择的流量项目替换选定行所包含的所有凭证的现金流量”的金蝶提示，单击“是”，打开“核算项目”对话框，如图 13-2 所示。

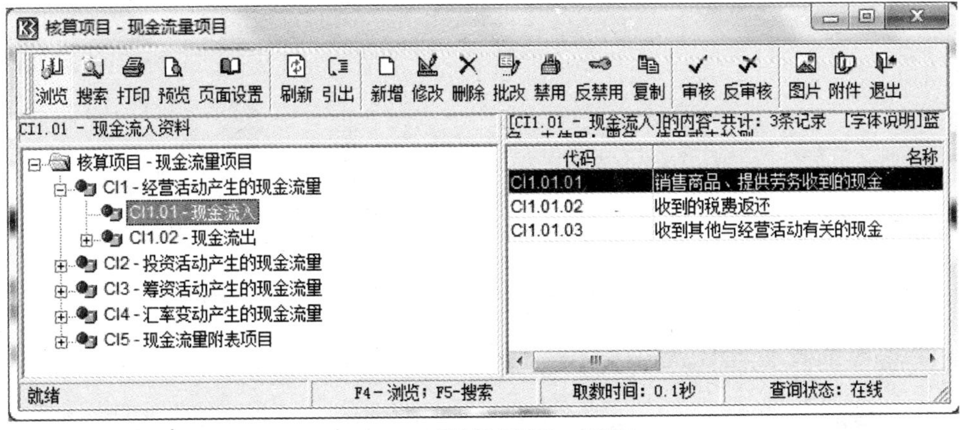


图 13-2　“核算项目”对话框

根据表 13–1 选择现金流量项目，并完成其余项目分类的设置。

### 13.3.2 编制现金流量表

单击“财务会计”→“现金流量表”→弹出过滤窗口，单击“确定”，打开“现金流量表”，可以生成现金流量表。

## 13.4 实训思考

（1）什么是 T 型账户？如何设置？

（2）如何编制现金流量表？

# 实训 14　总账期末业务处理

## 14.1　实训目的

通过本实训，使学生了解金蝶 K/3 总账系统期末业务处理的内容，掌握自动转账凭证的制作、期末调汇的操作、当期损益的结转等操作方法。

## 14.2　实训资料

（1）实训 2~实训 13 生成的财务数据。

（2）按全年 12 个月平均摊销的应由本月负担的报刊杂志费。

名称：摊销报刊杂志费

| 转账期间 | 会计科目 | 方向 | 转账方式 | 比例 |
| --- | --- | --- | --- | --- |
| 3 | 管理费用——办公费 | 自动判定 | 转入 | 100% |
|  | 预付费用——报刊杂志费 | 自动判定 | 按公式转出 | 100% |

公式：ACCT（"1123.01"," Y","", 0, 0, 0,""）/12（预付费用年初余额/12）

（3）按短期借款年初余额 100000 元和 3%年利率计算本月应负担的短期借款利息。

名称：计提短期借款利息

| 转账期间 | 会计科目 | 方向 | 转账方式 | 比例 |
|---|---|---|---|---|
| 3 | 财务费用——利息 | 自动判定 | 按公式转出 | 100% |
| | 应付利息 | 自动判定 | 转入 | 100% |

公式：ACCT（" 2001"," Y","", 0，0，0,""）*0.03/12（短期借款年初余额*0.03/12）

（4）结转本期的生产成本和制造成本。

名称：结转成本

| 转账期间 | 会计科目 | 方向 | 转账方式 | 比例 | 公式 |
|---|---|---|---|---|---|
| 3 | 主营业务成本 | 自动判定 | 转入 | 100% | |
| | 生产成本<br>——工资及福利 | 自动判定 | 按公式转出 | 100% | ACCT（" 5001.01"," Y","", 0，0，0,""） |
| | 制造成本<br>——折旧费 | 自动判定 | 按公式转出 | 100% | ACCT（" 5101.01"," Y","", 0，0，0,""） |
| | ——工资及福利 | 自动判定 | 按公式转出 | 100% | ACCT（" 5101.02"," Y","", 0，0，0,""） |

（5）本月 31 日港币的期末汇率为 0.79305；美元的期末汇率为 6.1521。

## 14.3 实训操作

实训操作任务：编制自动转账凭证、期末调汇、结转当期损益。

根据实训资料，完成下列操作。

### 14.3.1 编制自动转账凭证

以会计主管“张华”注册登录 K/3 主界面窗口。单击“财务会计”→“总账”→“结账”，展开“结账”的明细功能项目。

#### 14.3.1.1 定义自动转账凭证

双击“自动转账”，打开“自动转账——浏览”对话框，单击“编辑”选项卡，切换到“自动转账——编辑”对话框，如图 14–1 所示。

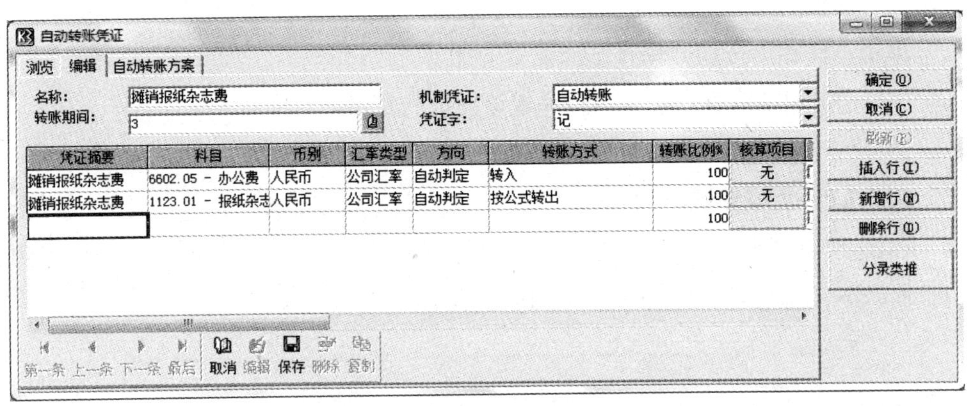


**图 14–1　“自动转账——编辑”对话框**

(1) 摊销本月负担的报纸杂志费。单击“新增”按钮，在“名称”栏录入“摊销报纸杂志费”；“机制凭证”选择“自动转账”；“转账期间”选择“3”；在分录区，第一行，“凭证摘要”录入“摊销报纸杂志费”，“科目”选择“6602.05（管理费用——办公费）”（若没有该科目，需要先新增），“方向”选择“自动判定”，“转账方式”选择“转入”，“转账比例”设置为“100%”；第二行，凭证摘要”录入“摊销报纸杂志费”，“科目”选择“1123.01（预付费用——报纸杂志费）”，“方向”选择“自动判定”，“转账方式”选择“按公式转出”，“转账比例”设置为“100%”，“公式方法”选择“公式取数”，“公式定义”栏单击“下设”，打开“公式定义”对话框，如图 14–2 所示，在“原币公式”区录入公式“ACCT ("1123.01","Y","",0,0,0,"") /12”，也可以点击按钮，采用公式生成向

公式定义

原币公式：ACCT("1123.01","Y","",0,0,0,"") /12

本位币公式：

数量公式：

确定(O)　取消(C)

**图 14–2　“公式定义”对话框**

导录入公式，设置好公式后，单击“确定”按钮，返回图 14–1“自动转账——编辑”对话框。

单击“保存”按钮，保存本次设置的凭证。

(2) 计提短期借款利息。自行完成该凭证的定义。

(3) 结转本期的生产成本和制造成本。自行完成该凭证的定义。

**14.3.1.2 生成凭证**

在图 14–1“自动转账——编辑”对话框中，单击“浏览”选项卡，切换到“自动转账——浏览”对话框，如图 14–3 所示。

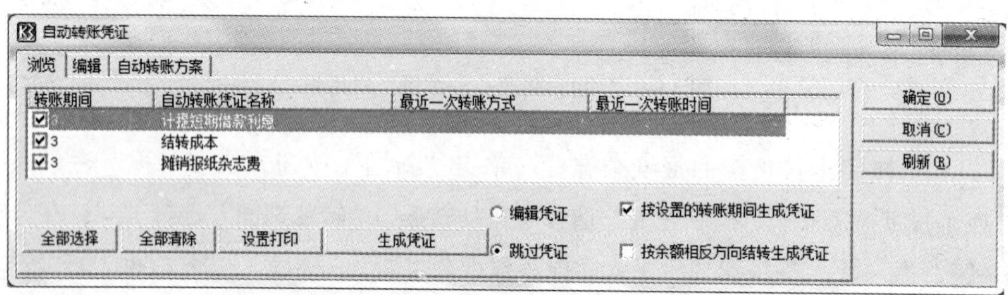


**图 14–3 “自动转账——浏览”对话框**

选中自定义的三张凭证，单击“生成凭证”按钮，系统自动生成三张凭证，可以在凭证查询中看到该凭证。

**14.3.1.3 记账凭证审核、过账**

系统生成的记账凭证审核、过账，具体操作方法，请参照实训 4。

## 14.3.2 期末调汇

双击“期末调汇”，打开“期末调汇”对话框，如图 14–4 所示，系统默认汇率为之前设置的汇率，点击 键，打开汇率类型窗口，点击“汇率体系”，打开汇率体系窗口，双击美元币别，打开“汇率——修改”对话框，如图 14–5 所示，修改汇率为 6.1521，并用同样方法修改港币汇率为 0.79305。点击“退出”，即关闭汇率体系窗口，在汇率类型窗口中双击“公司汇率”，即选择公司汇率类型，回到图 14–4 的期末调汇对话框，汇率已经发生变化。

单击“下一步”按钮，在打开的对话框中的“汇兑损益科目”项选择“6603.02（财务费用——汇兑损益）”，其余项按系统默认设置。单击“完成”按钮，系统提示生成一张记账凭证。

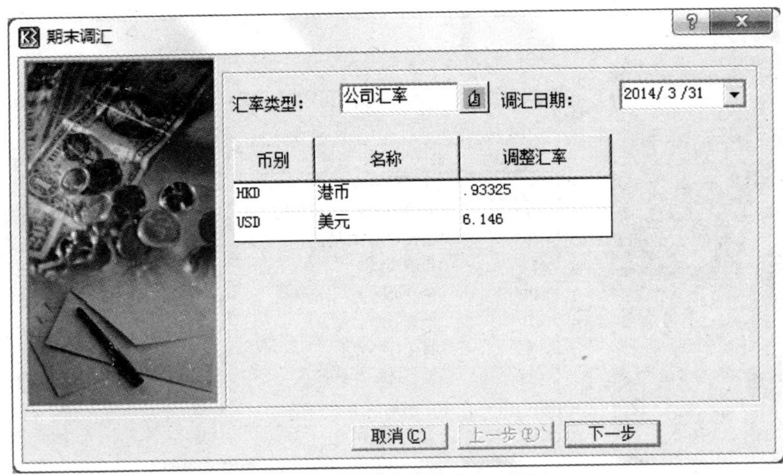


图 14–4 “期末调汇”对话框

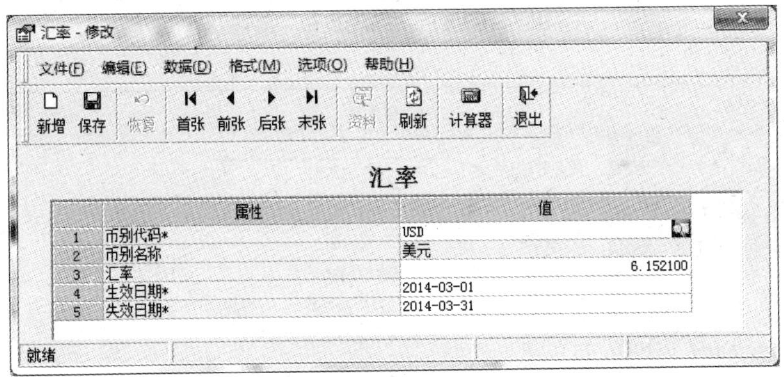


图 14–5 “汇率——修改”对话框

将本次生成的记账凭证审核、过账。

## 14.3.3 结转当期损益

双击“结转损益”，打开“结转损益”向导对话框，如图 14–6（a）~（c）所示。

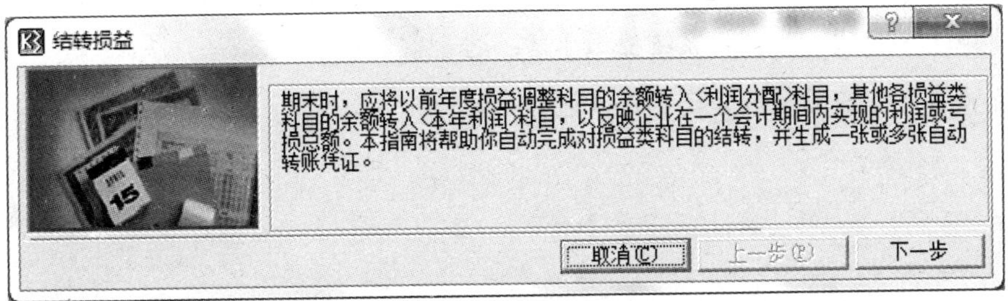


图 14–6（a） “结转损益”向导

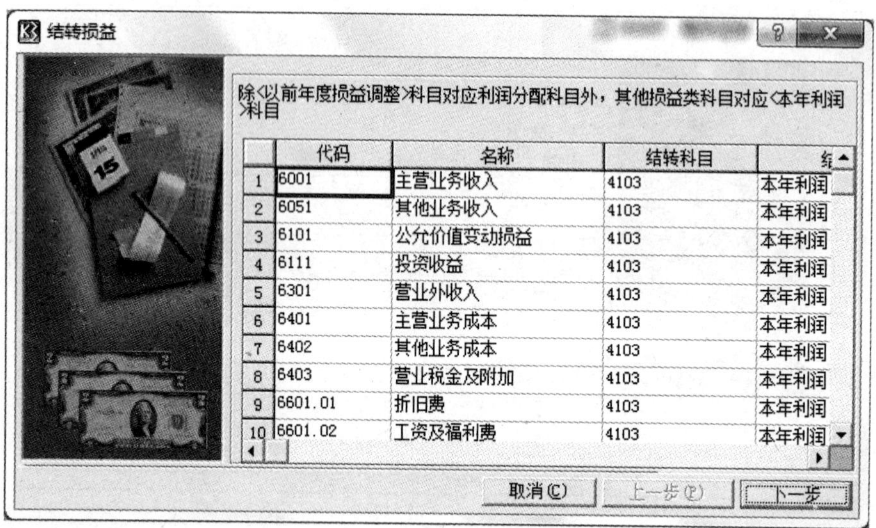


图 14–6（b）“结转损益”向导

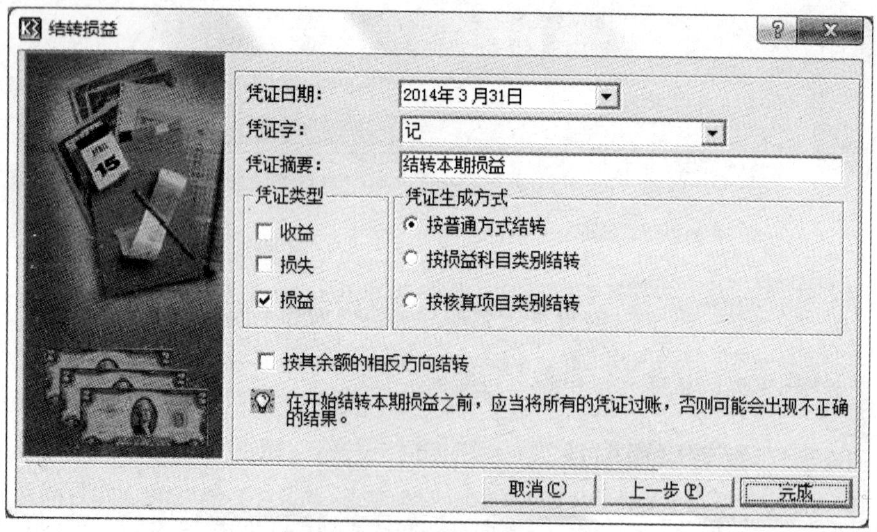


图 14–6（c）“结转损益”向导

单击“完成”按钮，系统提示生成一张记账凭证。

将本次生成的记账凭证审核、过账。

## 14.4　实训思考

(1) 什么是自动转账凭证？如何编制自动转账凭证？

(2) 为什么要进行汇率调整？如何调整汇率？

(3) 哪些是损益类账户？期末如何结账？

(4) 比较一下会计电算化和手工会计期末业务处理的差异。

# 实训 15　报表格式设置

## 15.1　实训目的

通过本实训，使学生了解金蝶 K/3 报表系统的内容，掌握报表编制的操作方法。

## 15.2　实训资料

（1）实训 2~实训 13 生成的财务数据。

（2）货币资金表及公式如表 15–1 所示。

**表 15–1　货币资金表及公式**

编制单位：成都科兴有限公司　　2014–03–31　　单位：元

| 项目 | 期初余额 | 借方发生额 | 贷方发生额 | 期末余额 |
|---|---|---|---|---|
| 现金 | =ACCT("1001","C","",0,0,0,"") | =ACCT("1001","JF","",0,0,0,"") | =ACCT("1001","DF","",0,0,0,"") | =ACCT("1001","Y","",0,0,0,"") |
| 银行存款——建设银行 | =ACCT("1002.01","C","",0,0,0,"") | =ACCT("1002.01","JF","",0,0,0,"") | =ACCT("1002.01","DF","",0,0,0,"") | =ACCT("1002.01","Y","",0,0,0,"") |
| 银行存款——中国银行 | =ACCT("1001.02","C","",0,0,0,"") | =ACCT("1002.02","JF","",0,0,0,"") | =ACCT("1002.02","DF","",0,0,0,"") | =ACCT("1002.02","Y","",0,0,0,"") |
| 银行存款——工商银行 | =ACCT("1001.03","C","",0,0,0,"") | =ACCT("1002.03","JF","",0,0,0,"") | =ACCT("1002.03","DF","",0,0,0,"") | =ACCT("1002.03","Y","",0,0,0,"") |

续表

| 项目 | 期初余额 | 借方发生额 | 贷方发生额 | 期末余额 |
| --- | --- | --- | --- | --- |
| 其他货币资金 | =ACCT("1002","C","",0,0,0,"") | =ACCT("1002","JF","",0,0,0,"") | =ACCT("1012","DF","",0,0,0,"") | =ACCT("1012","Y","",0,0,0,"") |
| 合计 | =SUM（B2:B6) | =SUM（C2:C6) | =SUM（D2:D6) | =SUM（E2:E6) |

# 15.3 实训操作

实训操作任务：报表属性设置、报表公式设置、报表计算。

根据实训资料，完成下列操作。

## 15.3.1 报表属性设置

以会计主管“张华”注册登录 K/3 主界面窗口。单击“财务会计”→“报表”→“新建报表”，展开“新建报表”的明细功能项目。双击“新建报表文件”，进入“报表系统”。

### 15.3.1.1 设置表属性

点击菜单“格式”→“表属性”，打开“表属性——行列”对话框，如图 15-1 所示。

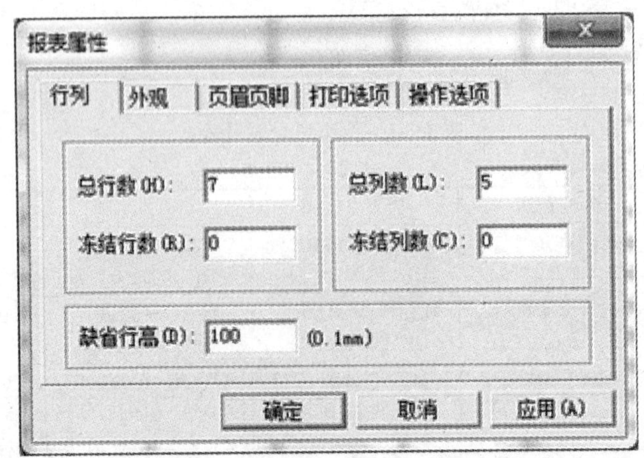


图 15-1 “表属性——行列”对话框

将“总行数”设置为“7”；“总列数”设置为“5”；“缺省行高”设置为“100”。单击“页眉页脚”选项卡，切换到“表属性——页眉页脚”对话框，如图 15–2 所示。

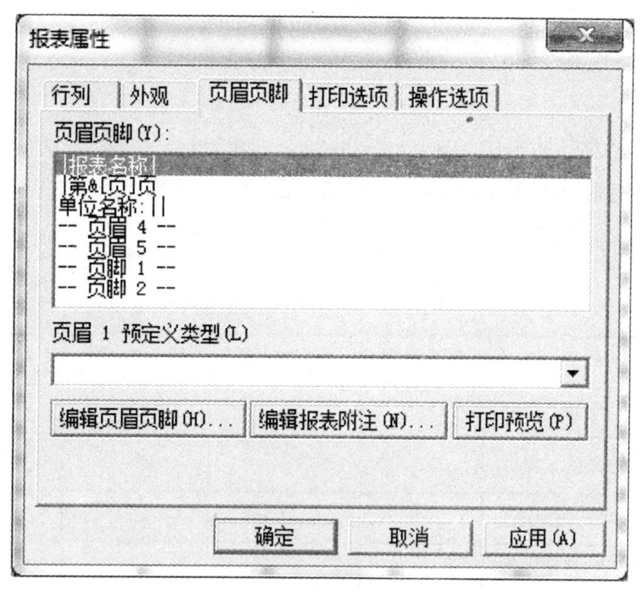


**图 15–2　“表属性——页眉页脚”对话框**

选中“页眉页脚”区域中的第一项“|报表名称|”，单击“编辑页眉页脚”按钮，打开“自定义页眉页脚”对话框，如图 15–3 所示。

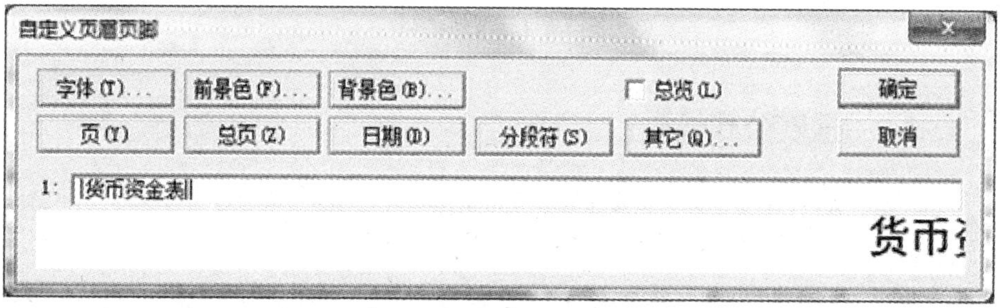

**图 15–3　“自定义页眉页脚”对话框**

在录入栏录入“|货币资金表|”。单击“确定”按钮，返回图 15–2“表属性——页眉页脚”对话框。再选中第二项，单击“编辑页眉页脚”按钮，打开“自定义页眉页脚”对话框，在录入栏录入“编制单位：成都科兴有限公司|&［日

期] |单位：元”。

设置完成后，单击“确定”按钮，退出表属性设置。

**15.3.1.2　设置报表栏目**

对照表 15–1 的资料，在相应单元格中录入报表栏目，并调整报表的格式和设置文本的格式，如图 15–4 所示。

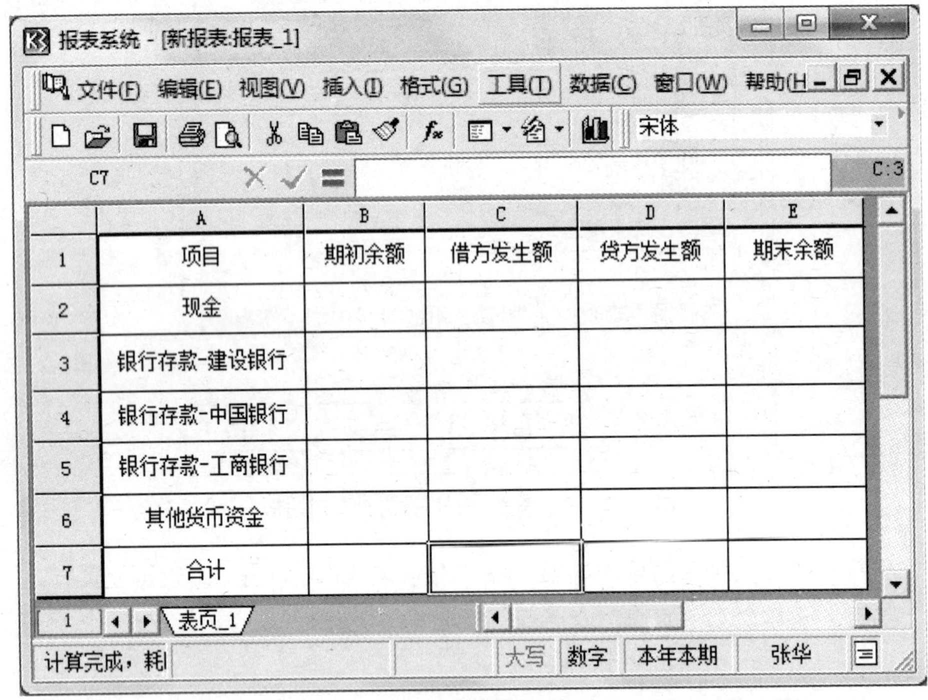


图 15–4　报表栏目

### 15.3.2　报表公式设置

选中单元格“B2”，单击 *fx* 按钮，或按一下 F8 键，打开“报表函数”对话框，如图 15–5 所示。

单击对话框左边的“常用函数”，再选中对话框右边的“ACCT”函数，单击“确定”按钮，打开“函数编辑”窗口，如图 15–6 所示。在“科目”栏录入“1001”；“取数类型”录入“C”；其余项目为空。单击“确定”按钮，设置完“B2”单元的公式。

重复同样的操作，完成其余单元格的公式录入。

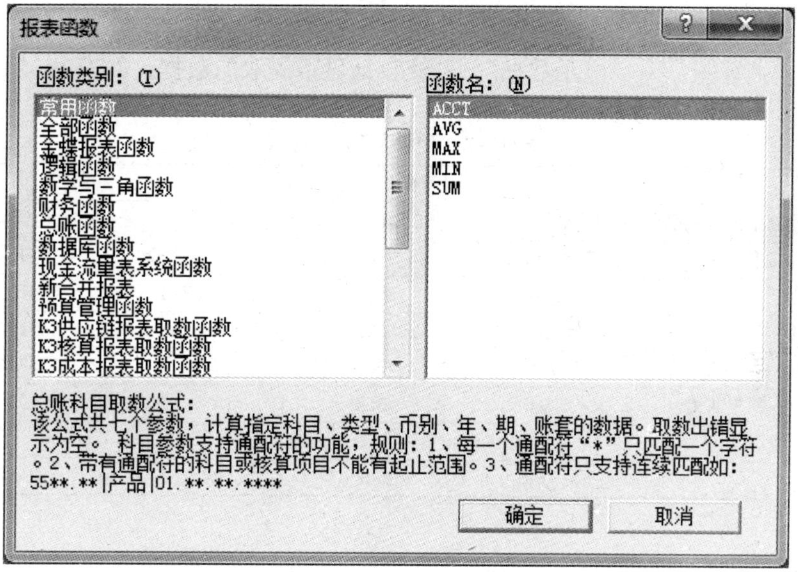

图 15–5 “报表函数”对话框

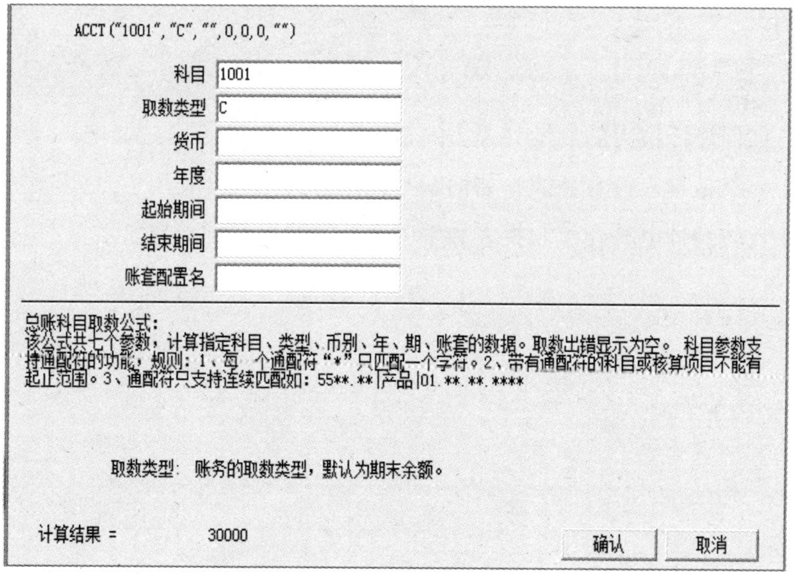

图 15–6 “函数编辑”窗口

单击 按钮，保存设置好的报表，文件名为“货币资金表”。

### 15.3.3 报表计算

单击菜单“数据”→“报表重算”，系统根据设置的公式从总账系统中提取数据。

单击“视图”→“显示数据”，系统自动显示提取的数据，如表 15-2 所示。

表 15-2 “货币资金”报表

| 货币资金币表 | | | | |
|---|---|---|---|---|
| 编制单位：成都科兴有限公司 | | 2014-3-31 | | 单位：元 |
| 项目 | 期初余额 | 借方发生额 | 贷方发生额 | 期末余额 |
| 现金 | 30000 | 18000 | 6710 | 41290 |
| 银行存款——建设银行 | 500000 | 240321.57 | 288550 | 451771.67 |
| 银行存款——中国银行 | 1229200 | 124262 | 0 | 1353462 |
| 银行存款——工商银行 | 78940 | 365 | 0 | 79305 |
| 其他货币资金 | 0 | 0 | 0 | 0 |
| 合计 | 1838140 | 382948.67 | 295260 | 1925828.7 |

# 15.3 实训思考

(1) 如何设计报表的属性和报表的栏目?

(2) 什么是报表计算公式？如何编写计算公式?

(3) 比较会计电算化编制报表和手工会计编制报表的差异。

# 实训 16　编制资产负债表和利润表

## 16.1　实训目的

通过本实训，使学生了解金蝶 K/3ERP 报表系统的内容，掌握资产负债表和利润表的编制方法。

## 16.2　实训资料

（1）实训 2~实训 13 生成的财务数据。

（2）资产负债表及公式如表 16–1 所示。

**表 16–1　资产负债表及公式**

（资产部分）

会企 01 表

单位名称：成都科兴有限公司　　2014–03–31　　单位：元　　资产部分

| 资产 | 期末余额 | 年初余额 |
| --- | --- | --- |
| 流动资产： | | |
| 货币资金 | =ACCT（"1001","Y","",0,0,0,""）<br>+ACCT（"1002","Y","",0,0,0,""） | =ACCT（"1001","C","",0,0,0,""）<br>+ACCT（"1002","C","",0,0,0,""） |
| 应收票据 | =ACCT（"1121","Y","",0,0,0,""） | =ACCT（"1121","C","",0,0,0,""） |
| 应收账款 | =ACCT（"1122","Y","",0,0,0,""）<br>–ACCT（"1231","Y","",0,0,0,""） | =ACCT（"1122","C","",0,0,0,""）<br>–ACCT（"1231","C","",0,0,0,""） |

续表

| 资产 | 期末余额 | 年初余额 |
| --- | --- | --- |
| 预付款项 | =ACCT（"1123","Y","",0,0,0,""） | =ACCT（"1123","C","",0,0,0,""） |
| 其他应收款 | =ACCT（"1221","Y","",0,0,0,""） | =ACCT（"1221","C","",0,0,0,""） |
| 存货 | =ACCT（"1403","Y","",0,0,0,""）<br>+ACCT（"1405","Y","",0,0,0,""） | =ACCT（"1403","C","",0,0,0,""）<br>+ACCT（"1405","C","",0,0,0,""） |
| 流动资产合计 | =SUM（B3:B13） | =SUM（C3:C13） |
| 非流动资产： | | |
| 固定资产 | =ACCT（"1601","Y","",0,0,0,""）<br>-ACCT（"1602","Y","",0,0,0,""） | =ACCT（"1601","C","",0,0,0,""）<br>-ACCT（"1602","C","",0,0,0,""） |
| 固定资产清理 | =ACCT（"1606","Y","",0,0,0,""） | =ACCT（"1606","C","",0,0,0,""） |
| 非流动资产合计 | =SUM（B16:B32） | =SUM（C16:C32） |
| 资产总计 | =B14+B33 | =C14+C33 |

**负债和所有者权益部分**

| 负债和所有者权益（或股东权益） | 期末余额 | 年初余额 |
| --- | --- | --- |
| 流动负债： | | |
| 短期借款 | =ACCT（"2001","Y","",0,0,0,""） | =ACCT（"2001","C","",0,0,0,""） |
| 应付账款 | =ACCT（"2202","Y","",0,0,0,""） | =ACCT（"2202","C","",0,0,0,""） |
| 应付职工薪酬 | =ACCT（"2211","Y","",0,0,0,""） | =ACCT（"2211","C","",0,0,0,""） |
| 应交税费 | =ACCT（"2221","Y","",0,0,0,""） | =ACCT（"2221","C","",0,0,0,""） |
| 应付利息 | =ACCT（"2231","Y","",0,0,0,""） | =ACCT（"2231","C","",0,0,0,""） |
| 流动负债合计 | =SUM（E3:E14） | =SUM（F3:F14） |
| 所有者权益（或股东权益）： | | |
| 实收资本（或股本） | =ACCT（"4001","Y","",0,0,0,""） | =ACCT（"4001","C","",0,0,0,""） |
| 未分配利润 | =ACCT（"4103","Y","",0,0,0,""） | =ACCT（"4103","C","",0,0,0,""） |
| 所有者权益（或股东权益）合计 | =SUM（E27:E28）-E29+SUM（E30:E31） | =SUM（F27:F28）-F29+SUM（F30:F31） |
| 负债和所有者权益（或股东权益）总计 | =E25+E32 | =F25+F32 |

（3）利润表及公式如表 16-2 所示。

表 16-2　利润表及公式

会企 01 表

单位名称：成都科兴有限公司　　　　2014-03-31　　　　单位：元

| 项　目 | 本期金额 |
|---|---|
| 一、营业收入 | =ACCT（"6001","DF","",0,0,0,""） |
| 　销售费用 | =ACCT（"6601","JF","",0,0,0,""） |
| 　管理费用 | =ACCT（"6602","JF","",0,0,0,""） |
| 　财务费用 | =ACCT（"6603","JF","",0,0,0,""） |
| 二、营业利润（亏损以"-"号填列） | =B2-SUM（B3:B8）+B9+B10 |
| 三、利润总额（亏损总额以"-"号填列） | =B12+B13-B14 |
| 　减：所得税费用 | =ACCT（"6801","JF","",0,0,0,""） |
| 四、净利润（净亏损以"-"号填列） | =B16-B17 |

# 16.3　实训操作

实训操作任务：编制资产负债表、编制利润表。

根据实训资料，完成下列操作。

## 16.3.1　编制资产负债表

以会计主管"张华"注册登录 K/3 主界面窗口。单击"财务会计"→"报表"→"新企业会计准则"，展开"新企业会计准则"的明细功能项目。双击"新企业会计准则资产负债表"，进入"报表系统"。

根据表 16-1 资产负债表及公式提供的资料，设置和计算资产负债表。

## 16.3.2　填制利润表

以会计主管"张华"注册登录 K/3 主界面窗口。单击"财务会计"→"报表"→"新企业会计准则"，展开"新企业会计准则"的明细功能项目。双击"新企业会计准则利润表"，进入"报表系统"。

根据表 16-2 利润表及公式提供的资料，设置和计算利润表。

## 16.4 实训思考

（1）系统提供了哪些财务函数？它们的功能是什么？

（2）如何利用系统提供的模板编制资产负债表、利润表？

（3）如何进行报表重新计算？

# 附　录

## 附录 1 《会计电算化》课程实验大纲

课程类型：×××××

课程学时：32 课时

适用专业：经管类专业本（专）科、研究生

编写人员：×××××

负责审查：×××××

编写年月：2007 年 4 月

修订年月：2014 年 5 月

### 一、课程实验的地位、作用和目的

会计电算化是把计算机和现代数据处理技术应用到会计工作中的简称，是用计算机代替人工记账、算账和报账，以及部分代替人脑完成对会计信息的分析、预测、决策的过程，其目的是提高企业财会管理水平和经济效益，从而实现会计工作的现代化。会计电算化实训操作是会计电算化教学过程中重要的环节。

该实验课程选取一个小型制造型企业 3 月的业务内容作为实训案例，设计了 16 个实训项目，涵盖账套管理、系统初始化、总账处理、应收应付管理、工资管理、固定资产管理、现金管理和报表管理业务操作训练。实训项目前后衔接紧密，上一个实训项目操作的结果是下一个实训项目操作的基础。

通过实训操作训练，使学生在熟练掌握金蝶 K/3 WISE 操作技能的基础上，提高会计电算化工作能力。

## 二、课程实验成绩评定

（1）考核方式：考查。

（2）评分标准：实验态度、纪律占20%，预习及操作占60%，实验报告占20%

（3）成绩按优、良、中、及格和不及格记分。

## 三、课程实验要求

| 序号 | 项目名称 | 实验课时 | 内容提要 | 教学要求 |
|---|---|---|---|---|
| 1 | 实训1 金蝶K/3V12.2安装 | 2 | 配置服务器安装环境；安装配置金蝶K/3V12.2软件 | 通过本实训，使学生充分了解金蝶K/3V12.2的功能结构，掌握金蝶K/3V12.2安装方法 |
| 2 | 实训2 账套管理 | 2 | 注册管理、建立组织机构、建立账套、账套启用及账套属性设置、用户及用户权限设置、账套的备份与恢复 | 通过本实训，使学生充分理解金蝶财务软件系统管理，掌握金蝶K/3账套的创建、维护，以及账套用户权限的设置等操作方法 |
| 3 | 实训3 账套初始设置 | 2 | 登录金蝶K/3主控台、会计科目引入、总账系统参数设置、系统资料维护、初始余额录入、试算平衡检查、结束初始化工作 | 通过本实训，使学生掌握账套进行初始化的步骤及会计科目设置、总账参数设置、系统基础资料设置、期初余额录入、试算平衡检查的操作要点 |
| 4 | 实训4 凭证处理 | 4 | 凭证录入、凭证审核、凭证过账、凭证维护 | 通过本实训，使学生充分理解金蝶K/3财务软件的凭证处理流程，掌握记账凭证录入、凭证修改、凭证审核和过账等操作方法 |
| 5 | 实训5 账簿及财务报表管理 | 2 | 总分类账查询、明细分类账查询、核算项目分类总账查询、科目余额表查询、日报表查询、核算项目余额表查询 | 通过本实训，使学生充分理解金蝶K/3财务软件的账簿及财务报表查询功能，掌握总账、明细账、多栏账等账簿和科目余额表、日报表等财务报表的查询操作方法 |
| 6 | 实训6 固定资产初始设置 | 2 | 系统设置、增加变动方式类别、卡片类别管理、存放地点管理、初始数据录入、结束初始化 | 通过本实训，使学生充分理解金蝶K/3固定资产管理系统初始化的原理，掌握固定资产管理系统初始化的基本操作方法，重点理解固定资产变动方式类别的设置、卡片类别设置、存放地点设置、原始卡片录入等 |

续表

| 序号 | 项目名称 | 实验课时 | 内容提要 | 教学要求 |
| --- | --- | --- | --- | --- |
| 7 | 实训 7 固定资产业务处理 | 2 | 新增固定资产、减少固定资产、固定资产其他变动、生成记账凭证、期末处理、查看各种账表 | 通过本实训，使学生充分理解金蝶 K/3 固定资产管理系统日常业务处理和期末业务处理的原理，掌握固定资产管理系统日常业务处理和期末业务处理的基本操作方法，重点理解固定资产的新增、固定资产的减少、记账凭证的生成、固定资产折旧的计提等 |
| 8 | 实训 8 工资初始设置 | 2 | 建立工资类别方案、导入部门资料、增加银行资料、导入职员资料、设置工资项目、设置所得税 | 通过本实训，使学生充分理解金蝶 K/3 工资系统初始化的原理，掌握工资系统初始化的基本操作方法，重点理解工资类别方案的设置、部门和职员资料的设置、银行资料的设置、工资项目的设置和工资计算公式的设置等 |
| 9 | 实训 9 工资业务处理 | 2 | 工资数据录入、计算工资、计算所得税、分配工资费用及福利费用、工资报表处理 | 通过本实训，使学生充分理解金蝶 K/3 工资管理系统日常业务处理和期末业务处理的原理，掌握工资管理系统日常业务处理和期末业务处理的基本操作方法，重点理解工资数据的录入、工资的计算、所得税的计提、工资费用的分配、福利费用的分配等 |
| 10 | 实训 10 应收款初始设置 | 2 | 初始设置、录入期初余额、结束初始设置 | 通过本实训，使学生充分理解金蝶 K/3 应收款系统初始化的原理，掌握应收款系统初始化的基本操作方法，重点理解应收款系统初始设置、期初余额录入等 |
| 11 | 实训 11 应收款业务处理 | 2 | 各种单据的编制、坏账处理、核销往来业务、分析账表 | 通过本实训，使学生充分理解金蝶 K/3 应收款管理系统日常业务处理和期末业务处理的原理，掌握应收款管理系统日常业务处理和期末业务处理的基本操作方法，重点掌握各种单据的新增、坏账的处理、坏账准备的计提，往来款项的核销等 |
| 12 | 实训 12 现金管理 | 2 | 初始数据录入、现金处理、银行存款处理 | 通过本实训，使学生掌握在现金管理系统中处理企业日常出纳业务操作，包括现金业务、银行业务、票据管理及其相关报表、系统维护等内容 |
| 13 | 实训 13 编制现金流量表 | 2 | 设置 T 型账户、编制现金流量表 | 通过本实训，使学生了解金蝶 K/3 的现金流量表管理，学会现金流量表的编制 |
| 14 | 实训 14 总账期末业务处理 | 2 | 编制自动转账凭证、期末调汇、结转当期损益 | 通过本实训，使学生了解金蝶 K/3 总账系统期末业务处理的内容，掌握自动转账凭证的制作、期末调汇的操作、当期损益的结转等操作方法 |
| 15 | 实训 15 报表格式设置 | 1 | 报表属性设置、报表公式设置、报表计算 | 通过本实训，使学生了解金蝶 K/3 报表系统的内容，掌握报表编制的操作方法 |
| 16 | 实训 16 编制资产负债表和利润表 | 1 | 编制资产负债表、编制利润表 | 通过本实训，使学生了解金蝶 K3/ERP 报表系统的内容，掌握资产负债表和利润表的编制方法 |

# 附录 2 《会计电算化》实验报告

专　　业：________________

学　　号：________________

姓　　名：________________

指导教师：________________

实训日期：________________

1. 实验目的及任务

2. 实验过程及分析

3. 实验总结

4. 指导教师评分

# 参考文献

[1] 刘勇. 现代财务软件实训教程. 成都：西南财经大学出版社，2009.

[2] 李蕾红. 会计电算化实验教程新编. 北京：清华大学出版社，2012.

[3] 张蔚文等. 新编会计电算化综合实验教程. 成都：西南财经大学出版社，2011.

[4] 李迎等. 会计电算化实验教程. 北京：中国时代经济出版社，2008.

[5] 李晓妮等. 会计电算化实训教程. 北京：清华大学出版社，2012.

[6] 金蝶 K/3 培训资料.